# 에라스무스와 루터의 생애와 사상

김 명 수

# *Life and Thoughts of Erasmus and Luther*

*by* Kim Myung-Soo


에라스무스와 루터의 생애와 사상

2016년 11월 25일 초판 1쇄 인쇄
2016년 11월 30일 초판 1쇄 발행

저 자 • 김 명 수
발행인 • 조 경 혜
발행처 • 도서출판 그리심
07030 서울시 동작구 사당로2길 72 인정 B동(B01호)
등록번호 • 제 7-258호(1998. 4. 23)
출 판 사 • 전화 523-7589 팩스 523-7590
홈페이지 • http://grisim.biz
전자우편 • grisimcho@hanmail.net





**값 : 책 뒷면에**

ISBN 978-89-5799-372-9 (93230)

**저자 김명수**

저자는 1958년 경남 진주시에서 출생했고,
한평초등학교, 명석 중학교, 진주고등학교를 졸업했고, 교
사의 꿈을 갖고 충북대학교 영어교육과에 입학했다.
대학 시절 CMI 모임에서 성경공부를 통해
예수님을 인격적으로 만나고 복음을 전하는
목회자가 되고자 결단했다.
국제신학대학원 대학교에서 체계적인 신학교육을 받았고,
중세교회사를 연구하여 철학박사학위(Ph.D.)를 받았다.
현재는 충주문화교회 담임목사이며,
2012년부터 국제신학대학원 대학교에서
역사신학 교수로 헌신하고 있다.

**논문:**

- 존 위클리프의 성경적 신학 사상
- Devotio Moderna 운동과 종교개혁
- 북구 기독교 르네상스와 이태리 르네상의 차이점
- 기독교 르네상스와 에라스무스
- 에라스무스와 마틴 루터의 비교 연구
- 존 위클리프와 루터의 관계성 연구

**저서:**

- 기독교 르네상스와 루터의 종교개혁
- 에라스무스와 루터의 생애와 사상

# 차 례

저자 서문 · 6

I. 에라스무스 · 11

제1장 에라스무스의 슬픈 가족사 · 12
제2장 공동생활 형제단과 수도원 생활 · 14
제3장 프랑스 파리 유학 · 26
제4장 영국에서의 생활 · 36
제5장 에라스무스의 홀로서기 · 75
제6장 그의 작품들
- 기독교 군사의 검 · 79
- 격언집 · 96
- 우신예찬 · 98
- 헬라어 신약성경 · 106

제7장 그의 생애를 결산하며 · 108

II. 마틴 루터 · 111

제1장 유년 시절 · 112
제2장 학교 교육 · 114
제3장 수도사 생활 · 118

제4장 진리의 발견 · 121
제5장 개혁자의 길 · 125
- 보름스 의회 · 139
- 독일어 성경번역 · 145
- 농민 전쟁 · 147

제6장 공동생활 형제단과의 관계 · 156
제7장 가정생활과 최후 · 167
제8장 루터의 공과(功過) · 169
제9장 루터의 95개 논제 · 172
제10장 루터의 3대 논문 · 183
- 『독일 크리스찬 귀족에게 보내는 글』 · 183
- 『교회의 바벨론 감금』 · 190
- 『크리스찬의 자유』 · 198

III. 에라스무스와 마틴 루터의 자유의지 논쟁 · 212

참고 문헌 · 242

# 저자 서문

예수님 탄생 이후 2천년 교회 역사 가운데 가장 중요한 사건이 16세기 종교개혁일 것이다. 이 종교개혁은 세계 역사와 기독교 역사뿐만 아니라 인간의 지성사에 있어서도 새로운 혁명이었다. 이 중요한 종교개혁에서 가장 주목할 만한 인물이 에라스무스와 루터라고 생각된다. 물론 개혁주의 신학을 추구하는 필자는 존 칼빈의 위상과 영향력을 결코 과소평가하지 않는다. 그러나 에라스무스와 루터 없는 칼빈을 생각하기는 어려울 것이다. 칼빈은 루터가 자기를 악마라고 해도 그를 존경하고 하나님께서 선택한 종으로 존경하겠다고 했다. 칼빈은 일생 동안 루터를 개혁의 아버지로서 경의를 표했다. 거친 파도와 싸우며 수없는 탐험을 통해서 신대륙을 발견하고 지리상의 지평을 넓힌 사람들은 수 없이 많다. 그러나 우리는 콜럼부스[1]라는 이름을 선명하게 기억한다. 왜냐하면 그는 신대륙의 항로를 처음으로 개척한 사람이기 때문이다. 종교개혁에 동참한 사람들도 헤아릴 수 없이 많다. 하지만 독일 작센 출신 마틴 루터를 빼 놓고는 종교개혁을 논하는 데는 한계가 있다. 그만큼 루터는 하나님 구속역사에 있어서 종교개혁의 큰 별이요, 새 역사 창조의 영웅이요, 개신교 신앙의 거목으로 쓰임 받았기 때문이다.

한편 우리가 마틴 루터를 연구하면서 에라스무스를 간과할 수 없다.

---

1) 크리스토퍼 콜럼부스(Christopher Columbus, 1451-1506); 그는 이탈리아 출신 탐험가였다. 스페인의 이사벨라 여왕의 후원을 받아 인도를 찾아 항해를 떠났다가 쿠바, 아이티, 트리니다드 등을 발견했다. 그의 서인도 항로 발견으로 아메리카 대륙은 유럽인들의 활동 무대가 되었다. 그는 서인도 항로의 개척자로 자신의 입지를 굳혔다.

에라스무스는 마틴 루터보다 앞서 중세 교회의 타락과 성경에서 빗나간 가르침과 실종된 기독교 윤리에 대해서 깊은 문제의식을 갖고, 교회 개혁을 위한 지성적 나팔을 불어 온 유럽을 일깨웠던 인물이다. 당시 에라스무스는 '그 시대의 최고 등불이자 만대의 가장 위대한 학자' 로 일컬어졌다.[2] 그의 저서들은 르네상스와 종교개혁의 원동력이 되었다 해도 과언이 아니다. 에라스무스는 루터가 종교개혁을 일으킬 수 있는 영적 환경을 앞서 조성한 자였다.[3] 그래서 많은 사람들이 에라스무스가 종교개혁의 알을 낳았고, 루터가 그 알을 부화시켰다고 했다.[4] 어떤 학자는 존 위클리프와 존 후스가 종교개혁을 위한 화약통에 화약을 채웠고, 에라스무스가 도화선을 깔았으며 루터가 마침내 터뜨렸다고 했다.[5] 16세기 종교개혁에서 에라스무스의 영향력은 결코 과소평가할 수 없다. 프랜시스 쉐퍼도 그의 책 『그러면 우리는 어떻게 살 것인가?』(*How Should We Then Live?*)에서 에라스무스는 헬라어 신약 성경을 발행함으로써 신약 성경이 모든 언어로 번역되어야 한다는 것을 강력히 주장하며 종교 개혁자들을 도왔다고 했다.[6] 실제로 마틴 루터가 1520년 12월부터 1521년 9월까지 발트부르크

---

2) Philip Schaff, *History of the Christian Church*, 『교회사 전집 7』, 박종숙 역, (고양: 크리스찬다이제스트, 2004), 318.
3) Philip Schaff, 318-319.
4) Roland Bainton, *Erasmus of Christendom* (New York: Charles Scribner's Sons, 1969), 158.
5) Timothy Jones, 『하루 만에 꿰뚫는 기독교 역사』, 배응준 역, (서울: 규장, 2011), 147.
6) Francis A. Schaeffer, *HOW SHOULD WE THEN LIVE?* (Wheaton: Crossway Books, 2005), 82.

(Wartburg) 성에 은거하면서 독일어 성경을 편찬하게 된다. 이 독일어 성경은 종교개혁의 이정표 역할을 했을 뿐만 아니라, 독일 백성들을 하나로 뭉치게 했고, 마틴 루터의 종교개혁에 신앙적으로 공감하게 했으며, 이로 인해 적극적인 지지를 보내게 했다. 더 나아가 이 독일어 성경은 독일어의 통일을 이루었고, 독일어의 수준을 한 단계 높였을 뿐만 아니라 독일 문학의 금자탑 역할을 했다. 루터가 번역한 이 독일어 성경의 원자료가 바로 에라스무스가 번역한 헬라어 성경이었다.[7] 그리고 에라스무스는 『우신예찬』을 통해서 로마 교황권을 비롯하여 당시의 종교, 정치, 사회의 부정과 부패를 신랄하게 비판하며 고발했다. 이로 인해 당시의 지성인들이 에라스무스의 주장에 공감하며 종교개혁에 대한 깊은 문제의식을 갖게 되었다. 중세 시대에 가장 위대한 기독교 인문주의 학자였던 에라스무스와 종교개혁의 위대한 믿음의 영웅인 마틴 루터의 생애와 사상을 공부하는 것은 참으로 유익한 시간이 될 것이다.

2016년은 내게 있어 잊지 못 할 해였다. 나의 사랑하는 어머니 배기윤 집사님을 천국에 보내드린 해였다. 어머니는 늦은 연세에 예수님을 구주로 영접하시고 천국 가시는 그날까지 일편단심 하나님의 말씀을 따라 사셨고, 만인에게 귀감이 되는 복된 믿음의 삶을 사셨다. 부족한 필자를 예수님의 마음으로 늘 섬겨주셨고, 불철주야 중보기도로 섬겨주셨던 분이셨다. 그리고 불신의 세력이 강했던 고향 땅에서 말할 수 없는 핍박을 받으

7) William R. Estep, *Renaissance and Reformation* (Grand Rapids: Eerdmans, 1992), 136-139; 오덕교, 『종교개혁사』 (수원: 합동신학대학원출판부, 2007), 91.

셨지만, 순교자의 각오로 꿋꿋하게 신앙의 절개를 지켜오셨다. 어머니께서 천국에 가셔서 예수님의 칭찬을 받으며 안식하고 계실 것을 생각하면 한없이 기쁨이 되지만, 이 지상에서 다시 뵈올 수 없다고 생각하니 가슴이 멍해진다. 필자도 어머니의 신앙의 지조와 절개를 배우고 천국 가는 그날까지 믿음의 정도를 걸어가고자 결심하게 된다.

끝으로 저의 영적 은사님이신 홍덕순 목사님께 감사를 드린다. 교수 사역을 감당할 수 있는 기회를 주신 국제신학대학원대학교 나원 이사장님께 감사를 드린다. 신앙의 선배요, 교수 사역의 선배가 되시는 우남식 교수님께도 감사를 드린다. 그리고 CMI(국제대학선교협의회)의 대표 성담환 목사님과 모든 사역자들에게도 감사를 드린다. 충주문화교회 이춘용 장로님과 정레베카 권사님, 그리고 신실하고 충성된 문화교회 모든 성도님들께 감사를 드린다. 사랑하는 아내 남선희 사모에게도 고마움을 전한다. 아무쪼록 이 책이 16세기 종교개혁에 관심을 갖고 공부하는 분들에게 작은 지침이 되길 기대한다.

2016년 11월

저자 김명수

# 에라스무스와 루터의 생애와 사상

# I

# 에라스무스

# 제1장

# 에라스무스의 슬픈 가족사



에라스무스는 1466년 네덜란드 로테르담에서 태어났다. 그는 어린 시절부터 기독교 르네상스[1)]의 토양에서 성장했고 공동생활 형제단의 영향 가운데 걸출한 기독교 인문주의자로 자라났다.[2)] 에라스무스의 가족사는 복잡했고, 그는 자신이 서출(庶出)이라는 사실에 대해 열등감을 가지고 있었다.[3)] 에라스무스의 부친은 사제였다. 그 부친의 이름

---

1) 기독교 르네상스(Christian Renaissance)란 네덜란드 데벤터(Deventer)에서 14세기에 일어난 신앙적 경건운동이었다. Devotio Moderna 운동으로 불리기도 한다. 이 Devotio Moderna 운동을 미국 미시간 대학교의 Albert Hyma 교수가 '기독교 르네상스'라고 명명하였다. Hyma 교수는 이태리에서 일어난 르네상스를 인본적인 르네상스로 규정했고, 네덜란드와 독일에서 일어난 종교적 르네상스를 Christian Renaissance로 규정했다. Hyma 교수가 1924년 "The Christian Renaissance: A History of the Devotio Moderna"라는 논문을 발표함으로 세계의 주목을 받게 되었다. 당시까지는 종교개혁과 문예부흥의 역사적 관련성에 초점을 두고 연구한 결과, 그때까지 정설로 지배되고 있었던 수납설(Reception theory), 즉 이태리에서 발생한 문예부흥 운동이 결정적으로 북유럽 문예부흥 운동의 기원이 되었다는 견해가 일반적이었다. 그러나 이 학설에 대해 문제제기를 하면서 새로운 관점에서 북유럽의 문예부흥을 연구하고 새로운 견해를 제시했던 사람이 바로 Hyma 교수였다. Hyma 교수는 고전적인 수납설을 비판하고 수정설(Revisionist theory)을 제기하였다. 김명수, "북구 기독교 르네상스와 이태리 르네상스의 차이점" 『국제신학』 제15권(2013): 122.

2) William R. Estep, *Renaissance and Reformation* (Grand Rapids: Eerdmans, 1992), 78-79; Roland Bainton, *Erasmus of Christendom* (New York: Charles Scribner's Sons, 1969), 7.

3) A. G. Dickens and Whitney R. D. Jones, *Erasmus the Reformer* (London: Mandarin, 1995) 20.

은 게르하르트(Gerhard)였고, 가족들은 그가 사제가 되길 간절히 바랐다. 그런데 게르하르트는 결혼할 목적으로 이미 내과 의사의 딸인 마가렛(Margaret)과 함께 동거하고 있었다. 그의 가족들은 게르하르트가 반드시 사제가 되어야 한다고 다그쳤다. 그는 임신한 아내를 남겨두고 사제가 되기 위해서 로마 유학길에 올랐다. 그는 로마에서 원고 필사를 하면서 자립했다. 그가 힘들게 공부하고 있는데, 가족들은 그가 공부에만 집중하도록 거짓 편지를 보냈다. 그와 동거생활을 했던 마가렛이 죽었다는 전갈을 보냈다. 그는 역경을 극복하고 슬픔 가운데서 사제 성직을 받았다. 그가 고향에 돌아왔을 때, 가족들이 자기를 속였다는 사실을 알아차렸다. 그렇지만 자신이 하나님 앞에서 사제가 되고자 했던 그 서약을 배신하지 않았다. 그는 마가렛이 출산한 자녀에게 양육비를 지원했지만, 그녀에게 돌아가지는 않았다.[4] 한 인간의 개성을 이해하려면 그 사람의 성장 배경을 살펴볼 필요가 있다. 에라스무스의 아버지는 헬라어와 라틴어를 알고 있었고, 로마에서 법률 공부도 했으며, 고대작가들과 당대의 인문주의 작가들에 조예가 깊은 지성인이었다.[5] 그의 어머니는 남편의 사랑과 도움을 받을 수 없는 불우한 환경 가운데서도 에라스무스와 그의 형 피터를 신앙으로 꿋꿋하게 양육을 했다. 어머니의 헌신적 돌봄으로 인해 두 아들은 훌륭한 사제들로 성장하게 되었다. 에라스무스의 지성적인 면은 아버지에게서 물려받은 것 같고, 그의 따뜻한 인간미는 어머니에게서 물려받은 것 같다.

---

4) Roland Bainton, *Erasmus of Christendom* (New York: Charles Scribner's Sons, 1969), 7-8.

5) Johan Huizingar, *Erasmus and the Age of Reformation* (New York: Harper & Row, 1957), 7; A. G. Dickens and Whitney R. D. Jones, *Erasmus the Reformer* (London: Mandarin, 1995) 20.

# 제2장

# 공동생활 형제단과 수도원 생활

에라스무스의 어머니는 그를 형 피터(Peter)와 함께 고우다(Gouda)에 있는 학교로 보냈다. 그의 아버지가 고우다 출신이었기 때문이다. 그 후 1475년부터 1484년까지 데벤터(Deventer)에 있는 유명한 성 레빈 학교로 보냈다. 이 성 레빈(St. Lebwin) 학교는 공동생활 형제단에 의해서 운영되는 학교였다.[6] 당시 데벤터는 네덜란드 저지대의 지적 중심지였다. 그 도시는 다른 어떤 도시에서보다도 더 많은 책들이 인쇄되었다. 데벤터는 공동생활 형제단의 데보치오 모데르나(Devotio Moderna)[7] 정신으로 채워져 있었다.[8] 에라스무스가 성 레빈 학교에 들

---

6) William R. Estep, *Renaissance and Reformation* (Grand Rapids: Eerdmans, 1992), 79.

7) Devotio Moderna는 영어로 'Modern Devotion', 'New Devotion'으로 번역할 수 있으며, '오늘의 헌신' 내지는 '현대의 헌신'을 의미한다. 홍치모, 『종교개혁의 세계』(서울: 아가페문화사, 2003), 37; 송인설은 '새로운 헌신'으로 번역하기도 했다. Williston Walker, *A History of the Christian Church*, 송인설 역, 『기독교회사』(고양: 크리스챤 다이제스트, 2002), 409. 네덜란드 데벤터라는 작은 도시에서 Gerard Groote(1340-1384)에 의해서 시작된 이 '새로운 헌신'의 운동은 복음적이며, 실천적인 경건회복 운동이었다. 이 운동을 통해서 수많은 기독교 사상가, 교육가, 기독교 인문주의자들이 출현하게 되었다. 이 운동의 영적토양에서 『그리스도를 본받아』 책을 쓴 토마스 아켐피스가 성장했고, 에라스무스도 이 영적토양에서 어린 시절부터 자라고 성장했으며, 그의 기독교적 가치관과 세계관이 형성되었다.

8) Roland Bainton, *Erasmus of Christendom* (New York: Charles Scribner's Sons, 1969), 8.

어갈 무렵, 그 학교의 교장은 알렉산드 헤기우스(Alexander Hegius, 1433-1498)[9]였다. 헤기우스는 헬라어 지식이 해박한 유능한 인문주의자였다. 그는 유명한 기독교 인문주의 사상가인 루돌프 아그리콜라(Rudolf Agricola, 1444-1485)[10]와 친한 사이였다. 아그리콜라는 이탈리아에서 교육을 받았고, 네덜란드 인문주의의 대어(大漁)였다. 아그리콜라가 성 레빈 학교에 와서 연설했을 때, 에라스무스는 잊을 수 없는 깊은 감명을 받았으며 라틴 고전에 대한 강력한 충동을 받았다. 베아투스(Beatus)는 데벤터에서 에라스무스가 모든 동료학생들을 능가했으며, 아그리콜라에게서 배운 것을 지속적으로 붙들고 있었다고 말하고 있다. 에라스무스는 데벤터 학교에서 라틴어 기초를 확실하게 잡을 수 있었고, 그곳에서 언어학적 열정을 붙들게 되었다.[11] 그는 유트레히트(Utrecht) 성당의 합창단 소년으로 뽑혀서 2년간 봉사를 했다. 그 일로 인해, 2년 동안 데벤터에서의 학교생활을 쉬어야만 했다.[12]

1483년에 역병이 네덜란드의 많은 도시를 강타했다. 데벤터 도시도 예외가 아니었다. 이로 인해, 그의 어머니 마가렛이 죽었고 그의 학우도 20명이나 죽었다. 그 후 아버지 게르하르트는 두 아들을 고우다(Gouda)로 소환했다. 오래지 않아 아버지도 역병으로 죽었다.[13] 그의 아버지가

---

9) 알렉산더 헤기우스(Alexander Hegius, 1433-1498)도 Devotio Moderna 운동의 영향 가운데서 성장한 기독교 교육가요, 인문주의 학자이다. 그는 중세 유럽에서 가장 위대한 교육가로 알려지고 있다. 김명수, "Devotio Moderna 운동과 종교개혁"(신학박사 학위 논문, 국제신학대학원대학교, 2010), 156-58. 을 참조하기 바람.

10) Rudolf Agricola(1444-1485)는 독일 르네상스의 아버지로 불린다. 그도 Devotio Moderna 운동의 영향 가운데서 성장한 기독교 인문주의 학자이다.

11) A. G. Dickens and Whitney R. D. Jones, *Erasmus the Reformer* (London: Mandarin, 1995) 20.

12) William R. Estep, *Renaissance and Reformation* (Grand Rapids: Eerdmans, 1992), 79.

죽고 난 후에 에라스무스는 그의 형과 함께 헤르토겐보쉬(Hertogenbosch)라는 장소로 옮겨졌다. 그곳에서도 공동생활 형제단이 운영하는 학교가 있었는데 환경은 여러모로 열악하였다. 에라스무스는 훗날 이 학교를 격렬하게 비난했다. 이 학교는 단순히 학생들을 수도원에, 특히 공동생활 형제단에서 만든 수도원에 보내기 위한 목적으로 학생들을 닦달했으며, 학생들의 개인적 성향이나 소질은 무시했던 것이다.[14] 형 피터와 에라스무스는 한동안 그 수도원에서 생활을 했다. 그곳에서 에라스무스는 수도사가 되고자 결심하게 되었다. 형 피터는 델프트(Delft) 근교에 있는 시온(Sion)의 어거스틴 수도원으로 들어갔다. 에라스무스는 스테인(Steyn)에 있는 어거스틴 수도원으로 들어갔다. 그 수도원은 공동생활 형제단에서 만든 수도원이었다. 그때 그의 나이가 열여섯 살이었다. 수도원 생활은 마지못해서 하고 있었지만, 그곳에는 좋은 도서관이 있었다. 그 수도원에서 에라스무스는 자기가 좋아하는 작가들의 작품들을 마음껏 접할 수 있었다.[15] 특히 로렌조 발라(Lorenzo Valla, 1407-1457)의 작품에 매료되었다. 스테인에서의 초기 생활은 에라스무스가 인문주의 학문을 자유롭게 연마할 수 있는 기회가 되었다. 뿐만 아니라 시인으로서의 자질도 발전시켜갈 수 있었다.[16]

에라스무스는 스테인 수도원에서 6년 간을 지냈다. 그곳에 있는 동안

---

13) A. G. Dickens and Whitney R. D. Jones, *Erasmus the Reformer* (London: Mandarin, 1995) , 22.

14) A. G. Dickens and Whitney R. D. Jones, *Erasmus the Reformer* (London: Mandarin, 1995) , 22.

15) Roland Bainton, *Erasmus of Christendom* (New York: Charles Scribner's Sons, 1969), 12.

16) William R. Estep, *Renaissance and Reformation* (Grand Rapids: Eerdmans, 1992), 79-80.

수도원 생활에 잘 적응을 했고, 수도원 생활을 예찬하면서 『세상을 경멸하며』(*On Contempt of the World*)라는 소책자를 썼다. 그 내용을 살펴보면 다음과 같다.

> "명성에 관해서 말하자면, 그것은 덧없이 지나가는 것이다. 지금 알렉산더가 어디에 있는가? 크세르크세스(Xerxes)가 어디에 있는가? 한니발이 어디에 있는가? 남아 있는 것은 전설뿐이지 않는가? 그것도 작가들의 작품이 아니면 기억되지 않을 것이다. 이집트의 피라미드를 보지 못한 사람들에게 그것이 무슨 가치를 지닌단 말인가? 부는 단지 더 많은 부를 소유하고 싶은 욕망을 갖게 할 뿐이다. 아름다움은 장미처럼 시들게 되고 친구들은 제비처럼 떠나가게 된다. 삶은 불확실하고, 죽음은 모든 사람을 평준화시킨다. 네스토르(Nestor)나 므두셀라(Methuselah) 같은 사람은 차치하고, 백 살까지 산 사람들이 얼마나 되는가? 육십 세까지 산 사람이 몇이나 되는가? 천 명 중에 하나도 드물지 않는가! 육신은 죽기 마련이지만 영혼의 죽음만큼 두려운 것은 없다. 그러므로 천국의 영원한 행복을 얻기 위해서 최선을 다하라. 이것은 당신이 세상의 유혹들로부터 당신 자신을 차단시킴으로써 가장 잘 이룰 수 있을 것이다."[17)]

에라스무스는 영혼의 준비는 세상의 산만함과 방해 받는 것으로부터 단절이 필요하다고 보았다.

> "시인이 신적인 영감에 사로잡힐 때, 그는 무리들로부터 벗어나야만 한다. 건축가나 예술가가 위대한 구상을 하고 있을 때는 조용한 시

---

17) Roland Bainton, *Erasmus of Christendom* (New York: Charles Scribner's Sons, 1969), 14.

> 간을 가져야 한다. 영혼의 준비도 이와 다름이 없다. 엘리야 선지자는 지진이나 불 속에서가 아니라, 세미한 음성 속에서 하나님을 발견했다(왕상 19:1-20). "모세가 어디에서 불타는 덤불을 보았는가? 이집트 도시에서가 아니고 광야에서였다. 십계명이 어디에서 주어졌는가? 짙은 구름이 내리덮고 있던 시내산 정상이지 않았는가? 세례 요한이 메시야의 길을 예비하기 위하여 어디에서 양육되었는가? 궁궐이 아니라, 광야였지 않는가? 우리 주님은 얼마나 자주 한적한 곳으로 물러가셨던가? 최근에 우리나라를 뒤덮고 있는 혼란 속에 조용한 명상을 위한 공간이 어디에 있단 말인가? 우리는 사람들이 가축 사료를 먹으며 굶주려 죽어가는 것을 보아왔다. 수도원은 평정을 위한 피난처를 제공해 준다."[18]

에라스무스는 계속해서 수도원 생활이 주는 영적, 지적, 정서적 유익에 대해서 주장한다.

> "수도원 생활은 자유를 제공해준다. 키케로(Cicero)는 자유는 당신이 원하는 대로 살아갈 수 있는 능력이라고 했다. 당신이 수도사가 되길 원한다면, 당신은 자유를 소유하게 될 것이다. 무엇보다 수도원 생활은 지복(至福)을 제공한다. 수도원의 삶은 어떤 사람들에게는 천상의 것들을 관조하게 한다. 성 버나드는 하나님께 대한 관조는 단지 반시간만 했을지라도 세상의 모든 기쁨을 능가한다고 말했다. 나는 그런 경험이 없지만, 내 주변에 몇몇 사람들은 하나님을 관조함으로 기쁨의 눈물에 흠뻑 젖어 있는 것을 보았다. 그리고 학문하는 사람에게 수도원은 얼마나 큰 기쁨을 주는가? 여기에서 그는 독

18) Ibid., 14-15.

> 서를 하고 숙고를 하며, 책을 집필할 수도 있다. 다양한 책들이 있어 기쁨은 끊이지 않는다. 우리 신앙의 원천을 위해서 구약성경과 신약성경으로 돌아가야 한다. 수려한 말솜씨를 위해서는 제롬, 어거스틴, 아르노비우스, 키프리안을 연구해야 한다. 만일 당신이 좀 더 까다로운 사람이라면, 그리스도인 중의 키케로라 할 수 있는 락탄티우스(Lactantius)를 연구해보라. 만약 당신이 내용이 더 충실한 음식을 원한다면, 알베르투스 마그누스(Albertus Magnus, 1193-1280)나 토마스 아퀴나스(Thomas Aquinas, 1225-1274)를 연구하라. 그들의 책을 통해서 당신은 성경의 보화를 취할 수 있을 것이고, 선지자들과 사도들의 불멸의 작품들을 발견하게 될 것이며, 주해자들과 박사들의 위대한 저작들을 발견하게 될 것이다.

당신은 철학자들과 시인들의 작품들을 얻게 된다. 그것들을 피해서는 아니 된다. 왜냐하면 독성 있는 식물들 중에서도 치료하는 약초들이 있기 때문이다. 여유로움과 두려움에서 벗어난 자유 가운데서 그러한 작품들과 함께 한다면, 이것이 천국의 기쁨을 맛보는 것이 아니겠는가? 여기에 붉은 장미와 흰 백합화가 있고, 여기에 자줏빛 제비꽃들과 달콤한 백리향 향기가 있다. 그 열매들은 맛있고 건강에 좋다. 그 정원 사이로 맑은 시냇물이 졸졸 흐르고 있다. 이 매혹적인 피난처에서 당신은 원하는 대로 자유로이 산책할 수 있다. 이러한 수도원 생활을 위해서, 자신을 의탁하고자 하는 사람은 자신이 결심한 수도사의 길을 만류하고자 울면서 가로막는 어머니와 목을 끌어안고 애원하는 누이를 눈물을 흘리지 않고 단호하게 떼 놓아야 한다."[19)]

---

19) Roland Bainton, *Erasmus of Christendom* (New York: Charles Scribner's Sons, 1969), 15.

그러나 에라스무스는 수도원 생활을 무조건 예찬만 하지 않았다. 그는 수도원 지망생들에게 이렇게 조언했다. "당신이 수도원에 들어가기 위해 짐을 꾸리는 것을 보고 있다. 그러나 나는 당신이 너무 성급하게 행동하지 않기를 경고한다. 당신이 밖으로 나올 수 없는 우물 속으로 당신을 내던지지 말라."[20] 그리고 잘못된 동기로 수도원에 들어가는 것을 강하게 만류했다.[21]

에라스무스는 마틴 루터가 에르푸르트 어거스틴 수도원에서 영적 스승인 슈타우피츠(Johann von Staupitz) 박사를 만나 많은 도움을 받은 것처럼[22] 한 목자를 만났다. 그분은 남성이 아니라 여성이었다. 그녀의 이름은 베르테 데 하이엔(Berthe de Heyen)이었다. 그녀는 부유한 과부였는데 재혼을 거부하고, 수도원에 들어간 자기의 딸들을 양육하면서, 더 나아가 가난한 자들을 돌보며 수도사들과 공동생활 형제단들을 돌보았다. 심지어 그녀는 공동생활 형제단을 위해서 집을 다섯 채나 지어주었다. 그리고 그녀 자신의 집은 수도사들을 대접하고 영적 조언을 해주는 장소로 쓰임 받았다.

그녀가 죽었을 때, 에라스무스는 그 딸들을 위로하기 위해 편지를 썼다. 그는 슬픔에 압도되어 거의 편지를 쓸 수 없다고 언급하면서 편지를 썼다. "친애하는 자매들이여, 당신들은 나의 고통을 이해할 것입니다. 내가 고아로 남겨졌을 때, 당신들의 어머니는 나를 위로해 주었답니다. 그분은 나를 소심함에서 빠져나오게 했습니다. 그분은 나를 따뜻한 조언으로 위로해 주었습니다. 그분은 마치 내가 친자식인 것처럼 나를 돌보아

20) Ibid., 15-16.
21) Ibid., 16.
22) William R. Estep, *Renaissance and Reformation* (Grand Rapids: Eerdmans, 1992), 115.

주셨습니다."[23]

베르테 데 하이엔은 에라스무스가 죽음에 대한 공포를 느낄 때도 죽음에 대한 두려움을 극복하도록 도움을 주었다. 한 번은 에라스무스와 베르테가 결혼한 지 6주 만에 갑작스럽게 죽게 된 어느 젊은 신부의 장례식에 같이 참석하게 되었다. 많은 사람들이 어찌할 바를 모르고 우왕좌왕하고 있을 때, 베르테만이 침착함을 보여주었다. 그녀는 주변 사람들에게 이렇게 권면했다. "울고불고할 이유가 없습니다. 주님께서 생명을 주셨고 주님께서 다시 취하여 가신 것입니다. 주님의 이름만이 찬양을 받아야 합니다. 우리가 용감하게 영적인 싸움을 싸운다면 우리는 천국에서 큰 상급을 받을 것입니다. 하나님께서는 우리가 감당할 수 있는 능력 밖의 시험은 허락하지 않을 것입니다." 에라스무스는 그녀의 이 말을 듣고 큰 확신을 얻게 되었다. 그러므로 에라스무스는 그 자매들을 위로하며 그녀들의 어머니가 사도들과 순교자들과 성모와 하나님의 어린양 보좌 주위에서 찬송하는 천사들과 함께 합류했으니 슬퍼하지 말라고 당부했다.[24] 에라스무스는 "삶이란 죽음을 준비하는 것이다."라는 교훈을 깨닫게 된다.

스테인 수도원에서 에라스무스는 세르바티우스 로저스(Servatius Rogers)와 코넬리우스 게르하르트(Cornelius Gerhard) 두 수도사들과의 교제와 편지 왕래를 통해서 우정을 꽃피웠으며, 인문주의 학자로서 실력을 향상할 수 있었다. 특히 코넬리우스 게르하르트는 인문주의 연구에 있어 새로운 방향을 제시해 주었다. 그는 에라스무스에게 지성적인 도전

---

23) Roland Bainton, *Erasmus of Christendom* (New York: Charles Scribner's Sons, 1969), 18.

24) Roland Bainton, *Erasmus of Christendom* (New York: Charles Scribner's Sons, 1969), 18.

을 주었을 뿐만 아니라, 인문주의 학문 그 자체가 목적이 아니라 문학작품을 통해서 특히, 고상한 시(詩)를 통해서 그리스도를 섬길 수 있다는 사실을 일깨워주었다. 또 에라스무스는 그 수도원에서 고전을 연구하는데 있어 제롬(St. Jerome, 345-419)이 얼마나 중요한 인물인가를 발견하게 되었다. 제롬이 사용한 표현들이 그에게 매력을 안겨주었고, 그의 나머지 생애에 큰 도전을 주었다. 이러한 통찰력은 친구 코넬리우스에게서 받은 것이다.[25]

에라스무스는 인문주의 학자로서 고전에 대하여 우호적인 입장을 취하곤 했다. "당신들은 버질(Virgil)이 예수님을 믿지 않고 죽어 지옥에 있기 때문에 그 작품을 읽지 말아야 한다고 말한다. 그렇다면 많은 그리스도인들이 그의 작품을 읽었기 때문에 지옥에 떨어졌다고 생각하는가? 그리스도가 오시기 전의 이교도들이 저주를 받았는지의 여부는 우리가 논의할 문제가 아니다. 만약에 당신이 이교적인 모든 것을 배척하고자 한다면, 당신은 이교도들이 만든 알파벳과 라틴어와 모든 미술 공예들까지도 포기해야 할 것이다."[26]

그런 점에서 에라스무스의 판단은 옳았다. 16세기의 기술은 로마 제국시대의 기술보다 그렇게 많이 진보하지는 않았다.

> "당신은 플라톤주의자나 키케로주의자로 불려지기를 원하지 않는다. 하지만 알베르트주의자나 토마스주의자로 불려지는 것에 대해서는 개의치 않는다. 지식은 사람을 우쭐하게 하고 교만하게 만든다고

---

25) William R. Estep, *Renaissance and Reformation* (Grand Rapids: Eerdmans, 1992), 80.
26) Roland Bainton, *Erasmus of Christendom* (New York: Charles Scribner's Sons, 1969), 21.

> 당신은 말한다. 그것이 어거스틴이나 제롬에게도 맞는 말일까? 그것이 지나치지만 않는다면, 하나님의 깊은 경륜 가운데 지식이 일정한 역할을 할 수 있지 않을까? 약간의 자부심은 초심자로 하여금 더 큰 열심을 내도록 자극한다. 고전 작가들에 대해서는 분별력을 가지고 접근해야 한다. 이교적인 것들 중에 어떤 것들은 쓸모가 없고, 의심스럽고, 해롭기까지 하다. 그러나 어떤 것은 매우 쓸모 있고, 유익하며, 필요하기까지 하다."[27)]

에라스무스는 바른 학문적 자세를 가지고 있었다. 그는 하나님의 역사적 계시는 부정하지 않았다. 하지만 하늘로부터 오는 직접 계시는 끝났다고 강력하게 주장했다. 성령은 대 그레고리의 그림에서처럼 어떤 사람의 귀에 속삭이기 위해 비둘기 형태로 의자 등받이에 앉아 계시지는 않는다. 그러면서 아주 의미심장한 말을 했다. "바울이 삼층천에 붙들려 올라갔던 것처럼 지식이 한순간에 오는 것이라면, 왜 그 많은 날들을 책과 씨름을 하며 시간을 허비해야 한단 말인가? 하며 묻는 사람들이 있다. 그러나 당신이 하늘로부터 신비한 조명을 기대하고 있다면, 당신은 그것을 기다리며 일생을 허비하게 될 것이다." 에라스무스는 물론 신비한 체험을 하지 않았다. 그는 또 의미심장한 말을 했다. "결국 바울이 삼층 천에 들림 바 되었을지라도 그의 제자 디모데에게 성경 필사본을 가지고 오게 했다."[28)] 에라스무스에 의하면 아무리 신비한 체험을 했을지라도 그 사건을 일반화하는 오류를 범해서는 안 된다는 것이다. 사도 바울도 신비한 영적 체험을 했지만 그것에 함몰되지 않았다. 바울은 성경 필사

27) Ibid., 21.

28) Roland Bainton, *Erasmus of Christendom* (New York: Charles Scribner's Sons, 1969), 22.

본을 통해서 자신의 신앙을 다지며 수많은 양(羊)들을 성경 말씀으로 교육하며 양육했던 것이다. 에라스무스는 "경건은 신앙에 의존하지만, 학문은 논의에 의해서 연구되어져야 하며 모든 것은 질문을 야기하게 한다." 고 말했다.[29)]

기독교 제자도에 관한 새로운 열정은 에라스무스가 고우다에서의 어린 시절 뿐만 아니라, 스테인에서의 학창시절까지 교육을 받았던 데보치오 모데르나(Devotio Moderna) 운동, 즉 기독교 르네상스로부터 가장 많은 영향을 받았다.[30)] 에라스무스에게 영향을 준 사람들이 많이 있었다. 특히 공동생활 형제단 출신의 인문학자들과 사상가들의 영향이 컸다. 그중에 빼 놓을 수 없는 인물이 로렌조 발라(Lorenzo Valla, 1407-1457)였다. 로렌조 발라도 공동생활 형제단의 영향 가운데 있는 인물이었다. 그는 데보치오 모데르나(Devotio Moderna)의 그룹 안에서 문헌학자로서 명성을 떨쳤으며, 기독교를 변증하는 변증가로서 존경을 받았다. 논리학보다는 수사학의 옹호자인 로렌조 발라는 에라스무스에게 큰 영향을 끼쳤다. 에라스무스는 로렌조 발라를 통해서 수사학의 역할을 배웠고, 단어들의 의미와 역사를 분별하는 역사의식을 배웠다.[31)] 에라스무스는 '콘스탄틴 기증서' 의 거짓됨을 역사적 · 언어분석학적 방법으로 증명해 낸 그를 '용기 있는 지식인' 으로 높이 평가했다.

에라스무스는 로렌조 발라로 인해 도전을 받게 되었고 내적인 꿈을 펼치고 싶었다. 그는 더 넓은 세계를 경험하고 싶었다. 스테인에서의 생

29) Ibid., 22.
30) William R. Estep, *Renaissance and Reformation* (Grand Rapids: Eerdmans, 1992), 80.
31) Roland Bainton, *Erasmus of Christendom* (New York: Charles Scribner's Sons, 1969), 25.

활은 그의 꿈을 실현하는 데에 한계가 있었다. 그의 마음은 갈수록 부풀어 있었다. 그러나 스테인에 있는 공동생활 형제단들과의 좋은 관계성은 깨지 않았다. 그는 그곳을 떠나게 되었지만, 몇 년이 지난 후에 그곳을 종종 방문하곤 했다. 스테인의 공동생활 형제단들은 에라스무스를 자신들의 등불로 여기게 된다.[32]

1488년 에라스무스는 스테인 수도원에서 수도 서원을 했다. 그리고 1492년 26세에 에라스무스는 유트레히트 주교로부터 신품 성사를 받고 신부가 되었다.[33] 같은 해에 에라스무스는 캉브레(Cambrai) 주교의 비서로 선출되어 로마를 방문하기로 했다. 캉브레 주교는 추기경이 되기를 열망했던 인물인데, 교황이나 추기경들에게 서신 교환을 담당해 줄 비서가 필요했다. 이 일에는 에라스무스보다 더 나은 적임자는 없었다. 에라스무스는 저명한 학자들이 살고 있는 나라, 수많은 책들이 존재하는 나라, 불후의 기념물들이 있는 나라, 그 로마를 방문할 꿈에 부풀어 있었다.[34] 그러나 주교가 교황에게 밉보여서 로마에 가는 길이 막히게 되었다. 주교도 에라스무스도 로마 방문의 꿈을 접어야 했다. 그러나 주교는 에라스무스에게 자비를 베풀었다.[35]

---

32) Ibid., 25-26.

33) Stefan Zweig, 『에라스무스 평전』, 정민영 역, (경기 파주: 아롬미디어, 2008), 42.

34) Roland Bainton, *Erasmus of Christendom* (New York: Charles Scribner's Sons, 1969), 26.

35) William R. Estep, *Renaissance and Reformation* (Grand Rapids: Eerdmans, 1992), 80.

# 제3장

# 프랑스 파리 유학



베르겐 시(市)의 서기인 제임스 바트(James Batt)는 일찍이 파리에 유학을 하고 돌아와 베르겐 시에서 교장직을 수행하고 있었다. 그는 에라스무스와 사상적으로 잘 통하는 인물이었다. 두 사람 다 인문주의 과목을 학교에서 비중있게 가르쳐야 한다는 견해를 갖고 있었다. 에라스무스의 인문주의 소양과 재능을 간파한 바트는 캉브레 주교에게 에라스무스에게 유학의 기회를 주자고 강력하게 제안을 했다. 이리하여 에라스무스는 주교의 지원을 받고 파리 대학에 신학박사 과정으로 등록할 수 있게 되었다. 당시 에라스무스는 나이가 29세로 이미 탁월한 시인이었고, 라틴 고전에 정통한 사람이었으며, 특히 테렌스(Terenc), 호레이스(Horace), 세네카(Seneca), 키케로(Cicero), 퀸틸리안(Quintillian)에 정통하고 있었다. 뿐만 아니라 이미 성 제롬에 탐닉하고 있었고 성 어거스틴에게는 열광하고 있었다. 캉브레 주교는 에라스무스의 파리 체류를 위해서 재정적 지원을 약속했지만 충분한 액수가 지불되었는지는 의심스럽다. 어쨌든 에라스무스는 파리에 위치한 몬태규 대학(the College de Montaigu)에 가난한 학생으로 등록했다.[36)]

에라스무스가 프랑스 파리 몬태규 대학(the College of Montaigu)에

---

36) Roland Bainton, *Erasmus of Christendom* (New York: Charles Scribner's Sons, 1969), 31-33.

입학했을 때, 그 대학의 상황은 별로 좋지 않았다. 몬태규 대학은 1314년에 설립되었다. 당시는 장 스탠독(Jean Standonck)이 학장으로 재직하고 있었다. 장 스탠독은 고우다(Gouda)에 있는 공동생활 형제단에서 일찍이 교육을 받았던 인물이다. 그 후 그는 루벵(Louvain) 대학과 파리 대학교에서 공부를 했다. 그는 가난한 환경에 굴하지 않고 성 제르망 수도원에서 사환으로 일하면서 자립을 했다. 그는 마침내 석사학위와 박사학위를 차례대로 취득하고 소르본느(Sorbonne) 대학에서 피터 롬바르드와 아리스토텔레스를 강의하는 교수가 되었다. 그가 몬태규 대학의 학장이 되었을 때, 학교의 개혁을 시작했다. 그는 몬태규 대학에서 공동생활 형제단의 이상을 실현하고자 하는 마음이 있었다.[37)]

그가 몬태규 대학의 학장이 되자 학교의 첨탑 위에 있는 풍향계를 제거하고 그 자리에 십자가와 어린양으로 대체했다. 에라스무스가 몬태규 대학에 입학하기 전에 그 대학은 금욕적인 경건을 추구하는 분위기였다. 무엇보다 장 스탠독 자신이 사막의 성자처럼 앞서서 금욕적인 삶을 살았다. 그는 데보치오 모데르나 운동의 열렬한 옹호자로서 형제단의 높은 도덕적 기준을 주입시키고자 시도했다. 이로 인해서 학교 훈련이 너무 엄격하였다. 에라스무스는 그 환경에 적응하지 못하여 병이 들었고, 1496년 사순절 기간 동안에 스테인(Steyn)으로 돌아가 건강을 회복하였다.[38)]

---

37) Richard C. Gamble, *Calvin's Opponents* (New York: Garland, 1992), 67-78; Roland Bainton, *Erasmus of Christendom* (New York: Charles Scribner's Sons, 1969), 33-34. 그 대학을 설립한 인물이 장 스탠독이었다. 스탠독은 프랑스 북쪽에 위치한 Gouda에 있었던 공동생활 형제단에서 공부를 했던 인물이다. 그가 공동생활 형제단의 개혁 이념을 파리로 가져와서 몬태규 대학을 개혁하고자 했었다. 이 몬태규 대학은 기독교 인문주의자 Erasmus가 공부한 곳으로도 유명하다. 존 칼빈도 1524년부터 1528년까지 이 몬태규 대학에서 공부했으며, 무엇보다 반종교개혁의 선봉에 섰던 이그나티우스 로욜라가 이 대학에서 공부를 했다.

38) William R. Estep, *Renaissance and Reformation* (Grand Rapids: Eerdmans,

장 스탠독은 타락한 수도원과 교회를 개혁하고자 부단히 노력했다. 당시 수도원과 교회는 경제적 착취와 축첩이 성행하고 있었다. 그는 몬태규 대학을 개혁하기 위하여 공동생활 형제단의 몇몇 사람들의 도움을 구했다. 그들 중에서 에라스무스의 오랜 친구였던 코넬리우스 게르하르트(Cornelius Gerhard)와 몸베르(Mombaer)도 있었다. 몸베르가 집필한 『로사리움』(*Rosarium*)이라는 소책자는 후에 열렬한 반 종교개혁자로 쓰임받은 이그나티우스 로욜라가 쓴 『영적 훈련』(*Spiritual Exercises*)에 적지 않은 영향을 미쳤다. 에라스무스는 공동생활 형제단들과 활발한 교제를 이루었다. 에라스무스는 몬태규 대학에서 학장이면서 교수직을 수행하고 있었던 장 스탠독의 피터 롬바르드의 "명제집"(Sentences) 강의를 일 년간 들었다. 그리고 빈번하게 개인적으로 스탠독을 만나 교제했으며, 그가 다른 사람들과 서신 왕래하는 일을 도와주었다.

동시에 에라스무스는 파리에서 스스로 작은 개혁 작업을 수행했다. 스탠독과는 약간 다른 식으로 했다. 스탠독이 정죄 받은 이단자를 교화시키려고 노력하였다면, 에라스무스는 그 사람이 정죄 받지 않도록 노력했다. 한번은 에라스무스가 벨기에를 방문한 적이 있다. 한 소녀가 그에게 다가와 자기 아버지를 종교재판의 올무에서 구해달라며 눈물로 호소를 했다. 에라스무스는 베르겐 시(市)의 서기인 제임스 바트(James Batt)에게 연락해서 도움을 요청했다. 그리고 자신은 종교재판관에게 중지를 명하도록 대수도원장에게 직접 요청을 했다. 에라스무스는 그 종교재판관은 심문을 받고 있는 그 사람보다 더 화형에 처해야 마땅하다고 주장했다. 그의 중재는 성공적으로 끝났고 그 소녀의 아버지는 풀려날 수 있었

1992), 81-82; Roland Bainton, *Erasmus of Christendom* (New York: Charles Scribner's Sons, 1969), 50.

다.[39)]

몬태규 대학의 학장이었던 스탠독은 16세기 종교개혁의 여러 방면에서 심대한 영향을 끼쳤다. 그가 학장으로 있는 바로 그 대학에서 16세기 종교개혁에서 빼 놓을 수 없는 걸출한 세 인물이 배출되었다. 첫째는 로테르담(Rotterdam)의 에라스무스였다. 그는 진보적 가톨릭 개혁 운동의 주역이었다. 둘째로는 존 칼빈(John Calvin, 1519-1564)이다. 그는 가장 전투적인 프로테스탄티즘의 투사였다. 세 번째는 이그나티우스 로욜라(Ignatius Loyola, 1491-1556)였다. 그는 다른 어떤 사람보다도 반종교개혁(Counter Reformation)을 위해서 목숨을 바친 자였다. 이 세 사람 중에서 엄격성 면에서 스탠독을 가장 적게 닮은 사람이 에라스무스였다.[40)]

몬태규 대학의 규율은 참을 수 없었다. 에라스무스는 스탠독 학장이 가난한 학생들을 위해서 지은 콜레기아 파우페룸(Collegia Pauperum)이라는 기숙사에서 생활했다. 그곳의 환경은 너무나 열악했다. 학생들은 직접 자기 빨래를 해야 했고, 요리는 물론 청소 등 모든 것을 직접 해야 했다. 신학 박사 과정 학생들은 오전 11시가 되어서야 식사를 제공받았다. 빵 한 덩어리, 약간의 버터와 과일 스튜, 기름 없이 요리된 채소, 청어, 신선하지 않은 값싼 달걀 등이 주어졌다. 말을 잘 듣지 않는 학생들은 피가 나기까지 매를 맞았다.[41)] 실제로 몬태규 대학의 환경은 좋지 않았던 것 같다. 방에 벼룩들이 있었고, 침실 회벽에 곰팡이가 슬었으며, 방 옆에 바로 화장실이 있었다고 했다. 에라스무스의 고백이 비록 과장된 면이 있었을지라도 그는 학교생활 중에 건강을 해치고 말았다. 그 여

39) Roland Bainton, *Erasmus of Christendom* (New York: Charles Scribner's Sons, 1969), 34.

40) Ibid., 34-35.

41) Ibid., 35.

름에 캉브레 주교의 집에서 지내며 건강을 회복하게 되었다. 그러고 나서 그는 자신의 추억이 많이 남아 있었던 스테인(Steyn)에 돌아가 무기한으로 머물고자 했다. 그러나 스테인에 있는 공동생활 형제단원들은 파리에 돌아가서 다시 학업을 시작하도록 격려를 했다.

에라스무스는 형제단원들의 충고를 받아들였고, 다시 파리로 돌아갔다. 이번에는 기숙사에 들어가지 않고 하숙을 했다. 주교가 지난번보다는 더 넉넉하게 재정 지원을 해주었던 것이다. 하숙을 하게 되자 그는 학문에 열중할 수 있었다.[42)]

에라스무스는 허황된 주제와 논리로 시간과 에너지를 허비하고 있었던 스콜라 철학자들을 혐오했다. 그렇다고 해서 스콜라 철학 자체를 배격하지는 않았다. 에라스무스가 결혼과 이혼에 관한 글을 쓰게 되었는데 그는 구약 성경과 신약 성경을 자유롭게 인용했고, 교부들의 작품과 교회법 학자들의 작품도 인용했다. 뿐만 아니라 스콜라 학자들을 광범위하게 인용했다. 그는 피터 롬바르드(Peter Rombard), 토마스 아퀴나스, 옥캄, 스코투스, 보나벤투라, 다일리(D' Ally), 비엘(Biel), 게르송(Gerson)의 작품을 읽었다. 에라스무스는 시종 자신은 스콜라 철학의 적이 아니며, 논리학의 적도 아니라고 말했다.

동시에 우리는 그가 전적으로 신학 공부에만 매진했다고 생각해서도 안 된다. 그가 파리에 체류할 동안에 고전과 기독교 유산을 새롭게 적용함으로 성품 개발을 위한 열정을 공유하는 집단을 찾아 나섰다. 다행스럽게도 그러한 사람들이 파리에 있었다. 15세기 중엽에 귀욤 피셰(Guillaume Fichet)는 소르본느 대학에서 수사학과 신학을 가르쳤는데,

---

42) Ibid., 35-36.

그는 이탈리아 인문주의자들의 웅변술과 스콜라 철학자들의 신학을 결합할 수 있다고 가르쳤다. 그의 계승자인 로버트 가귄(Robert Gaguin)이란 사람이 있었다. 그는 성직자로서 마투린 수도회 총장이었고, 귀욤 피셰처럼 소르본느 대학에서 수사학을 가르치는 인문주의 학자였다. 그는 프랑스 왕으로부터 칙명을 받고 유럽 여러 나라를 다니며 외교관으로 활동을 했던 인물이기도 하며, 프랑스와 영국이 사이좋게 지내는 것은 늑대와 어린 양이 함께 사는 것보다 더 어렵다고 생각하는 열렬한 프랑스인이었다.[43] 1495년 가귄(Gaguin)이 쓴 프랑스 역사를 출판할 때, 그 작품을 추천하며 에라스무스가 서문을 썼다. 이것은 에라스무스에 의해 최초로 출판된 글이었다.[44] 그는 에라스무스와 절친한 우정을 나누었다. 가귄은 에라스무스에게 이탈리아 출신 유명한 인문주의자인 파우스토 안드렐리니(Fausto Andrelini)를 소개해 주었다. 안드렐리니는 1489년에 소르본느 대학에서 수사학과 수학을 가르치기 위해서 온 재원이었다. 그는 후에 궁정시인(poeta regius)이 되었다. 그의 위트 있는 강의는 인기를 끌었고, 프랑스와 독일의 아주 먼 지방에 있는 학생들까지 몰려들었다.[45]

에라스무스는 그 동안 캉브레의 주교로부터 장학금을 받고 있었지만, 무슨 사연인지 가정교사를 하지 않으면 안 될 사정이 되었다. 1496년 9월의 한 일기장에 이렇게 기록하고 있다. "어떤 금전적인 문제도 나의 신학 공부를 그만두게 하지 못할 것이다." 배고픔은 그의 높은 자부심을 납작하게 짓눌렀다. 그는 학생들을 맡아 가정교사를 하면서 생활비를 벌

43) Roland Bainton, *Erasmus of Christendom* (New York: Charles Scribner's Sons, 1969), 37-40.

44) William R. Estep, *Renaissance and Reformation* (Grand Rapids: Eerdmans, 1992), 81-82;

45) Roland Bainton, *Erasmus of Christendom* (New York: Charles Scribner's Sons, 1969), 37-40.

어야 했다.[46)]

불가피하게 해야만 했던 에라스무의 가정교사직은 그에게 기대하지 않았던 행운을 가져다주었다. 가정교사직을 감당하면서 그는 교육에 관한 소책자들을 쓸 수 있었다. 무엇보다 소중한 친구들을 많이 만나게 되었다.[47)] 그의 첫 제자는 독일 뤼벡(Lübeck)에서 온 크리스티안(Christian)과 헨리 노르트프(Henry Northoff)였다.[48)] 그 외에도 영국에서 유학 온 귀족들을 만나 그들에게 수사학을 가르쳤다. 이들 가운데 토마스 그레이(Thomas Grey)와 윌리엄 마운트조이(William Mountjoy)가 있었다. 마운트조이는 젊고 부유한 귀족이었다. 그는 에라스무스를 영국으로 초청했다. 그의 후원으로 에라스무스는 1499년 영국을 처음 방문하게 되었다.[49)]

에라스무스가 프랑스에 체류하면서 결혼에 관한 글을 쓴 적이 있었다. 에라스무스 본인은 결혼하지 않았다. 하지만 결혼에 대한 문제의식은 누구보다도 강했다. 그는 정상적인 결혼을 통해서 태어나지 않고 사생아로 태어난 것에 대한 강한 트라우마가 있었다. 그가 쓴 결혼에 대한 글을 보면 그가 얼마나 정상적인 결혼과 가정생활을 예찬하고 있는가를 확인하게 된다.

> "결혼은 이스라엘 가나에서 그리스도에 의해서 인정되었다. 결혼은 자연에 의해서는 인정되었고, 이단자들에 의해서는 비난받았다. 결

46) Ibid., 41.
47) Ibid., 50.
48) Ibid., 41.
49) William R. Estep, *Renaissance and Reformation* (Grand Rapids: Eerdmans, 1992), 81-82; Roland Bainton, *Erasmus of Christendom* (New York: Charles Scribner's Sons, 1969), 50.

혼은 리쿠르구스(Lycurgus), 모세, 혹은 솔론에 의해서 만들어 진 것이 아니다. 우주를 창조하신 그분에 의해서 만들어진 것이다. 왜냐하면 하나님께서 "사람이 독처하는 것이 좋지 아니하다." 말씀하셨기 때문이다. 하나님께서는 이브를 창조하실 때, 아담의 경우와 같이 흙으로 만들지 아니하시고 아담의 갈빗대에서 취하여 만드셨다. 그러므로 그 아내보다 더 가깝고 친밀한 존재는 없는 것이다. 대홍수 심판 후에 하나님께서는 "생육하고 번성하라." 말씀하셨다. 결혼제도는 하나님께서 친히 최초로 만드셨기 때문에 그 어떤 성례보다도 더 존중받아야 마땅하지 않는가? 다른 성례들은 지상에서 만들어졌고, 결혼 제도는 에덴동산에서 만들어졌다. 다른 성례들은 치유책이지만, 결혼은 더없는 행복 안에서 친밀한 사귐으로 만들어진 것이다. 다른 성례들은 타락한 본성 때문에 제정되었고 결혼은 더렵혀지지 않은 순결한 본성을 위하여 만들어진 것이다. 인간의 법들이 존중받아야 한다면, 우리에게 생명을 주신 하나님께로부터 받은 결혼의 법은 얼마나 더 존중받아야 마땅하겠는가?

결혼에 필수적인 성적인 흥분은 자연으로부터 온 것이며, 자연으로부터 온 것은 순수하고 거룩한 것이다. 삶의 가장 거룩하고 순수하며 순결한 방식은 결혼이다. 당신은 그리스도께서 결혼하지 않았다고 지적할지 모른다. 사실이다. 하지만 우리는 모든 점에서 그분을 본받는 것에 한계가 있다. 우리는 그분처럼 동정녀에게서 태어날 수 없다. 사도들은 결혼하지 않지 않았느냐고 말할 수 있다. 실제로 어떤 사도들은 결혼하지 않았다. 그러나 그들은 전도자로서 그들의 사명과 결혼을 조화시키기에 어려운 박해 시대에 살았다. 그렇지만 우리는 도덕적 고결성이 결혼에서 가장 잘 드러나는 그런 시대에 살고 있다. 사람들이 수도사들과 수녀들의 신분에 대해 수다를 떠는 경향이 있다. 독신으로 산다고 핑계를 대면서 실제로는 방탕하고 방종한 삶을 사는 자들은 차라리 거세를 하는 것이 더 나을 것이다. 나는 사제들과 수도사들에게 결혼이 허용되어야 한다고 생각하는 바이다. 특히나 수많은 사제들이 있지만 순결한 삶을 사는 사들은 희귀하기 때문이다. 숨겨둔 첩들을 아내로 만들고 불명예 가운데 있는 동거녀들을 공개적으로 인정하는 것이 훨씬 낫지 않은가? 합법적으로 결혼해서 자녀를 낳고 그 자녀를 사랑하고 경건하게 양육한다면 이 얼마나 좋은 일인가? 그러면 부끄러워할 아무런 이유가 없고, 그 자녀들은 자기 부모들을 존경하지 않겠는가! 주교들이 아내들로부터 거두어들일 수 있는 것보다 첩들을 통해서 더 많은 수입을 챙길 수 있지 않았다면 오래 전에 결혼을 허용했을 것이다.

어떤 사람은 마치 땅을 휴경으로 묵혀두는 것처럼 독신으로 지낼 수 있을 것이다. 그러나 모든 사람이 독신으로 살게 되면 어떤 일이 벌어지겠는가? 어떤 인종도 존재하지 않을 것이고, 결과적으로 독신자들도 수녀들도 존재하지 않을 것이다. 군주들의 법은 정당한 이유 없는 낙태와 피임을 처벌한다. 그러나 임신하게 된 것을 없애는 것과 임신하지 못하게 하는 것 사이에는 얼마나 큰 차이가 있는가? 아직 태어나지 않은 아이의 생명을 위태롭게 하는 것은 큰 범죄이다. 그러나 이것은 수도사가 되고 수녀가 됨으로 항구적인 불임에 자신을 내맡기는 것에 비하면 경미한 일이다. 하나님이 제정하시고, 자연이 허용하고, 이성이 권고하고, 하나님의 법과 인간의 법이 인정하고, 모든 민족들이 동의하며, 최고의 모범들이 보증하는 것을 왜 회피하고자 하는가? 육체와 영혼으로 연합되어 있는 그녀, 은밀한 연정 가운데 당신에게 속삭이는 여인, 모든 당신의 믿음과 당신의 운명을 맡긴 수 있는 그 여성과 같이 사는 것보다 더 달콤한 것이 무엇이란 말인가? 자연의 모든 것 중에서 무엇이 이보다 더 사랑스럽단 말인가? 당신은 애정 속에 친구들과 유대감을 가지고 있다. 하지만 최고의 사랑 속에서, 육체의 연합으로, 성례의 띠로 묶여지며, 그리고 당신의 재산을 공유하면서, 당신은 훨씬 더 아내와 긴밀하게 연합되어 있지 않는가! 다른 우정들에는 얼마나 속임과 배신이 많은가? 친구들은 제비들처럼 훌쩍 날아가 버린다. 끝까지 지속하는 우정은 거의 없다. 그러나 아내는 신실하며 단지 죽음만이 결혼을 나눌 수 있다. 만약 진실로 그것이 가능하다면 말이다.

만일 당신이 곤경에 처한다면, 당신을 진정으로 위로하고 당신의 고통을 그녀 자신의 것으로 생각하는 그 사람이 바로 당신의 아내이다. 당신이 집에 머물 때 아내 때문에 고독의 지루함에서 벗어날 수 있다. 당신이 멀리 떠나 있다면, 당신은 그녀와의 키스를 그리워할 것이다. 아내가 자리를 비우게 되면 당신은 그리워하게 되고, 그녀가 돌아오면 즐거워하게 된다. 결혼을 통해서 자녀들이 태어나게 되고 당신이 사랑하는 사람들의 수는 증가한다. 당신은 다른 아버지와 어머니를 얻게 된다. 당신이 늙은 나이에 당신을 소중히 여기는 작은 아이를 갖는 것은 얼마나 매혹적인 일인가! 그 아이 안에서 당신은 다시 태어나는 것이다. "네 자녀들이 죽을지도 몰라." 라고 당신은 말할 지 모른다. 그러나 당신이 독신으로 산다면, 어떤 슬픔도 가지지 않을 것이라고 생각하는가? 어떤 것도 결혼보다 안전하지 않고, 어떤 것도 결혼보다 더 행복하지 않고, 더 평온하지 않고, 더 즐겁지 않고, 더 사랑스럽지 않다."[50]

50) Roland Bainton, *Erasmus of Christendom* (New York: Charles Scribner's Sons, 1969), 49-50.

# 제4장

## 영국에서의 생활



1499년 여름, 에라스무스의 제자 중의 한 사람인 윌리엄 마운트조이(William Mountjoy)의 초청으로 그는 영국에 갔다. 에라스무스는 윌리엄 마운트조이를 한 친구에게 이렇게 소개했다. "그는 너무나 호의적이며 참으로 매력적인 청년이라 지옥까지라도 따라가고 싶을 정도이다." 마운트조이는 에라스무스를 지옥이 아니라 베드웰(Bedwell)에 있는 낙원 같은 시골 별장으로 인도해서 대접해주었다.[51)]

영국에서 에라스무스의 명성은 상상을 초월했다. 그가 영국에 도착하는 순간부터 박식한 학자로서 최상의 대접을 받았다. 이러한 대접은 호의적이었으며 고무적인 것이었다.[52)] 에라스무스가 영국에 간 지 오래지 않아 그는 영국에서 가장 영향력 있는 상류층 사람들과 교제하기 시작했고, 그 중 일부는 평생에 걸친 친구 관계를 수립하기 시작했다. 에라스무스가 만난 인물 중에 가장 중요한 인물이 존 콜렛((John Colet, 1467-1519)이다. 그는 에라스무스에게 가장 많은 영향을 준 사람이었다.[53)]

존 콜렛은 런던 시장의 아들로서 귀족이었다. 그는 캠브리지(Cambridge)

---

51) Roland Bainton, *Erasmus of Christendom* (New York: Charles Scribner's Sons, 1969), 55.

52) William R. Estep, *Renaissance and Reformation* (Grand Rapids: Eerdmans, 1992), 81-82;

53) Ibid., 82.

에서 문학 학사와 문학 석사 학위를 받았다. 계속해서 그는 이탈리아에서 공부를 했다. 그가 유학을 마치고 돌아왔을 때, 옥스퍼드(Oxford)에 강사로 청빙을 받았다. 고전에 깊은 조예가 있었으며, 교회 교부들의 사상에도, 민법과 교회법에도 정통한 사람이었다. 그런데도 그는 옷을 수수하게 입었고, 소식(小食)을 하며 연회들을 피하였다. 이는 화려한 연회에서 잘 차려 입은 귀부인들과 대화하고 교제하다가 죄의 유혹에 넘어질까봐서 조심을 했던 것이다. 그는 모든 그리스도인들이 자기와 같이 결혼하지 않기를 원했지만, 결혼한 사람들 중에서도 참으로 결점 없는 훌륭한 인격을 소유한 자들이 있음을 발견했다. 그래서 나중에 그가 세운 학교에 교장들을 추대할 때, 결혼한 사람들 중에서 선출했다.[54)]

존 콜렛이 옥스퍼드에서 사도 바울의 로마서를 강의하고 있을 때 에라스무스를 만나게 되었다. 당시에는 박사학위를 받기 위해서 일정 기간 강의를 해야만 했다.[55)] 에라스무스는 편지로 자신을 그에게 소개했다. 에라스무스의 편지를 받고 콜렛은 이미 자신이 그의 명성에 대해서 익히 잘 알고 있다고 답했다. 존 콜렛 자신이 프랑스 파리에 체류하고 있을 때, 로버트 가귄(Robert Gaguin)의 역사책에 대한 에라스무스의 추천사를 읽었는데, 그 글을 읽는 즉시 그가 문학에 아주 정통한 사람임을 깨닫게 되었다고 답신했다. 콜렛은 신학에 대해 말하지 않았으며, 단지 에라스무스를 문학인으로 생각하고 있었다. 에라스무스는 존 콜렛의 학문성과 깊은 인격으로 인해 그에게서 깊은 감동을 받았다.[56)]

---

54) Roland Bainton, *Erasmus of Christendom* (New York: Charles Scribner's Sons, 1969), 55-56.

55) William R. Estep, *Renaissance and Reformation* (Grand Rapids: Eerdmans, 1992), 82-83.

56) Roland Bainton, *Erasmus of Christendom* (New York: Charles Scribner's Sons, 1969), 55-56.

존 콜렛은 성서 해석을 할 때 새로운 방법을 시도했다. 그의 강의는 미묘했으며, 전통적인 중세적 방법과는 분명한 차이가 있었다. 중세 신학자들은 성경 본문들과 교회 교부들이 쓴 본문들을 기초로 하여 일일이 교리의 뼈대를 조직하려고 노력했다. 그러나 존 콜렛은 성경본문 그 자체로 돌아가서 직접적인 해석방법을 찾으려고 했다. 그러므로 교리와 전통을 강조하기보다 본문과 저자에 강조를 두는 새로운 방법이 생겨나게 되었다. 에라스무스는 존 콜렛이 고안했던 성경 해석 방법인 새로운 문법적 · 역사적 방법에 감탄을 했다. 존 콜렛은 어떤 참고서 없이도 불가타 성경뿐만 아니라, 헬라 본문까지 강의를 했다. 존 콜렛과 에라스무스는 어떤 어려운 주제에 대해서는 서로 간에 열띤 논쟁을 벌이기도 했다. 존 콜렛은 옥스퍼드 대학교에서 교수생활을 영위한 후에는 성 바울 성당의 수석 사제가 된다. 에라스무스가 스콜라 철학에 대해서 혐오감을 갖게 된 것은 전적으로 존 콜렛의 영향이었다. 1499년 10월에 콜렛이 에라스무스에게 보낸 편지를 보면 콜렛은 그를 가리켜 '설득력 있고 감동적인 힘을 가진 신학자' 라고 표현했다. 그는 영국 생활을 통해서 그가 어떻게 신학을 고결하고 생기 있게 할 수 있을 것인가에 대한 새로운 비전을 발견하게 되었다. 성경 신학의 역동성에 대한 새로운 깨달음을 얻고, 그는 인문주의 문학을 버리기보다 그것을 통해 교회를 섬기는 도구로 활용하고자 했다. 이 일을 하기 위해서 첫 번째로 해야 할 일이 바로 헬라어를 공부하고 정복하는 것임을 깨닫게 되었다.[57]

에라스무스는 존 콜렛 외에도 영국을 대표하는 인문주의자들을 만나게 되었다. 존 콜렛과 마찬가지로 이탈리아를 방문하고 돌아온 세 사람

57) William R. Estep, *Renaissance and Reformation* (Grand Rapids: Eerdmans, 1992), 82-83.

이 있었다. 그 사람들은 윌리엄 그로신(William Grocyn, 1446-1519)과 윌리엄 래티머(William Latimer), 그리고 토마스 리나커(Thomas Linacre, 1460-1524)였다. 그리고 토마스 모어(Thomas More, 1478-1535)가 있다. 그로신은 전에 옥스퍼드 대학에서 헬라어를 가르쳤다. 그러나 당시에는 런던에서 6세기 신 플라톤적 저술가 아레오파고스의 재판관 디오니시우스(Dionysius the Areopagite)의 저술들을 강의하고 있었다. 사람들은 일반적으로 이 디오니시우스는 사도 바울이 아테네의 아레오파고스의 언덕에서 연설을 했을 때, 바울과 동행했던 그 디오니시우스와 동일 인물로 보고 있었다. 그로신은 처음에는 그 전설을 받아들였다. 하지만 자체적으로든 아니면 역사 비평학자였던 로렌조 발라(Lorenzp Valla, 1407-1457)의 영향 때문인지는 모르나 그러한 전설이 날조된 것이라고 확신한 후에는 그를 따르는 청중들 앞에서 자신의 과오를 솔직하게 인정하는 진실함과 고결성을 지닌 인물이었다.[58)]

윌리엄 래티머(William Latimer)는 좀 더 모호한 인물이지만, 그가 레기날드 폴(Reginald Pole) 추기경을 가르쳤다는 사실 때문에 중요한 인물로 간주되고 있다. 그가 쓴 글들 중에서 에라스무스에게 쓴 편지들 외에는 남아 있는 것이 없다.

토마스 리나커(Thomas Linacre, 1460-1524)는 의사이며 인문주의자였다. 그는 헨리 8세의 주치의를 지냈다. 그리고 왕립 의과대학(Royal College of Surgeons)의 창립자가 되었다. 그는 이탈리아에서 6년을 유학하고 돌아왔는데, 이탈리아 체류 시 그 곳에 거주하고 있던 헬라인들을 만나 헬라어를 마스터하고 왔다. 그 결과 그는 직접 헬라어 문법책을 저

---

58) Roland Bainton, *Erasmus of Christendom* (New York: Charles Scribner's Sons, 1969), 58.

술했고, 고대의 의학 저술들을 영어로 번역할 수 있게 되었다. 리나커는 그의 말년에 교회를 섬기기 위해서 의학을 포기했다. 그는 시간적인 여유를 갖고 복음서를 읽게 되었다. 그는 복음서를 읽고 감격하여 외쳤다. "이것이 복음이 아니거나, 아니면 우리가 그리스도인이 아니거나 둘 중에 하나이다."[59] 그 당시 얼마나 성경이 일반인들에게 닫힌 책으로 방치되고 있었는가를 충분히 짐작케 하는 사건이다.

그 당시 헬라어에 정통한 젊은 영국의 인문주의 학자가 있었는데, 그 사람은 토마스 모어(Thomas More, 1478-1535)이다. 그는 런던의 법률가인 존 모어(John More)의 아들로 태어났다. 그는 옥스퍼드 대학 출신이며 후에 변호사가 된다. 그리고 의회 의원이 되었다. 1515년 통상 문제로 네덜란드에 건너가 외교교섭에 탁월한 수완을 발휘했다. 이상적 국가상을 그린 『유토피아』라는 멋진 책을 집필했다. 그는 탁월한 수완과 식견으로 헨리 8세의 큰 신임을 얻게 되었고, 1529년에는 대법관으로 임명되었다. 그는 다른 사람들과 같이 이탈리아 유학 출신이 아니다. 그는 옥스퍼드 대학에서 윌리엄 그로신(William Grocyn, 1446-1519)에게서 헬라어를 배웠다. 에라스무스는 토마스 모어의 경건과 위트 때문에 그에게 마음이 많이 끌렸다.[60]

토마스 모어의 집은 에라스무스가 영국에서 체류하는 거처가 되었다. 토마스 모어는 에라스무스와 위트를 나누면서 인생을 관조했던 철저한 인문주의자였다. 그리고 수준 높은 교양을 갖춘 모어의 가족들은 영국의 인문주의자들이 에라스무스와 교제할 수 있는 기회를 제공해주었다. 모

59) Ibid., 58.

60) Roland Bainton, *Erasmus of Christendom* (New York: Charles Scribner's Sons, 1969), 58.

어와 에라스무스에게 사모사타의 루키안(Lucian of Samosata)은 재미있는 이야기를 주고받을 수 있는 좋은 소재가 되었다. 루키안은 시리아에서 태어났으며, 헬라문화의 마지막 거장이었다. 뿐만 아니라 그는 풍자문학의 대가였다. 그의 작품은 에라스무스에게 매력적이었다. 왜냐하면 그의 회의주의와 유머를 사용하는 것이 에라스무스와 매우 흡사했기 때문이다.[61]

토마스 모어는 쾌활한 그리스도인이었다. 그는 인문주의자로서 해학에 탁월한 능력이 있었다. 그렇지만 저속하지 않았고 경건한 그리스도인으로서 품위를 지켰다. 그는 아주 빼어난 글 솜씨를 자랑했고 뛰어난 논쟁가로서 백성들에게 인기가 많았다. 그는 성실했고 어떤 수도사에게 뒤지지 않을 정도로 잘 훈련되어 있었다. 하지만 즐거운 표정과 유머센스가 넘치는 사람이었다. 하루는 장난기 있는 그가 산책하자며 에라스무스를 데리고 나갔다. 사전에 예고도 없이 당시 영국 왕이었던 헨리 7세의 자녀들의 집을 방문하였다. 그곳에는 나중에 스코틀랜드의 여왕이 된 마가렛(Margaret) 공주가 있었는데, 그 때는 열 살도 되지 않았다. 또한 나중에 프랑스의 루이 12세의 왕비가 될 네 살 밖에 되지 않은 메리(Mary)가 있었다. 아서(Arthur) 왕자는 없었으며, 에드워드(Edward)는 어린 아기였다. 거기에는 미래의 헨리 8세가 될 왕자가 서 있었는데, 아직 아홉 살이 되지 않았지만 에라스무스가 말한 바대로, 그는 이미 어떤 왕다운 위엄과 아주 품위 있는 고상함이 엿보였다.[62] 토마스 모어는 헨리 왕자에게 글 한편을 헌정하였다. 헨리 왕자는 좀 무뚝뚝하게 에라스무스는

61) William R. Estep, *Renaissance and Reformation* (Grand Rapids: Eerdmans, 1992), 82.

62) Roland Bainton, *Erasmus of Christendom* (New York: Charles Scribner's Sons, 1969), 58.

자기에게 무엇을 선물할 것인가를 물었다. 아마도 에라스무스는 당황했을 것이다. 돌아오는 길에 장난기 많은 토마스 모어는 에라스무스로부터 질책을 받았다. 그리고 에라스무스는 즉시 영국과 영국 왕 헨리 7세를 찬양하는 시를 한편 썼다. "전쟁에 능숙하시며, 평화를 사랑하시는 분, 타인에 대해서는 관대하시며, 자신에 대해서는 엄격하신 분, 카이사르(Caesar)보다 더 고상하시며, 마이케나스(Maecenas)보다 더 관대하시다. 여기 황금시대의 아버지인 나의 아폴로가 계시다."[63]

에라스무스는 학문과 문학을 사랑하는 새로운 영국 친구들에게 얼마나 많은 빚을 지고 있는 지 모른다. 에라스무스는 그들의 인정에 기쁨이 충만했고 그들의 모범적인 삶에 고무되었다. 그들은 자기와 같이 미천한 사제의 사생자가 아니었다. 그들은 하나같이 귀족의 자제들이었고, 부유한 사람들이었다. 그렇지만 자신들이 옳다고 생각하는 신념을 위해서 자신들의 신분과 명성을 버릴 준비가 되어 있는 용기 있는 지성인들이었다. 윌리엄 그로신(William Grocyn, 1446-1519)은 자신의 오류를 공개적으로 인정하고 철회하는 아주 솔직하며 용기 있는 사람이었다. 토마스 리나커(Thomas Linacre, 1460-1524)는 자신이 그동안 복음의 의미와 중요성을 알지 못하고 있었다고 솔직하게 고백했다. 존 콜렛(John Colet, 1467-1519)은 나중에 헨리 8세의 진노를 감수해야만 했다. 그리고 토마스 모어(Thomas More, 1478-1535)는 한때는 헨리 8세의 큰 신임을 얻었지만, 왕이 본처를 버리고 이혼하려고 하자 강력하게 만류했다. 이로 인해서 1534년 반역죄로 런던탑에 갇혔다가, 1535년에 단두대의 이슬로 사라졌다. 1535년 로마 교황청은 그에게 성인(聖人)의 영예로운 호칭을 주었다.

---

63) Ibid., 58-59.

그들은 또한 에라스무스에게 헬라어를 마스터할 필요성을 깊이 일깨워주었다. 에라스무스가 헬라어에 대한 깊은 문제의식과 함께 헬라어에 매진하게 됨은 순전히 영국 친구들의 덕분이며, 그것은 그의 학문 연구에 새로운 전환점을 제공했다. 에라스무스는 영국에 오기 전에 헬라어 초보 단계를 배웠었다. 1500년 파리(Paris)에서 출판된 『격언집』(*Adages*)을 보면 여러 헬라어 인용문들을 포함하고 있었다. 그는 파리로 돌아와 옷을 사는 것보다 헬라어 책을 사는데 더 돈을 투자했으며 헬라어 공부에 매진했다.[64)]

영국의 친구들은 에라스무스에게 사상적인 면에서도 적지 않은 영향을 끼쳤다. 그들은 신플라톤주의 부흥을 열광적으로 기대하는 사람들이었다. 이탈리아의 피치노(Ficino)와 피코(Pico)가 피렌체의 아카데미를 통해서 신플라톤주의의 부흥을 주도했다. 에라스무스는 경건한 이교도들에 대해 호의적이었다. 인간의 도덕성을 중시하는 그들의 이상주의를 수용했던 것이다. 하지만 에라스무스는 성경이 가르치는 진리의 경계를 넘어가지 않았다. 그는 세상이 무에서 창조되었음을 확신했고, 불멸과 관련해서는 영혼이 육체로부터 분리되는 것이 아니라 성경의 가르침대로 육체의 부활을 믿었다. 그는 육체와 영혼으로 이루어졌다는 이분설을 지지했다. 때로는 알렉산드리아 교부들처럼 육, 혼, 영의 삼분설을 지지할 때도 있었다. 그러나 대체로 이분설을 지지했다. 그는 육체를 전적으로 악한 것으로 여기지 않았다. 그러므로 에라스무스는 플라톤주의자들을 극단적 이원론을 주장하는 마니교(Manichean)식의 이원론과 구분하였다. 그는 영혼이 육체 안에 있는 한, 육체의 요구들이 부정되어서는 아니 된다고

64) Roland Bainton, *Erasmus of Christendom* (New York: Charles Scribner's Sons, 1969), 59.

주장했다. 육체의 행위들은 경건한 내면적 태도와 결합되어 있어야 한다고 했다. 경건성이 빠져버린 육체의 행위들은 가치가 없다고 보았다. 에라스무스의 이러한 견해는 중세 가톨릭교회의 외적인 의식 중심의 신앙과 교회의 수직적 권력 구조에 실망스러워 할 수밖에 없었다.[65)]

신플라톤주의의 부흥은 에라스무스에게 영성을 새롭게 창조해 준 것이 아니라, 에라스무스가 이미 기독교의 전통 내에 다른 줄기로부터 형성된 영성을 강화시켜주었고, 새로운 색채를 가미해주었다. 에라스무스에게 어린 시절부터 형성되어 온 그 영성의 토대는 바로 데보치오 모데르나(Devotio Moderna)였다. 데보치오 모데르나 운동은 형식적인 신앙생활을 배척했고, 열정적인 실천의 경건을 추구했다. 독일에서는 종교개혁이 면죄부 판매에 대한 항의로 시작되었다. 하지만 네덜란드에서는 그 초점이 성찬 예식의 영성화(spiritualizing)에 초점이 맞추어져 있었다. 공동생활 형제단의 기둥 같은 지도자 중의 한 사람인 베셀 간스포르트(Wessel Gansfort, 1419-1489)는 화체설을 부정하지는 않았다. 하지만 신부나 사제가 축성기도를 할 때, 빵과 포도주가 실제적인 예수님의 몸과 피로 바뀐다는 물질적 현존에 대해서는 거의 관심을 가지지 않았다. 다만 그는 그리스도께서 신성과 그 충만한 인성에 있어서 그의 이름을 부르는 어떤 사람에게도 함께 하시며, 심지어는 성만찬을 떠나서도 그의 이름을 부르는 사람들과 함께 하실 수 있다고 했다.[66)] 베셀 간스포르트는 화체설을 설명하면서 예수님이 "이것은 나의 몸이다."라고 말씀하신 것은 예수님께서 다른 곳에서 "나는 양의 문이다. 나는 포도나무이다. 나

65) Ibid., 59-61.
66) Roland Bainton, *Erasmus of Christendom* (New York: Charles Scribner's Sons, 1969), 61.

는 길이요, 진리요, 생명이다." 라고 말씀하실 때와 같은 의미로, 즉 상징적인 의미로 말씀하고 있다고 주장했다.[67]

그리고 에라스무스의 학문성을 깊게 한 인물 중에 한 사람은 로렌조 발라(Lorenzo Valla, 1407-1457)였다. 루벵(Louvain) 가까이에 있는 파르크(Parc)에 프레몽스트라티안(Premonstratian) 수도원이 있었고, 그 수도원에는 도서관이 있었다. 에라스무스가 그 도서관의 책들을 샅샅이 살펴보던 중에 우연히 보물을 발견했다. 그것은 신약 성경에 대한 로렌조 발라의 주석 책이었다. 그는 나중에 개인 돈을 투자하여 이 책을 출판했다. 이 주석 책이 특이한 것은 어원학적 주석 때문이다. 예를 들면, 라틴어의 마리아(Mary)라는 이름이 아브람(Abraam)과 같이 마리암(Mariam)이라고 씌어져야 한다든지 혹은 마리아(Maria)로 써야 한다든지 하는 경우이다. 이 경우에는 격변화를 시켜야 하는지에 관한 것이었다. 하지만 신약 성경이 다른 책들과 마찬가지로 동일하게 언어학적 연구의 대상이 된다는 사실은 에라스무스로 하여금 자신이 직접 성경을 번역할 수 있고, 본문 주석을 시도하도록 자극했을 개연성이 상당히 높다. 로렌조 발라의 판본에 대한 에라스무스의 서문은 상당히 의미가 깊다. 그는 서문에서 "성 제롬은 그가 살았던 앞 세대의 이전 번역들을 교정했었다. 이제 제롬의 번역이 교정될 필요가 있다. 어떤 사람이 구약 성경에서 헬라어 번역이 원래의 히브리어보다 더 우월하다고 말할 수 있겠는가? 또한 신약 성경에서 제롬의 라틴어 번역이 원래의 헬라어보다 더 우월하다고 말할 수 있겠는가? 만약에 그렇다면, 왜 클레멘트 5세(Clement V, 1305-1314)가 고대 언어들을 연구하도록 교서를 내렸단 말인가?" 라고 했다. 이 언

67) Albert Hyma, *The Christian Renaissance* (Hamden: Archon Books, 1965), 220.

급은 1311-1312년의 비엔나 공의회의 교서를 가리키는데 몇몇 이름 있는 대학에서 히브리어, 아람어, 그리고 아랍어를 가르칠 것을 요구하였다. 당시 그 목적은 선교사들을 준비시키기 위한 것이었다. 에라스무스와 그의 써클은 성경 연구에 필요한 언어학적 기술을 습득하고 장려하기 위해 반복하여 이 교황의 교서를 환기시켰다.[68)]

에라스무스가 집필한 『기독교 군사의 검』(*Enchiridion Militis Christiani*)은 다른 어떤 책보다도 그를 진보적인 가톨릭 개혁의 대변자로 인식하게 했고, 교황들의 조언자요, 유럽인들의 정신적 멘토가 되게 했다. 이 책은 프로그램적 성격을 갖고 있는데, 이 책에는 에라스무스가 그의 전생애를 통하여 반복하게 될 그러한 주제들이 개략적으로 제시되어 있기 때문이다. 이 소책자는 처음에 큰 주목을 받지 못했다. 아마도 그 초판이 다른 작품들 사이에 끼어 있었기 때문일 것이다. 그러나 10년 후에는 대중적 인기를 끌게 되었고 재판들이 나오고 여러 나라 언어로 번역되면서 대단한 인기를 끌게 되었다. 이 책의 제목은 두 가지 의미를 가지고 있다. '엔키리디온' 이라는 말은 두 헬라어 단어로부터 비롯되었다. '손안에 있는' 이라는 의미를 가지며, 작은 무기, 단검이나, 혹은 작은 책, 편람 혹은 안내서에 적용된다. 이 경우에는 '단검' 이라는 번역이 더 좋다. 왜냐하면 이 책이 처음 나오게 된 배경을 알게 되면 그러하다.[69)]

에라스무스가 친구 바트(Batt)와 함께 투른하임(Tournheim)에 머물고 있을 때였다. 자행자지(自行自止)하는 불량한 남편 때문에 마음고생을 많이 하고 있던 한 여성으로부터 자기 남편을 좀 변화시켜 달라고 요청

---

68) Roland Bainton, *Erasmus of Christendom* (New York: Charles Scribner's Sons, 1969), 65.
69) Ibid., 65-66.

을 받았다. 그 남편은 뉘른베르크 출신 요한 포펜루이터(Johann Poppen-ruyter)였다. 그는 전쟁무기를 만들어 판매하는 자였는데, 네덜란드를 기지로 삼아 황제나 그의 경쟁자들에게 무기를 공급하는 일을 하고 있었다. 요한 포펜루이터는 유쾌한 기질의 소유자였는데 다른 여성들에게는 마음이 한없이 넓었고, 자기 아내에게는 너무나 가혹한 자였다. 모든 신학자들의 말에는 귀를 닫고 살았으나 에라스무스에게만은 예외였다. 그가 에라스무스는 존경했던 것이다. 그리하여 그의 아내와 은밀하게 합의하고 그 사람이 아내의 요청이라는 사실을 모르게 그의 사악함과 불신앙을 교정해 달라고 부탁받았다.

에라스무스는『기독교 군사의 검』(*Enchiridion Militis Christiani*)을 완성하여 그 무기판매업자에게 증정했다. 그 사람은 자기가 직접 만든 멋진 단검을 에라스무스에게 선물함으로써 답례했다. 그런데 두 사람은 상대방이 준 무기를 어떤 경우에도 실제로는 사용하지 않았다.[70)]

왜『기독교 군사의 검』이 요한 포펜루이터에게 아무런 감동을 주지 못했는지 다음과 같은 사실에서 알 수 있다. 왜냐하면 이 책에서 에라스무스는 그에게 성경을 더 잘 이해하기 위하여 오리겐, 암브로스, 제롬 그리고 어거스틴을 공부하도록 충고하고 있다. 또한 요한 포펜루이터에게 용어들을 교묘하게 조종함으로써 자신을 변명하지 말라고 했을 때, 그 의미를 완전히 이해했을 것 같지 않다. 성 버나드(St. Bernard, 1090-1153)의 설교를 모델로 해서 교훈적인 말을 했지만, 너무나 기교적이어서 그 사람의 마음을 움직이는 데는 한계가 있었다. 에라스무스는 그 책을 집필하면서 두 사람을 염두에 두었다. 한 사람은 요한 포펜루이터였고, 다

70) Roland Bainton, *Erasmus of Christendom* (New York: Charles Scribner's Sons, 1969), 66.

른 한 사람은 바로 자기 자신이었다.

이 책의 서론은 확실히 군인과 학자 모두에게 적합하다. 그것은 기독교적 싸움에 있어서 행동으로 단호함을 보여야 된다는 것이다. 방탕한 삶을 살았던 요한 포펜루이터는 그의 바람기를 끊어버리기 위해서 마음을 다잡아야 했다. 머뭇거리는 에라스무스는 그의 소심함을 극복하고, 그의 무기력을 털어내며, 그의 비겁함을 추방해야 했다. 그는 기독교 군사로 하여금 적에게 맞서기 위해 담대히 일어나라고 했다. 대적은 교활하고, 빈틈없고, 파렴치하고, 불 붙은 창과 독화살을 사용하고 있다. 적들은 조금의 휴식도 허용치 않는다. 적과의 전쟁은 끊임없이 계속되고 있다.

그렇지만 승리는 확실한 것이다. 땅과 바다를 횡단하며 장사를 해야 하는 장사꾼들은 자신의 사업의 성공을 확신할 수 없다. 그러나 기독교 군사는 실패할 수 없다. 왜냐하면 전능하신 하나님이 그의 편이 되어주시기 때문이다. "만일 하나님이 우리를 위하시면 누가 우리를 대적하리요?"(롬 8:31) 싸움의 결과는 운에 달린 것이 아니라, 하늘에 계신 하나님 아버지께 달린 것이다. 다만 승리하기를 원치 않는 자는 승리할 수 없다. 도움은 늘 우리 가까이에 있다. 그리스도 주님께서 당신을 위하여 싸우실 것이다. 모든 승리는 죄의 폭군을 제압하신 그 분으로부터 온다. "담대하라. 내가 세상을 이기었노라."(요 16:33) 그렇지만 당신은 당신의 역할을 마땅히 감당해야 한다. 신적 은총만을 무기력하게 의지해서는 아니 된다. 또한 공포에 이성을 잃어서도 아니 되며, 어떤 경우에도 당신의 무기를 내던져서는 아니 된다.[71)]

이 모든 가르침은 에라스무스에게 있어 대적자는 악한 마귀임을 보여

---

71) Roland Bainton, *Erasmus of Christendom* (New York: Charles Scribner's Sons, 1969), 66-67.

준다. 그는 마귀를 은유적으로 표현하고 있는 것이다. 그는 마틴 루터처럼 사탄을 대화까지 나눌 수 있는 인격화된 적으로는 생각하지 않았다. 기독교 싸움은 각 개인의 마음속에서 발생한다. 이것은 사람에게 두 자아가 존재함을 의미한다. 그러나 내부에 내적인 것과 외적인 것, 두 자아가 있다는 이원론을 배제하지 않는다. 만약에 그 싸움이 마귀와의 싸움이 아니라면 그것은 더욱 더 세상과 육신과의 싸움이다. 이러한 싸움은 우리가 지상에 사는 한 결코 벗어날 수 없으며, 수도원으로 도피한다고 해서 벗어날 수 있는 것이 아니다. 사람은 세상과 육신을 벗어날 수 없고, 그것들과 함께 살아야 한다. 하지만 그 어떤 것에도 굴복해서는 아니 된다.[72]

이러한 것들은 사도바울이 고린도전서 7:29절에 "형제들아 내가 이 말을 하노니 그때가 단축하여진 고로 이후부터 아내 있는 자들은 없는 자같이 하며" 언급했듯이 "가지고 있지만, 가지고 있지 않은 것처럼" (having as not having) 이라는 정신으로 사용되어야만 한다고 했다. 이러한 태도는 음식뿐만 아니라, 마시는 것, 그리고 모든 물질적 소유에 영향을 미칠 뿐만 아니라, 예배의 외적인 요소들, 즉 형상들, 성지순례, 성인들의 유품, 예전적 기도문, 그리고 교회의 구조 자체, 성직자들의 등급, 수도원 생활의 외적인 측면들, 그리스도가 제단에 육체적으로 임재 한다고 믿는 미사 등에도 영향을 미치게 된다.

에라스무스는 기독교에 문제를 제기하며 가톨릭교회의 전통에 대해 시비를 거는 태도를 보이고 말았다. 그는 외적인 의식이나 보조수단들은 그리스도 안에서 어린 아기들에게나 유용하다고 했고, 신앙이 약하고 미성숙한 자들을 고려해서 신앙이 성숙한 자들이 유지하고 있는 것이라고

72) Ibid., 67.

했다. 이 모든 사실을 부인하는 자들이 있음에도 불구하고, 그의 날카로운 풍자는 종교의 외적인 장치들이 불필요하다고 생각하는 방향으로 나아가게 했다. 이것이 기본적으로 종교개혁자들에게도 강력한 영향을 준 이유였고, 반 종교개혁자들이 에라스무스가 가톨릭교회에 파괴적인 영향을 미치고 있다며 그를 싫어하게 된 결정적인 이유가 되었다.[73)]

에라스무스의 주된 관심사는 어떻게 하면 그리스도를 본받을 수 있을까 하는 것이었다. 예수님이 말씀하신 윤리적인 교훈은 그 의미를 약화시키는 주해를 거치지 않고 매우 문자적으로 지켜져야 한다. 토마스 아 켐피스(Thomas à Kempis, 1380-1471)와 공동생활 형제단들과 같이 온화한 덕의 모범을 추구하는 삶을 살아야 한다. 예를 들면, 겸손함, 온유함, 자기 부정, 온화함, 자비, 자신의 권리를 주장하기보다 복종하기, 용서하기, 원수를 사랑하기, 선으로 악을 이기는 삶을 강조했다. 이 모든 것들은 내적인 마음에서 우러나는 믿음에서 비롯된다. 그러한 것들은 구체적인 행위에서 나타나야 한다. 그 결과 교회의 외적인 형식과 예식에 대한 비판이 긴박하게 제기되었다. 이러한 것들이 단지 외적인 것으로만 그치면 그 자체로는 해가 되지 않는다. 그러나 그런 외적인 의식과 예식들이 이웃을 사랑하고 섬기는 일에 방해가 된다면, 이것들은 혐오스러운 것이 된다. 그리스도를 본받기 위해서는 감각적이고 육적인 세계로부터 초연함을 요구한다. 더 나아가 그러한 것에 탐닉하고 중독된 인간들과 세상에 투쟁을 요구한다. 그들의 방탕한 삶을 거부하는 사람들은 바보라고 조롱을 받게 될 것이다. 하지만, 그들은 그리스도 안에서 바보인 것이다. 그러므로 그리스도인들의 표식은 십자가와 가시면류관, 못과 창과 상처

73) Roland Bainton, *Erasmus of Christendom* (New York: Charles Scribner's Sons, 1969), 67.

들이다. 이것은 모든 그리스도인들에게 합당하다.[74)]

에라스무스가 첫 번째 영국을 방문했을 때에는 존 콜렛의 도움을 많이 받았다. 두 번째 방문에서는 토마스 모어의 도움을 많이 받았다. 토마스 모어와 에라스무스는 문학을 논하며 시간을 많이 보냈다. 두 사람은 루키안(Lucian)의 대화록을 번역하고자 했다. 거룩한 신학에 헌신했던 두 사람이 이런 작품을 번역하고자 시도한 자체가 얼마나 놀라운 일인가? 에라스무스는 헬라어를 배우는 데에 이보다 더 좋은 방법이 없다고 생각했다. 파리에서 그의 헬라어 선생은 서툴러서 떠듬거리는 사람에 불과했다. 그래서 에라스무스는 헬라어를 독학으로 공부해야 했다. 처음에는 루키안으로 시작했다가 나중에는 풀타르크(Plutarch)를 번역했다. 아마도 토마스 모어가 그렇게 제안을 한 것 같다. 직접 헬라어 작품을 번역함으로써 에라스무스는 헬라어에 많은 진보를 이루었음에 틀림없다. 한 현대 작가는 토마스 모어와 에라스무스가 루키안을 번역하지 않았더라면, 『유토피아』나 『우신예찬』(*Praise of Folly*)이 나오지 않았을지도 모른다고 했다. 그러나 이것은 약간 과장된 말일 것이다.[75)]

에라스무스는 루키안(Lucian)에 대해서 이렇게 묘사하고 있다. "그가 말할 때 얼마나 은혜로우며, 그의 상상력은 얼마나 기쁨이 넘치며, 농담에는 얼마나 매력적이며, 질책은 얼마나 강렬한가! 그는 넌지시 말함으로 얼마나 사람의 기분을 좋게 하며, 그는 진지한 것을 사소한 것들과 잘 섞으며, 사소한 것들을 진지한 것들과 잘 섞는다. 또 얼마나 재미있는 방식으로 진리에 대해서 말을 하고 있는가! 그는 세밀화가의 붓끝으로

---

74) Roland Bainton, *Erasmus of Christendom* (New York: Charles Scribner's Sons, 1969), 67-68.

75) Ibid., 73-74.

인간들의 삶을 읽는 것이 아니라, 당신의 눈앞에서 그 광경을 직접 보는 것처럼 그렇게 실감나게 묘사하고 있지 않는가. 당신이 즐거움을 찾든지 어떤 유익을 찾든지 어떤 코미디도, 어떤 풍자도, 그의 이런 대화법과는 비교될 수 없다."[76)]

에라스무스가 영국에 체류하면서 자신이 속한 수도원 원장에게 편지를 쓴 적이 있다. 그는 자신이 영국에서 높은 존경을 한 몸에 받고 있으며, 영국 왕이 성직록을 약속했다고 했다. 그럼에도 불구하고 끊임없이 연구에만 매진해야 되는지 고민하고 있다고 했다. 매일 아침 새로운 출발을 하고자 결심하고 있다고 했다. "인생은 아무리 잘나가도 덧없는 것이다. 나는 나의 평범한 삶에 만족하기로 했다. 특히 나는 나의 목적을 위해서 헬라어를 충분히 마스터했기 때문이다. 앞으로 나는 나의 남은 생애를 죽음을 준비하고 명상에 바치고자 결심했다."[77)]

마침내 이탈리아로 갈 수 있는 기회가 다가왔다. 그는 이탈리아를 방문하기를 간절히 원했다. 영국 왕 헨리 7세의 주치의로 봉사했던 이탈리아인 보에리오(Boerio) 박사가 자기 두 아들을 이탈리아 볼로냐 대학으로 유학을 보내면서 한 영국인 가정교사와 함께 에라스무스를 공부의 감독자로 보낸 것이다.[78)]

에라스무스가 그토록 이탈리아를 방문하고자 했던 이유는 두 가지였다. 하나는 그가 헬라어를 더 높은 수준으로 통달하고자 하는 열망이 있었다. 영국에도 헬라어 선생들이 있었지만, 그리스 본토인이 아닌 영국인 출신 헬라어 선생들이었다. 그러나 이탈리아에는 그리스 본토에서 직접

---

76) Roland Bainton, *Erasmus of Christendom* (New York: Charles Scribner's Sons, 1969), 74.
77) Ibid., 74.
78) Ibid., 78.

건너온 원어민들이 많이 있었다. 특히 1453년 콘스탄티노플이 투르크 족에 함락된 후에 많은 그리스 학자들이 직접적으로 건너오기도 했고, 크레타(Crete) 섬을 경유하여 이탈리아로 들어왔다. 에라스무스는 고급 헬라어를 정복한 후에 고전들과 교회 교부들의 작품들 그리고 성경을 체계적으로 연구하여 보다 탁월한 자신의 작품을 출판하고자 하는 소원이 있었다.

다른 이유로는 이렇게 자신의 소회를 밝히고 있다. "이것은 내가 전적으로 나 자신의 의지와 결단으로 선택한 유일한 여행이었다. 나는 나의 삶에 있어서 한 번은 그 성스러운 도시를 보고 싶었다. 나는 이탈리아의 유명한 도서관들을 방문하고 싶었다. 그리고 유명한 학자들을 만나 교제하며 교류하고 싶었다."[79)]

에라스무스 일행은 파리에서 두 달을 체류했다. 이것은 에라스무스가 자신의 저작들을 출판하는데 감독을 해야만 했기 때문이다. 그 후에, 그들은 오를레앙, 리용, 케니스 산길을 지나며 계속 여행했다. 장엄한 산봉우리와 나무들의 싱싱한 잎으로 빼곡한 깊은 계곡을 바라보면서 에라스무스는 이탈리아의 페트라르카(Petrarch)처럼 자연의 장관에 매혹되지는 않았다. 대신에 노년을 응시하며 한 편의 감동적인 시를 썼다. 그는 이제 40세로 접어들고 있었다. 오늘날 사람들은 에라스무스의 언급이 우스울 수도 있다. 하지만 에라스무스 때에는 평균 수명이 25세였던 것이다.

> "얼마 전까지만 해도 에라스무스는 막 피어나는 꽃과 같지 않았던가.
> 이제 그가 늙어가고 있는 징후, 불길한 시간이 다가오는 예감이 든

---

79) Roland Bainton, *Erasmus of Christendom* (New York: Charles Scribner's Sons, 1969), 78.

다네.
포버스(Phoebus)는 그의 말들과 함께 겨우 40번 밖에 돌지 않았다네.
그런데 이제 하얗게 된 턱수염들은 그가 예전과 같지 않음을 말해준
다네.

내 삶의 시간들은 얼마나 빨리 지나갔는지.
내가 소년 때, 호두를 까면서 놀았고,
그 후에는 궤변가나 수사학자들과 논쟁을 했고, 모든 시(詩)들은 온
전히 내 것이 될 때까지 읽었고,
희미한 환상을 그리며 모든 책에서 꿀벌처럼 지식을 흡수했다네.
헬라어와 라틴어를 정복하기 위해 땅과 바다를 누비고 다녔다네!

그런데 이제 나는 눈 덮인 산길을 오르고 있다. 문예의 새로운 친구
들을 만나기 위해.
그렇지만 사라져버린 날들이여, 어디서 어떻게 잃어버렸단 말인가?

정신 차려, 에라스무스여! 후회하지 말게나.
앞으로 네 삶의 여정이 얼마나 남았는지 알 도리가 없다네.
그러나 그것이 크든 작든 그것을 붙들어야 한다네.

다른 모든 것은 던져 버리게. 너의 영예, 너의 영광, 너의 학문.
그리스도가 너의 진정한 안내자이지 않은가![80)]

마침내 이탈리아에 도착했다. 에라스무스는 우호적인 한 추기경의 도움을 받고 투린(Turin)에서 신학박사 학위를 받았다. 혹자는 왜 그가 그토록 오랫동안 공부를 했던 파리에서 학위를 받지 않고 공부를 하지 않

80) Roland Bainton, *Erasmus of Christendom* (New York: Charles Scribner's Sons, 1969), 78-79.

은 이탈리아에서 박사학위를 취득했는지 의아해 한다. 아마도 그는 이탈리아 학위가 더 큰 명성을 준다고 생각했던 것 같다. 그는 북쪽에 있는 친구들에게 이것을 해명하는 편지를 썼다. 그러나 누가 봐도 에라스무스는 박사학위를 받을 만한 충분한 실력과 소양을 갖춘 사람임에 틀림없다.[81)]

에라스무스와 그 일행은 볼로냐(Bologna)에서 율리우스(Julius, 1503-1513) 교황이 전쟁에서 승리하고 개선식을 하는 장면을 목격했다. 개선 행렬은 먼저 기병들이 이끌었고, 그 뒤에 번쩍거리는 갑옷을 입은 보병이 뒤따랐다. 그 다음에는 교황의 기장들을 든 기수들과 금빛의 마구로 장식한 10마리가 끄는 교황의 마차가 지나갔고, 그리고 외국 사절들이 뒤따랐고, 그 다음에는 촛불을 켠 40명의 성직자들이 뒤따랐다. 그리고 추기경들이 교황 앞에서 행진했고, 교황은 가마를 타고 갔는데, 금색 실들로 짜인 자주색 겉옷을 걸치고, 머리에는 진주와 보석들로 번쩍거리는 관을 머리에 쓰고 있었다. 그 뒤를 이어 총대주교들, 대주교들, 주교들, 성직자들, 수도원 원장들, 그리고 맨 마지막에 교황의 근위대들이 뒤따랐다. 에라스무스는 큰 탄식을 하면서 이 광경을 지켜보았다. 그리고 외쳤다. "교황 율리우스는 예수 그리스도의 계승자인가? 아니면 율리우스 카이사르의 계승자인가?"[82)]

에라스무스는 자신의 책 출판 문제로 베니스(Venice)에 갔다. 그곳에서 유명한 출판업자 알두스(Aldus)를 만났다. 알두스는 에라스무스의 명성을 들어 알고 있었다. 에라스무스는 알두스의 호의를 얻게 되었고, 그

---

81) Ibid., 79-80..

82) Roland Bainton, *Erasmus of Christendom* (New York: Charles Scribner's Sons, 1969), 81.

집에 기숙하게 되었는데, 제롬 알레안더(Jerome Aleander, 1480-1542)라는 사람과 같은 방을 쓰게 되었다. 그는 후에 독일 보름스 제국 의회에서 마틴 루터의 강력한 대적자가 될 사람이었다. 후에 제롬 알레안더는 추기경이 된다. 그 당시 그 사람의 나이가 24살이었는데, 이미 학문의 비범성이 나타났다. 이미 뛰어난 라틴어 시인이었고, 헬라어와 히브리어에 능통했고, 아람어와 아랍어도 상당한 수준이었고, 음악, 수학, 교양과목에도 상당한 조예가 있었다. 에라스무스는 영국에서 토마스 모어에게서 느꼈던 밀착된 우정을 그에게서도 느낄 수 있었다. 후에 에라스무스는 파리대학에서 헬라어 교수로 자기에게 내정된 그 교수 자리에 바로 이 사람, 제롬 알레안더를 추천하였다.[83)]

이탈리아에 체류하는 동안 에라스무스는 많은 헬라 학자들을 만났다. 헬라 학자들은 에라스무스에게 아낌없는 호의를 베풀었다. 많은 헬라어 사본들을 그에게 갖다 주었다. 에라스무스는 그 많은 사본들로부터 새로운 격언들을 뽑아내어 정리를 했고 그가 정리한 원고는 곧바로 인쇄소에 넘겨졌다. 1508년의 『격언집』(*Adagia*)의 초판에 수록된 격언은 838개였는데, 나중에는 3260개로 늘어났다. 이번에는 헬라어 원자료로부터 풍부하게 발췌되었고, 그 내용을 기초로 해서 수준 높은 에세이가 집필될 수 있었다.[84)]

에라스무스가 3년 동안 이탈리아에서 체류하면서 얻은 수확이 무엇이란 말인가? 라틴어 격언의 적은 수집으로 시작했다가 헬라어를 숙달하면서 헬라어 원본들을 입수하게 되었고, 헬라어 원본에서 주옥같은 내용들

83) Ibid., 82.
84) Roland Bainton, *Erasmus of Christendom* (New York: Charles Scribner's Sons, 1969), 83.

을 발췌하여 내용이 풍부한 『격언집』(*Adagia*)을 출판할 수 있었다. 무엇보다 이탈리아에서 많은 새로운 친구들을 만날 수 있었다. 독일의 인문주의자 울리히 폰 후텐(Ulrich von Hutten)을 만나 교제하였다. 후에 에라스무스가 울리히 폰 후텐을 인정했다는 이유로 후텐은 어느 곳을 가든지 뜨거운 환대를 받았다.[85)]

에라스무스가 군주의 자질과 군주의 역할에 대해서 소논문을 쓴 적이 있다. 첫번째 논문은 『부르군디의 필립에 대한 찬사』이고, 두 번째 것은 나중에 황제가 된 찰스에게 헌정된 『그리스도 군주의 교육』이다. 이 논문에서 에라스무스는 플라톤과 키케로(Cicero)의 주장에 동의하며, 통치자는 통치의 욕심이 전혀 없는 자가 진정한 통치자가 될 자격이 있다고 했다. 왕의 직책은 무거운 책임을 피할 수 없으며, "그리스도의 모방"이 없으면 불가능함을 역설하고 있다.

> "통치의 직책은 십자가를 지는 삶이다. 통치자는 그의 백성들이 안전하게 생활할 수 있도록 쾌락을 삼가야 하며, 염려를 떠맡아야 하며, 오래 일하여야 하며, 잠을 줄여야 한다. 군주는 배은망덕과 모욕을 감내할 준비를 해야 한다. 만일 정의롭게 통치할 수 없다면, 기꺼이 물러날 준비가 되어 있어야 한다. 군주들은 심각한 유혹을 받을 수도 있다."[86)]

> "그럼에도 불구하고 그리스도인 군주는 위험을 무릅쓰고 책임을 떠맡아야 한다. 그리스도인 군주는 경건 훈련을 핑계로 군주에게 부

85) Ibid., 90.
86) Roland Bainton, *Erasmus of Christendom* (New York: Charles Scribner's Sons, 1969), 116-117.

과된 책무들을 소홀히 해서는 아니 된다. 군주는 기도하는 일에 너무 많은 시간을 소요함으로 인해서, 국가가 직면한 심각한 어려움을 방치해서는 아니 된다. 당신이 의도한다면, 군주를 마르다(Martha)에게 비교할 수 있고 성직자를 마리아(Mary)에 비교할 수 있다. 기도하는 것, 명상하는 것, 희생을 드리는 것이 국가를 돌보는 것보다 더할 나위 없이 좋지만, 어떤 경우에도 국가를 돌보는 것이 군주의 과업임을 명심하라. 군주가 깨어서 경계함으로 인해서 전쟁을 방지할 수 있는 경우라 할지라도 성직자의 책무가 군주의 책무보다 더 높은 등급임을 인정해야 한다. 그럼에도 불구하고 상황에 따라서는 군주가 더 큰 선을 이룰 수 있다. 왜냐하면 전쟁에는 무수한 악들이 수반되기 때문이다. 어느 누구도 군주는 기도하지 않아도 괜찮다고 말을 해서는 안 된다. 군주는 몇 마디 짧은 말로도 더욱 효과적으로 하나님께 간구할 수 있다. 군주가 전쟁의 폭풍을 잠재우고 백성들의 자유를 지켜내고, 기근을 저지하고, 청렴한 관료들을 임명한다면, 그는 6년 동안 온전히 기도만 하고 보낸 사람보다 훨씬 더 하나님을 기쁘시게 하는 것이다. 그렇다고 내가 기도를 부인하는 것이 아니다. 그러나 군주들에게 기도는 군주의 본업이 아니다. (에라스무스가 여기에서 주장하고 있는 것은 마틴 루터의 직업 소명의 교리와 매우 비슷하게 들린다.)

그러나 군주가 자신의 소명에 헌신할 뿐만 아니라, 더 나아가 그는 고상하며, 아량이 있고, 자비롭고, 관대하며, 무엇보다 현명해야 한다. 한마디로 플라톤이 말한 철인 왕(philosopher king)이 되어야 한다. 그런데 어떻게 이런 왕을 얻을 수 있을까?"[87]

87) Roland Bainton, *Erasmus of Christendom* (New York: Charles Scribner's Sons, 1969), 117.

에라스무스는 전쟁을 혐오했고, 평화를 사랑하는 평화주의자였다. 『평화의 불평』(*Complaint of Peace*)이라는 책에서 평화에 대한 자신의 의견을 피력하고 있다.

> "그렇다면 평화는 어떻게 담보될 수 있는가? 왕실 간의 결혼 동맹을 통해서가 아니라, 인간의 마음을 깨끗하게 함으로 가능하다. …왕은 영토를 무모하게 확장하려고 하기보다 자신의 왕국을 개선하는 것이 더 낫다는 사실을 상기해야 한다. 그로 하여금 돈 주고 평화를 사게 하라. 가장 비용이 적게 드는 전쟁이라고 해도 평화보다 더 비쌀 것이다. 왕은 학식 있는 사람들, 수도원장들 그리고 주교들의 중재를 받아야만 한다. 성직자들은 바보 같은 개선 행진에 참가해서는 아니 된다. 전쟁에 참가해서 죽은 사람들은 기독교적인 장례를 거부하게 해야 한다. 만약에 우리가 싸워야 한다면, 우리의 공동의 적인 터키인들과 싸워야 하지 않는가? 그러나 기다려 보아라. 터키인들도 우리와 같은 인간이요, 형제이지 않는가?
>
> 무엇보다도 우리는 진지하게 평화를 갈구해야 한다. 일반 대중은 선동과 선전에 의해, 영국인은 프랑스인의 타고난 적이라는 이런 선동에 의해 전쟁에 참여하게 된다. 왜 영국 사람이 영국 사람으로서 프랑스 사람에 대해서 적의를 품어야 하는가? 인간으로서 인간에게, 그리스도인으로서 그리스도인에게 선의를 가지면 아니 되는가? 물건의 명칭 같은 하찮은 것이 어떻게 인간성의 유대와 기독교의 결속보다 더 중요하단 말인가? 라인 강은 프랑스와 독일을 나누지만, 기독교인과 기독교인을 나눌 수 없다. 피레네(Pyrenees) 산맥은 프랑스와 스페인 사이에 가로놓여 있지만, 교회의 나눌 수 없는 친교의 끈은 끊을 수 없다. 조그만 길이의 바다가 프랑스와 영국을 나누지만, 비록 대서양이 그 사이에 놓여 있다 할지라도 본성에 의해 그리고 은총에 의해 훨씬 더 강하게 결합되어 있는 사람들을 분

리할 수 없다. 사적인 삶에서 사람은 그 사람이 처남(妻男)이기 때문에 어떤 것을 참고 견딘다. 그렇다면 그리스도 안에서 그가 한 형제일진대 그 사람을 참고 견디면 아니 된단 말인가? 만약 당신의 군주가 다른 어떤 것에 의해 움직이지 않는다면, 천성으로도 안 되고, 종교에 대한 존경심으로도 안 되고, 무시무시한 재앙으로도 왕이 움직이지 않는다면, 기독교인의 이름 권세로 화합에 이르게 해야 한다. 세상에 얼마나 많은 기독교인들이 있는가? 비 기독교인들이 살고 있는 세상 가운데서 기독교인들은 세상에 빛을 비추는 언덕 위에 도시가 되어야 한다. 그러나 기독교인들이 자기들끼리 서로 싸우고 있으면, 이교도들이 어떻게 예수님을 믿는 믿음의 길로 들어올 수 있겠는가? 우리가 투르크인들을 기독교로 개종시키기 위해서는 우리가 먼저 진실한 기독교인들이 되어야 한다.

죽을 수밖에 없는 인생은 재앙으로 둘러싸여 있다. 하지만 화합은 재앙을 경감시킬 수 있고, 조화는 기쁨을 더 고양시킬 수 있다. 그러나 곰곰이 생각해보면 우리가 싸우게 되는 이유는 얼마나 사소한가! 죽음은 일반 백성들이나 왕들에게나 늘 가까이에 있다. 한줌의 수증기처럼 한순간에 사라져버릴 이 작은 미물이 얼마나 큰 소동을 야기하고 있단 말인가! 우리 문 앞에 영원한 세계가 있지 않은가! 삶이 영원히 지속되기라도 할 것처럼 왜 허상에 사로잡혀 자신을 괴롭히고 있단 말인가! 경건한 사람들을 위한 진정한 행복에 대해서 믿지도 바라지도 않는 자들은 얼마나 비참한가? 그러나 진정한 행복은 말로 다 표현할 수 없는 영혼의 신성한 교제 가운데 얻게 되는데도, 전쟁에 의해서 그러한 행복을 얻을 수 있다고 생각하는 자들은 얼마나 불경한 자들인가? 그렇다면 이제 우리가 깊이 회개하고 더 지혜로운 사람이 되도록 하자. 우리의 모든 과거의 잘못들과 불행에 대해서 대 사면을 선언하자. 그리고 더 이상 시간이 존재하지 않을 때까지 결코 끊어지지 않을 그러한 견고한 줄로 불화를 동여매자."[88)]

에라스무스의 『평화의 불평』은 이성, 인간성, 그리고 기독교적 자비에 대한 호소이다. 이것은 상당히 주의를 끌었다. 에라스무스의 가장 중대한 공헌은 정의로운 전쟁이론의 근본적 허약성에 대한 공격이었다. 에라스무스의 권면은 어느 정도는 대중의 여론을 환기시키는데 도움이 되었다. 에라스무스는 정의를 위한 전쟁이라고 할지라도 전쟁 자체를 혐오했다.[89)]

에라스무스는 1516년에 헬라어 신약 성경을 출판했다. 그의 헬라어 성경은 성경 연구의 새로운 지평을 열었고 빛나는 이정표를 제시했다. 스페인의 영향력 있는 영적 지도자요, 이사벨라 여왕의 고백사제였고, 후에 추기경이 된 히메네스(Ximenes, 1436-1517)가 1514년에 편찬한 헬라어 신약 성경은 이미 인쇄되어 있었다. 하지만 교황의 추인을 받지 못해서 그 출판은 보류되어 있었다. 히메네스의 헬라어 성경은 1520년에 출판되었다. 이에 프로벤(Froben)이라는 출판업자의 재촉으로 에라스무스는 집중해서 여러 사본을 참조하여 헬라어 성경을 완성하였다. 그리하여 히메네스보다 4년을 앞질러서 출판할 수 있었다. 그가 죽기 전에 다섯 판이 나왔다. 1516년, 1519년, 1522년, 1527년 그리고 1535년에 출판되었다.[90)]

신약 성경 중에서 요한계시록 편집은 에라스무스 자신이 볼 때 만족

---

88) Roland Bainton, *Erasmus of Christendom* (New York: Charles Scribner's Sons, 1969), 123-124.

89) Ibid., 124.

90) Roland Bainton, *Erasmus of Christendom* (New York: Charles Scribner's Sons, 1969), 133.

스럽지 못했다. 왜냐하면 참조해야 할 사본이 하나 밖에 없었기 때문이다. 그러나 그런 부족함이 조금 있을지라도 에라스무스가 헬라어 성경을 출판한 것은 결코 과소평가 되어서는 아니 된다. 에라스무스의 이 헬라어 성경으로 인해서 지성인들 가운데 성경원문을 대조해서 성경을 읽고 연구하는 분위기가 촉진된 것이다.[91)]

에라스무스가 헬라어 성경을 처음 출판했을 때, 그 성경 출판을 환영하며 열렬하게 지지하는 사람들도 많았지만, 여러 나라에서 책 출판에 불만을 품고 반대하는 세력들이 등장했다. 독일에서는 요한 에크(John Eck, 1486-1443)가 불같이 일어나 에라스무스를 공격했다. 요한 에크는 후에 마틴 루터가 종교개혁의 횃불을 치켜들었을 때, 루터를 무너뜨리고자 최선봉에 섰던 인물이다. 영국에서는 나중에 요크의 대주교가 된 에드워드 리(Edward Lee)가 반대의 목소리를 높였다. 그리고 스페인에서는 야곱 주니카(Jacob Zuniga)가 반대했고, 네덜란드에서는 마틴 도르프(Martin Dorp)가 공격을 가해왔다. 이들은 대부분 에라스무스의 옛 친구들이었다. 그런데도 그들은 학문적 비판을 넘어서서 개인적인 악담과 독설을 퍼부었다. 에라스무스는 이런 공격을 받고 과민한 반응을 보였다. 그리고 때로는 공격받은 출판물의 범위를 넘어서서 장황하게 답변하곤 했다.[92)]

성 암브로스(St. Ambrose, 339-397)와 성 어거스틴(St, Augustine, 354-430)은 제롬(Jerome, 345-419)의 불게이트(Vulgate) 번역본을 의존하지 않았다. 그러나 제롬은 모든 오류를 나름대로 수정했고, 그의 번역본은 종교회의 법령과 판결을 위한 가톨릭교회의 표준 성경이 되었다.[93)]

---

91) Ibid., 134.

92) Roland Bainton, *Erasmus of Christendom* (New York: Charles Scribner's Sons, 1969), 134.

이후 가톨릭교회는 이 제롬이 번역한 불게이트 성경만을 정경으로 고집하는 오류를 범하고 말았다. 마틴 도르프는 에라스무스의 헬라어 성경 출판 소식을 듣고 격노했다. 이에 에라스무스는 문제 제기를 했다.

> "어떤 공의회들은 라틴어를 전혀 알지 못하는 헬라인들이 모여서 개최한 공의회였지 않는가?" 그때 마틴 도르프는 답했다. "헬라인들의 말에 귀를 기울이지 말라. 그들은 이교도들이었다." 그러자 에라스무스는 다시 답변했다. "그렇다면 아리스토텔리스도 이교도였지 않은가? 그런데 당신은 아리스토텔리스의 작품을 읽지 않을 것인가? 만일 불게이트 성경이 원래 헬라어나 히브리어 본문과 똑같이 성령의 영감을 받은 것이고, 불게이트 성경에 손을 대는 것은 이단이며 신성모독이라고 주장한다면, 당신은 불게이트 번역을 수정하려고 시도했던 다른 사람들, 비드(Bede, 672-735), 라바누스(Rhabanus, 776-856), 토마스 아퀴나스(Thomas Aquinas, 1225-1274), 그리고 리라의 니콜라스(Nicholas of Lyra)에 대해서는 어떻게 말할 것인가? 성경과 성경의 번역 그리고 이 둘의 전승을 구별해야 한다. 필사자들이 오류를 범했다면 어떻게 하겠는가?"[94]

결국 마틴 도르프는 에라스무스의 말에 설득되었다. 이를 통해 에라스무스는 욕설이나 악담보다 예의를 갖춘 정중한 말이 훨씬 더 반대자의 마음을 얻는 좋은 방법임을 터득하게 되었다. 또 한 사람 날카로운 반대자가 있었는데, 그는 전에 소르본느 대학에 교수로 있다가 나중에는 카르투지오 수도사가 된 사람으로, 그 이름은 수토르(Sutor)이다. 그는 이렇게 말했다.

---

93) Ibid., 135.
94) Ibid., 135.

> "만약 불게이트 성경이 한 가지라도 오류가 있다면, 성경의 전체 권위가 무너져 내릴 수 있다. 사랑과 믿음은 사라지게 될 것이고, 이단과 분열은 넘쳐날 것이며, 성령에 대한 신성모독이 예견되며, 신학자들의 권위가 흔들리게 될 것이며, 참으로 가톨릭교회는 그 기초가 무너지게 될 것이다."[95)]

이에 에라스무스는 "제롬이 존재하기 전에 초대교회는 불게이트 성경을 사용하지 않았으며, 무너지지도 않았다."고 했다. 에라스무스는

> "제롬이 번역한 불게이트 성경만 있으면 나는 충분하다."고 외치는 자들을 향하여 대답했다. "당신들은 복음을 올바로 교정하는 것이 죄악이라고 외치고 있다. 이런 말은 신학자들에게 어울리는 말이 아니고, 마부(馬夫)에게나 어울리는 말이다. 당신들은 서투른 필사자가 필사 과정에서 오류를 범해도 아무런 문제가 아니며, 괜찮다고 생각한다. 그런데 잘못된 것을 교정하려고 하면 죄악이라고 생각한다. 참된 본문을 결정하는 유일한 방법은 초기 고대 사본들은 검토해 보는 것이다."[96)]

에라스무스의 헬라어 성경 번역에서 문제가 되는 구절들이 몇 있었는데, 그 중에 하나가 마태복음 6:13절 주기도문 끝부분의 송영이다. "나라와 권세와 영광이 아버지께 영원히 있사옵나이다. 아멘." 이 구절이 제롬의 불게이트 번역에는 빠져 있었다. 이 구절이 에라스무스가 가지고 있는 헬라어 사본에는 포함되어 있었다. 아마도 제롬이 불게이트 성경을

---

95) Roland Bainton, *Erasmus of Christendom* (New York: Charles Scribner's Sons, 1969), 135.
96) Ibid., 135.

편집할 때 사용했던 헬라어 사본에는 이 구절이 빠져 있었을 것이다. 제롬이 고의적으로 이 구절을 삭제했다고는 볼 수 없다. 이 송영은 아마도 예전(liturgy)의 영향을 통해서 헬라어 본문에 슬며시 들어왔을 것이라고 에라스무스는 추정한다. 에라스무스의 이러한 추측은 현대 신학자들에 의해서 지지를 받고 있다.[97)]

자크 르페브르(Jacques Lefevre, 1460-1536)는 프랑스 개혁의 새벽별로 알려진 인물이다. 그는 유명한 성경학자요, 기독교 인문주의자로서 마틴 루터에게도 많은 영향을 준 인물이며, 파렐(William Farel, 1489-1565)에게도 적잖은 영향을 주었다. 그는 1523년에 프랑스어 신약 성경을 출판했고, 1525년에는 구약 성경을 출판했다. 그도 에라스무스와 같이 기존 교회 체제 안에서 교회 개혁을 희망했던 인물이었다. 자크 르페브르가 한 단어 때문에 에라스무스와 치열하게 개인적인 논쟁을 벌였다. 에라스무스가 프랑스 파리에 있을 때, 매우 우호적이고, 서로를 존경하며 칭송하는 좋은 만남을 가졌다.[98)]

르페브르는 신학적 이유 때문에 불게이트 번역본에서 완전히 벗어날 것을 제안했다. 그 논쟁은 히브리서 2:7절의 해석에 관한 것이었다. 이 구절은 "그를 잠시 동안 천사들보다 조금 못하게 하시며 영광과 존귀로 관을 씌우시며"이다. 이 구절을 어떻게 읽을 것인가 하는 것이다. 이 구절은 원래 시편 8:5절 말씀의 인용이다. "그를 하나님보다 조금 못하게 하시고 영화와 존귀로 관을 씌우셨나이다." 여기서 언급한 '그'는 그리스도를 가리킨다. 그러나 히브리서  성경기자는 히브리어 성경이 아니라

97) Roland Bainton, *Erasmus of Christendom* (New York: Charles Scribner's Sons, 1969), 137.

98) Ibid., 137-138.

70인 역(Septuaginta)이라 불리는 헬라어 번역을 사용하였다. 여기서 '하나님' 대신에 '천사들'로 되어 있다. 제롬과 에라스무스는 그 본문이 오류가 있다고 해도 히브리서 본문을 충실히 따라야 한다고 주장했다. 이에 르페브르는 그리스도가 천사들보다 더 낮을 수 없다는 이유로 그러한 주장에 이의를 제기했다. 르페브르의 이러한 주장은 1516년 에라스무스의 신약 성경 첫 출판 이전에 제기된 것이었다. 르페브르는 그리스도를 천사들보다 낮게 만드는 것은 "무례하며 불경한 짓"이라고 대답했다.[99)]

그때 에라스무스는 1519년 판에서 각주를 달면서 자신의 소회를 밝혔다. 그 표현이 부적당하다는 비난은 감수할 수 있지만, 불경하다는 말은 도저히 참을 수 없다고 했다. "친구를 불경하다고 비난하는 것은 심히 불쾌하다. 하지만 나는 결코 우정을 저버리지는 않겠다." 유명한 법학자인 윌리엄 부데(William Bude)라는 친구가 있었는데, 그는 르페브르와도 친했고, 에라스무스하고도 친한 사이였다. 그는 에라스무스에게 다음과 같이 편지했다.

> "르페브르가 당신을 불경하다고 비난했을 때, 당신이 화를 내는 것은 당연하다. 그러나 설령 당신이 그 평판에 침묵을 지킨다 하더라도 당신의 명성은 훼손되지 않을 것이다. 당신이 만일 이 논쟁에서 승리를 거두게 되면 당신을 향한 적의만 증대시키게 될 것이다."[100)]

에라스무스는 이 충고를 받아 들였다. 그 후 르페브르에게 화해를 청

---

99) Roland Bainton, *Erasmus of Christendom* (New York: Charles Scribner's Sons, 1969), 138.

100) Roland Bainton, *Erasmus of Christendom* (New York: Charles Scribner's Sons, 1969), 138

하는 정중한 편지를 보냈다. 그런데 일 년이 지나도록 답장을 받지 못했다. 에라스무스는 르페브르가 에라스무스의 사과를 받지 않고 노골적으로 그의 편지를 무시하며 편지를 보내지 않는 것으로 생각하며 마음고생을 많이 했다. 그런데 마침내 답장이 왔다. "가장 자애로운 에라스무스여! 온 세상이 당신을 존경하고 있습니다. 당신은 내가 오랫동안 소식을 전하지 못한 것을 용서하길 바랍니다. 당신이 어디에 체류하고 있는지 몰랐습니다. 어떤 사람은 당신이 영국에 가 있다. 홀란드에 가 있다. 어떤 사람은 스위스 바젤에 가 있다고 했습니다. 당신의 편지는 내게 가장 소중한 것이지만, 당신이 편지를 내게 쓰지 못한다 해도 당신이 나를 사랑하는 한 나는 언짢게 생각하지 않겠습니다." 나중에 프랑스에서 복음주의 운동을 극심하게 핍박하는 일이 일어났을 때, 르페브르는 스트라스부르그(Strasbourg)로 망명을 갔다. 그때 에라스무스는 그곳의 주교인 길베르티(Gilberti)에게 편지를 써서 르페브르를 잘 좀 도와주라고 부탁을 했다.[101)]

본문이 확정되면, 번역이 나오게 된다. 에라스무스는 성 제롬이 번역한 불게이트 라틴어 성경이 많은 점에서 부정확함을 발견했다. 제롬은 그 많은 학문적 식견에도 불구하고 많은 오류를 범하였다. 이제 에라스무스에 의해서 새로운 번역본이 준비되어 있었다. 에라스무스는 자신의 헬라어 번역본이 학교에서, 예전에서, 혹은 심지어 논쟁에서도 기존의 불게이트 번역본을 대체하고자 하는 마음은 없었다. 에라스무스는 이런 소박한 꿈을 가졌던 것이다. "그러나 나는 가정에서 내 번역본 성경을 읽는 어떤 사람도 이를 통해 유익을 얻게 될 것이라고 감히 생각하는 바입

---

101) Roland Bainton, *Erasmus of Christendom* (New York: Charles Scribner's Sons, 1969), 138.

니다." 번역자의 첫째 과제는 번역해야 할 언어를 이해하는 것이다. 이점에서 에라스무스는 헬라어가 복음서 기자들의 모국어가 아니며, 이들의 헬라어 사용은 이들의 모국어의 관용적 표현들에 영향을 받았다고 진술하고 있다. 복음서 기자들은 데모스테네스(Demosthenes, B. C. 384-322)[102)]의 헬라어를 쓰지 않았다.[103)]

독일에서는 마틴 루터의 대적자로 이름을 날린 요한 에크(John Eck, 1486-1543)는 "당신은 사도들에게 방언의 은사를 허락해 주신 성령께서 사도들이 가장 좋은 헬라어를 쓰지 않았다고 말하고 싶은 것이요?" 라고 반박했다. 그때 에라스무스는 "나의 친애하는 동료여! 당신이 성령께서 오순절 성령 강림 당시에 사도들에게 부어주셨던 언어 목록 가운데 헬라어는 빠져 있음을 발견하게 될 것이요. 무엇보다도 그 은사는 단지 하루 동안만 지속되었답니다."[104)]

에라스무스의 헬라어 번역본의 어떤 구절들은 대 소동을 불러일으켰다. 그 중의 하나가 마태복음 4:17절이다. "이때부터 예수께서 비로소 전파하여 이르시되 회개하라. 천국이 가까이 왔느니라." 이 말씀에서 제롬의 불게이트 역은 '회개하라' 를 poenitentiam agite로 번역했는데, 이것은 '고해를 행하라' '고백성사를 행하라.' (do penance)로 번역될 수 있는 것이다. 에라스무스는 1516년 판에서 이 부분을 poeniteat vos 즉, '회개하라' (be pentient)로 번역했다. 그 다음에는 resipiscite, 즉 '마음을 바꾸다' 로 번역했다. 이렇게 함으로써 기존의 가톨릭교회가 집요하게 고집해

102) 데모스테네스는 고대 그리스의 탁월한 웅변가이며 정치가였다. 그는 그리스어의 품격을 높인 사람이며, 그가 전했던 61편의 연설문이 전해지고 있다.

103) Roland Bainton, *Erasmus of Christendom* (New York: Charles Scribner's Sons, 1969), 139.

104) Ibid., 139.

왔던 고해 성사의 어떤 가능한 언어학적 연관성을 완전히 제거해버렸다. 에라스무스의 이 번역을 열렬하게 환영한 사람이 바로 마틴 루터였다. 루터는 자신이 번역한 독일어 성경에서 이를 적극 활용했다.[105)]

에라스무스는 진정으로 그리스도를 사모했고, 그리스도를 본받는 삶을 살기를 갈망했던 사람이다. 그는 사람들이 복음서를 통해서 그리스도를 깊이 본받기를 원했다.

> "우리가 배우기를 원한다면, 그리스도보다 더 나은 권위가 세상 어디에 존재하는가? 우리는 어떤 사람의 작품을 읽고 또 읽는다. 그런데 수많은 그리스도인들이 있지만, 그들의 생애 가운데 복음서들과 서신서들을 한 번도 읽어보지 못한 자들이 얼마나 많은가? 이슬람교도들은 코란을 연구하고 유대인들은 모세 율법을 끊임없이 숙독하고 있지 않는가? 그런데 왜 그리스도를 위해서 그런 노력을 하지 않는가? 그분은 우리의 유일한 의사이시다. 그분 위에 성령이 강림하셨고, 하늘로부터 "너희는 그의 말을 들으라." 하나님의 음성이 들리지 않았는가? 당신은 예수님의 가르침과 비교해볼 때, 토마스 아퀴나스에게서 무엇을 발견하며, 둔스 스코투스에게서 무엇을 발견할 수 있는가? 그러나 그들의 엄격함으로 인해서 아이들로 하여금 공부하는 것을 혐오하게 만드는 학교 교사들이 있는 것처럼, 그리스도의 철학에 혐오감을 갖게 만드는 그리스도인들이 있다는 것은 도저히 용납할 수가 없다.[106)]
>
> 그리스도의 가르침을 묵상하다가 죽을 수 있다면 이 보다 더 복된 일이 어디에 있겠는가? 우리가 그리스도의 가르침을 갈망하고,

105) Roland Bainton, *Erasmus of Christendom* (New York: Charles Scribner's Sons, 1969), 139.
106) Ibid., 140.

> 그것을 끌어안으며, 그 안에 깊이 몰두하며, 그 안에서 죽고, 그것으로 인해 변화되도록 하자. 어떤 사람이 그리스도의 발자취를 보여준다면, 우리 그리스도인들은 꿇어 엎드려 존경하게 될 것이다. 그의 옷이 전시되어 있다면, 그 옷에 입 맞추기 위해 땅을 가로질러 달려가지 않겠는가? 나무나 돌로 만든 그리스도의 형상이 보석으로 장식되어 있다. 그러면 우리가 하찮은 형상에 금과 보석을 장식했을진대, 우리를 그리스도에게로 더 가까이 나아가도록 돕고 있는 복음서에 더 귀중한 영예를 돌려야 마땅하지 않겠는가? 복음서들 안에서 우리는 그리스도께서 말씀하시는 것을 듣고, 치료하시고, 죽으시고 부활하시며, 우리가 육신의 눈으로 볼 수 있는 것보다 더 생생하게 현존하시는 그분을 만나게 된다."[107)]

에라스무스는 성자숭배나 성자들의 성유물을 숭배하는 것보다 그리스도의 말씀이 생생하게 수록되어 있는 복음서를 가까이하고 그 가르침에 순종하는 삶을 살아야 함을 강조하고 있는 것이다.

성경 원문과 번역이 있고 난 후에는 일반 대중을 위한 성경의 주해가 따랐고, 성경의 대중화가 나타났다. 이어서 자국어 번역이 차례로 나오게 되었다. 에라스무스는 이것을 높이 찬성하며 지지했다. 그런데도 자신은 네덜란드 번역본을 내지 못했다. 계속해서 성경에 대한 간단한 주해들이 출판되고 있었다. 에라스무스는 이것을 『신약 성서 석의』(*Paraphrases of the New Testament)* 형태로 출판했다. 이 책을 출판하면서 에라스무스는 "성경이 농부, 재봉사, 여행자, 그리고 투르크 인의 손에 들려있는 것을 보고 싶다." 고 했다. 『신약 성서 석의』의 재판에서는 목록을 확대하여

107) Roland Bainton, *Erasmus of Christendom* (New York: Charles Scribner's Sons, 1969), 140.

"농부, 재봉사, 석공, 창기들, 막노동꾼, 그리고 터키인"을 포함시켰다. 이렇게 평판이 나쁜 사람들을 포함시킨 것은 만약 성경이 누가 쉽게 이해할 수 있게 번역된다면, 도덕적으로 지저분한 곳에까지 성경이 놓이게 될 것이라고 두려워하는 자들을 겨냥한 것이다. 그러면서 에라스무스는 이렇게 반박을 했다. "성경이 단지 향수 냄새 풍기는 자들만을 위해서 존재한다고 생각하는가?"[108)]

에라스무스가 석의한 내용을 한 편 보도록 하자. 마리아와 마르다의 내면 상태가 분석되어 있다.

> 두 자매는 주님에 대한 그들의 사랑에서는 동등했다. 그러나 기질에서는 차이가 있었다. 마리아는 주님의 말씀에 매료되었다. 마르다는 주님을 접대하는데 부족함 없도록 하기 위해 집안 여기저기를 분주히 오갔다. 마르다는 자기 동생을 주님 곁에서 떼 놓을 수 없다는 사실을 알았기에 동생을 비난하지 않았다. 마르다는 예수님께 가볍게 항의를 했다. 그 동생이 자기가 마땅히 해야 할 일을 태만히 하고 있다고. 마르다는 "선생님, 내 동생이 나 혼자 이 모든 일을 하도록 내버려두는 것을 돌아보지 않으세요? 마르다에게 나를 도와주라고 말씀 좀 해주세요. 저는 잘 알고 있어요. 주님께서 마리아에게 그렇게 말씀하지 않으시면 그녀는 당신의 말씀에 매료되어 그 자리를 떠나지 않을 것이에요. 그러나 만찬은 준비되어야 하고 저 혼자 힘으로 부족해요."
>
> 그 때 두 여인의 헌신을 기뻐하셨던 주님은 말씀을 사모하는 마리아의 그 열정을 나무라지 아니하셨고, 비록 마리아 쪽을 더 지지하

---

108) Roland Bainton, *Erasmus of Christendom* (New York: Charles Scribner's Sons, 1969), 141.

> 는 입장이셨지만, 마르다의 불평을 책망하지 아니하셨다. 주님은 말씀하시기를 "마르다야! 마르다야! 만찬 준비하는 일로 너무 염려하지 마라. 네가 많은 일로 분주하구나. 마리아는 육신의 일을 잊고, 영혼의 일을 위해 더 좋은 편을 선택했단다. 나는 네가 나와 나의 제자들을 위해 만찬을 준비하는 것에 매우 고마워하고 있단다. 그러나 영혼을 구원하는 이 일이 나의 음식이며, 나의 음료란다. 육신의 일들은 완전한 것이 올 때에 사라지게 될 것이다. 동시에 마르다 네가 섬기는 것처럼 행하는 사람들은 그들의 상을 잃지 않을 것이다. 그들은 굶주린 자들을 먹이고, 옷이 없어 벗고 있는 사람들을 입히고, 병자들을 심방하며, 나그네들을 대접하고 있단다. 그러나 긴요한 한 가지 일에 집중하는 사람이 더 복되단다. 그러나 어느 누구도 사람에 대해서 불평하지 말아야 한다. 왜냐하면 각 사람은 하나님께로부터 받은 은사에 따라 섬기기 때문이다."[109]

1516년 에라스무스의 신약 성경이 출판되었을 때에, 그는 50세였다. 유럽 전역을 가로질러 에라스무스는 진보적인 개혁 운동의 지도자로 부상하고 있었다. 그는 자신의 학문적 성취와 결과에 대해서 대만족할 만한 충분한 이유가 있었다. 『격언집』(*the Adagia*), 『그리스도 군사의 검』(*the Enchiridion*), 『우신 예찬』(*The Praise of Folly*), 『필립에 대한 찬사』(*the Panygeric of Philip*), 『그리스도 군주의 교육』(*The Education of the Christian Prince*), 『평화의 불평』(*The Complaint of Peace*), 『제롬』(Jerome), 『신약 성경』(the New Testament) 등, 이 외에도 고전 작가들의 변역물과 편집한 책들도 많이 있었다. 보수주의자들의 심한 불만도 있었

---

109) Roland Bainton, *Erasmus of Christendom* (New York: Charles Scribner's Sons, 1969), 145.

다. 그러나 에라스무스는 "왜 민족들이 분노하며 허사를 경영하고 있는고!" 하면서 의연하게 대처를 하였다. 무엇보다 에라스무스는 교황 레오 10세(Leo X, 1513-1521)를 자기 편으로 가지고 있었다. 레오 10세는 에라스무스가 신약 성경을 자신에게 헌정한 것에 대해 마음에서 우러나오는 감사의 편지를 보내왔다. 레오 10세가 에라스무스에게 보내왔던 그 편지는 그의 신약 성경을 출판할 때마다 서두에 인쇄되었다.[110)]

에라스무스가 처했던 정치적 전망은 아주 희망적이었다. 에라스무스는 자신이 번역한 복음서의 석의를 유럽을 지배하고 있었던 네 명의 왕들에게 보냈다. 그 왕들은 영국의 헨리 8세, 프랑스의 프랑수아 1세, 스페인의 찰스 5세 그리고 오스트리아의 페리디난드였다. 그 왕들은 모두 다 에라스무스에게 호의와 함께 깊은 존경심을 갖고 있었던 왕들이었다. 또 에라스무스는 교황 레오 10세를 진심을 담아 환영하며 그를 평화의 군주시며, 무력이 아닌, 자신을 내려놓으므로 교황직을 계승한 분으로 칭송했다. 레오 10세는 에라스무스의 찬사에 고무되었고, 어떤 대적자들도 그의 학문 연구를 방해할 수 없도록 광범위한 특면을 허락해 주었다.

1516년 5월 에라스무스가 네덜란드로 돌아왔다. 그곳에는 찰스 5세 황제가 머물고 있는 궁정이 있었다. 이미 에라스무스는 찰스 5세의 은택을 입고 궁정의 고문으로 일하고 있었다. 그곳에서 에라스무스는 두통의 편지가 자기 앞으로 도착해 있음을 발견했다. 그 편지는 바로 로마의 교황 레오 10세가 보낸 것이었는데, 빨리 로마로 와서 교황청의 고문이 되어달라는 것이었다. 그때 에라스무스는 "만일 이 편지들이 내가 스위스 바젤에 있을 때 내가 받아보았다면, 어떤 두려움도 내가 당신의 복된 발

110) Roland Bainton, *Erasmus of Christendom* (New York: Charles Scribner's Sons, 1969), 147.

앞으로 달려가는 것을 막지 못했을 것입니다." 에라스무스는 자기가 섬기고 있는 왕이었던 찰스 5세를 섬겨야 한다는 의무감에 사로잡혀 있었던 것이다.[111)]

여기서 볼 때, 당시 에라스무스의 명성과 인기가 어떠했는가는 우리가 충분히 짐작하고도 남음이 있다. 그는 당대에 타의 추종을 불허하는 인기와 명예를 누렸던 인물이다.

---

111) Roland Bainton, *Erasmus of Christendom* (New York: Charles Scribner's Sons, 1969), 147.

# 제5장

# 에라스무스의 홀로서기



그러나 마틴 루터를 중심으로 종교개혁이 일어났을 때, 에라스무스는 그것을 환영하지 않았다. 왜냐하면 그는 종교개혁이 몰고 올 피할 수 없는 분열과 불화와 끔찍한 희생의 대가를 두려워했기 때문이다. 그러나 17년간 에라스무스는 그 자신의 통찰력에 기초해서 개혁 작업을 계속했다. 그가 의도한 개혁은 로마 교회를 허물며 재구성하는 개혁이 아니었다. 그가 계획했던 개혁은 힘든 작업이었다. 그는 개혁자 루터의 제자가 되는 걸 거절했다. 하지만, 에라스무스는 루터를 대적하지는 않았다. 루터가 교황의 출교 처분을 받은 후에도 에라스무스는 루터를 꾸준히 변호를 했었다. 1526년 마침내 자신의 입장을 분명히 취하라는 가톨릭교회를 지지하는 자들의 강요로 그는 루터를 대항해서 그의 '자유의지' 에 대해서 루터를 공격하는 글을 쓰긴 했지만,[112] 에라스무스는 마음으로부터 루터를 지지하고 있었던 것이다.

이런 다툼과 소요 가운데서도 에라스무스는 의연하게 그 자신의 길을 가기 위해서 로마 교황청에서 제공하는 매혹적인 제안들을 단호히 거절하였다. 이로 인해서 루터파와 교황청 진영 양쪽에서 미움과 분노를 사게 되었다. 그랬을지라도 에라스무스는 진정으로 그리스도의 제자가 되

---

112) William R. Estep, *Renaissance and Reformation* (Grand Rapids: Eerdmans, 1992), 92.

기를 갈망했었다. 그는 마음과 성품과 힘을 다해 주님을 사랑하기를 원했다. 그리스도의 제자가 되기를 원했던 그 마음은 심포니(symphony)의 반복되는 주제와 같이 그의 작품들을 통해서 줄기차게 나타난다.[113]

에라스무스는 기독교계의 개혁은 교회가 믿음의 원전인 성경으로 되돌아갈 때에만 완성될 수 있다는 비전을 갖고 있었다.[114] 존 올린(John Olin)은 에라스무스가 어떻게 종교개혁에 기여를 했는가를 이렇게 평가하고 있다.

> "에라스무스는 신학적 개혁자이며, 도덕적 개혁자이며, 사회의 개혁자로 봉사했다. 이 세 가지 영역은 서로 밀접하게 연관되어 있다. 인문주의 학문의 발전과 기독교 지식의 확장은 종교개혁을 도래케 하는 수단이 되었다. 에라스무스는 인간 지식의 한계를 잘 알고 있었다. 하지만 무지를 통해서는 아무 것도 할 수가 없고, 지식을 통해서 하나님의 진리와 하나님의 길을 나타낼 수 있다고 확신하고 있었다. 에라스무스의 생애는 믿음에 기초한 헌신적 노력의 삶이었다."[115]

'그리스도의 철학' 이라는 용어를 최초로 언급한 사람은 아그리콜라(Rudolphus Agricola, 1444-1485)였다. 하지만 '그리스도의 철학' 이라는 말에 새로운 의미를 제공한 사람은 에라스무스였다. 이 용어는 종교개혁을 위한 기독교 인문주의적 접근 방법을 상징하는 말이다. 모든 면에서 교회는 개혁하지 않으면 안 되는 절망적인 상태에 있었다. 그러나 절망

---

113) Ibid. 92.

114) William R. Estep, *Renaissance and Reformation* (Grand Rapids: Eerdmans, 1992), 83.

115) John Olin, *Humanism and the Reformation* (New York: Harper & Row, 1965), 11.

적인 상태에 있는 교회를 어떻게 개혁할 것인가에 대한 최선의 방법에 대해서는 공감대가 형성되어 있지 않았다. 에라스무스는 교육 외에는 다른 대안이 없다고 보았다. 소크라테스가 주장한 것처럼 에라스무스는 사람들이 올바르게 안다면, 올바로 행동할 수 있다고 분명하게 주장했다. 그리고 개혁의 길은 그리스도께서 원하는 길이라고 보았다.[116]

에라스무스는 성경 원전 공부의 중요성을 절실히 인정했고, 성경의 가르침대로 사는 것이 교회 개혁의 핵심적인 요소임을 깊이 인식했던 사람이다. 또한 그는 인문주의 학문을 발전시키며 기독교 지식의 확장을 통해서 종교개혁에 기여하고자 힘썼으며, 이성의 법칙에 따라 가톨릭교회를 개혁하고 했던 르네상스 시대를 대표하는 기독교 인문주의자였다.

에라스무스는 가톨릭 편에 서지도 않았고, 개혁진영에 뛰어들지도 않았다. 많은 사람들이 그를 우유부단하고 비겁하며 변덕스러운 자라고 조롱했다. 마틴 루터는 그의 도움을 많이 받았음에도 불구하고 '자유의지' 문제로 서로 충돌한 후에는 에라스무스의 이름에 심한 악담과 저주를 퍼부었다. 가톨릭교회는 에라스무스의 모든 책을 금서목록으로 지정했다. 그의 작품이 가톨릭교회에 심각한 위협을 주고 있다고 판단했던 것이다. 그러나 실제로 에라스무스는 중용의 사람이었으며, 세상을 향해 열린 가슴을 가진 사람이었다.

역사는 패배자들에 대해서 불공평하며 가혹하게 평가하는 경향이 있다. 사람들은 열광적인 자, 난폭한 정신과 행동을 추구하는 자들, 신대륙을 발견하고 새로운 길을 개척한 탐험가를 사랑하며 환호한다. 그러나 조용하게 자기 자리를 지키며 묵묵히 자기 길을 걸어간 사람들, 자신의

116) Estep, 84.

감정을 절제하며 평화를 사랑하며 존중하는 화평의 사도들, 큰 역사 뒤에 가려진 숨은 봉사자들을 경시하는 경향이 있다. 에라스무스는 마틴 루터의 그늘에 가려져 있지만, 그는 자기 시대에 자기의 역할과 사명을 직시했고, 자기 자리에서 자기 역할과 사명에 충실했던 바로 그런 사람이었다.

1533년 10월에 에라스무스는 프라이부르그(Freiburg)에 있었던 그의 집을 팔고 바젤(Basel)로 옮겼다. 그리고 후에는 프로벤(Froben)의 집으로 다시 돌아오게 된다. 그때 건강은 많이 약해졌고, 몇몇 신실한 친구들의 돌봄을 받게 된다. 그곳에서 수정된 본문과 주석 집에 조금씩 변화를 주어 그의 진심을 쏟아 부었던 신약성경을 출판했다. 마틴 루터의 종교개혁이 일어나자 유럽 사회는 더 이상 에라스무스에게 귀를 기울이지 않았다. 모든 관심과 행동의 중심이 비텐베르크의 마틴 루터에게로 옮겨갔기 때문이다. 다만 영국에서는 계속해서 에라스무스에게 호의와 존경을 보이고 있었다. 1536년 7월 12일에 에라스무스는 가까운 친구들이 지켜보는 가운데서 마지막 숨을 내쉬었다.[117]

117) William R. Estep, *Renaissance and Reformation* (Grand Rapids: Eerdmans, 1992), 93.

# 제 6 장

# 그의 작품들



## 『기독교 군사의 검』

『기독교 군사의 검』(*Enchridion militis Christiani*)은 에라스무스가 1501년에 집필한 책이다. Enchiridion은 편람서(handbook) 혹은 단검(dagger)으로 이해된다. 에라스무스는 이 책을 표면적으로는 어느 한 여인의 요청으로 '포펜루이터' 라는 불량하고 고집 센 한 인간을 교화시키기 위해서 썼지만, 에라스무스의 마음 가운데는 다른 독자들을 염두에 두고 썼었다. 즉 자기 자신과 더 나아가 유럽의 고위 성직자들과 사제들을 마음에 두고 썼던 것이다. 그들은 외적으로는 신앙적인 것처럼 보였지만 도덕적으로는 형편없이 타락해 있었다. 우리는 이 책에서 에라스무스의 개혁 프로그램을 볼 수 있다.[118] 에라스무스가 이와 같은 책을 지금까지 쓴 적이 없었다. 그러나 이 책은 종교개혁을 위한 나팔소리와 같았다. 에라스무스가 추구하는 개혁은 영적인 것이었다.[119]

이 책의 내용을 살펴보면, 에라스무스는 우리 기독교인들이 그리스도의 군사임을 강하게 일깨워 주고 있다. 우리 인간의 삶은 영원한 영적 싸움이 계속되는 투쟁의 장임을 언급하며 영적으로 무장하여 깨어 있을

118) William R. Estep, *Renaissance and Reformation* (Grand Rapids: Eerdmans, 1992), 84-85.

119) Ibid., 85.

것을 권면하고 있다.

> "우리가 끊임없이 악의 철갑 옷을 입은 군대에게 공격당하며 많은 것을 저당 잡히고 그 책략에 놀아나는데, 얼마나 여유롭게 잠을 잘 수 있는가를 생각하면 놀라울 따름이다. 들으라. 당신이 마지막으로 행진할 때, 악은 당신을 빈틈없이 경계하며, 악마들은 1000가지 이상의 술수와 해로운 방법으로 중무장해 우리를 대적한다. 그들은 불화살과 독화살을 가지고 하늘에서 우리에게 틈만 나면 쏘아댄다 ... 그러므로 그리스도의 군사들은 뚫을 수 없는 믿음의 방패로 무장해야 한다."[120]

그리고 그리스도의 군사로서 깨어 있는 삶을 살아야 함을 이렇게 강조하고 있다. "그 원수는 우리 마음을 참호로 둘러 파도록 허락하지 않고, 우리의 군대로 쫓아내는 것도 불가능하다. 우리는 우리 마음에 있는 하나님의 요새를 악마들에게 넘겨주지 않기 위해 100개의 눈을 가지고 서라도 그 원수를 경계해야 한다."[121] 그리스도의 군사로서 악과 타협을 하지 말아야 함을 강조하며 어떤 악에도 맞서 싸우도록 권면하고 있다.[122] 또한 그리스도의 깃발 아래서 악과의 영원한 투쟁을 하도록 격려하고 있다.[123]

그리고 에라스무스는 살아계신 하나님이 우리의 진정한 도움을 주시는 분이심을 명심하도록 했고, 그리스도 안에서 승리의 확신을 권면했다.

---

120) Erasmus, *Enchridion militis Christiani*, 백충편 · 김봉수 역, 『개혁의 주창자들: 위클리프부터 에라스무스까지』 (서울: 두란노아카데미, 2011), 330.
121) Ibid., 331.
122) Ibid., 332.
123) Ibid.

> "극심한 위험도, 원수의 물량과 힘, 우리를 당황하게 하는 원수의 무기도 사실은 아무 것도 아니다. 하나님은 당신이 심각한 상황에 직면했을 때 도와주신다. 하나님은 바로 지금 당신에게 도움을 주시는 분이시며 진정한 도움을 주신다. 당신을 대적하는 헤아릴 수 없이 많은 대적이 있지만, 당신 편에 서신 하나님은 모든 사람들을 동시에 도우시는 분이시다. 만일 하나님이 우리를 위하신다면 누가 우리를 대적하리요. 만일 하나님이 우리와 함께 계시면 무엇이 부족하리요? 온 마음을 다해 당신을 승리의 병기로 드려라. 당신의 대적은 난공불락의 성이 아니다. 이미 한 번 부서졌고 항복했으나, 지금까지 우리에게 의기양양할 뿐이다. 그리스도를 우리의 사령관으로 생각하고 그를 힘입고 나아가면 마귀는 정복될 것이다."[124)]

그리고 우리의 승리는 결코 운에 달려 있는 것이 아니라, 하나님의 손에 있으며 그를 힘입어 우리도 승리할 수 있다고 했다.[125)]

에라스무스는 그리스도의 군사가 영적인 방심을 해서는 아니 됨을 이렇게 피력하고 있다.

> "우리의 싸움은 육체 소욕과의 싸움이 아니므로 순간이라도 방심을 용납하지 않으며, 잠깐이라도 무기를 놓아서는 안 된다. 결코 우리는 전장에 서는 것을 태만히 해서는 안 되며, 경계하기를 게을리 해서는 안 된다. 우리의 적은 공격하기를 그치지 않기 때문이다. 원수는 평화 중에 있을 때, 혹은 휴전이나 후퇴를 가장할 때라도 항상 덫을 놓으려고 한다. 그러기에 우리는 평화를 가장할 때 더 조심해서 경계해야 하며, 그가 전면전을 벌여 우리에게 달려올 때보

---

124) Erasmus, *Enchridion militis Christiani*, 336.
125) Ibid. 336.

다 덜 두려워해서는 안 된다. 그러므로 마음이 태만해지지 않는 것이 첫 번째 주의사항이다."[126]

그리고 에라스무스는 우리가 적과 싸우기 위해서 취해야 할 병기는 '기도'와 '지식'이라고 했다. 그는 사도 바울의 말씀을 인용하면서 "쉬지 말고 기도하라."고 권면하고 있다. 순전한 기도는 원수가 접근할 수 없는 성채요, 요새가 된다고 했다. 그리고 지식은 무엇을 구해야 하는지를 알려주며, 당신이 진정으로 기도해야 할 것을 가르쳐 준다고 했다. 무엇보다 성경을 열심히 사모하고 읽어 마음에 새긴다면 악한 원수가 당신을 쉽게 꺾지 못할 것이라고 했다. 그리고 모든 성경은 하나님의 감동으로 되었고, 하나님께서 그 저자로 완성하셨다고 했다.[127] 에라스무스는 성경이 하나님의 임재에서 나오는 원천적인 신탁임을 확신하라고 권면하며 하나님의 진리는 변함이 없음을 선언하고 있다.[128] 여기서 볼 때, 에라스무스가 성경의 영감설을 확신하고 있으며, 성경 말씀의 절대 권위를 깊이 인정하고 있음을 확인하게 된다.

에라스무스는 이교 헬라와 라틴 저자들의 고전을 거부하지 않았다. 그는 고전을 읽되 검증된 고전을 읽길 기대했다.[129] 에라스무스는 수도원의 경건에 대해서 부정적이고, 회의적인 모습을 보여주고 있다. "수도원의 경건은 갈수록 차가워지며, 수도사들이 늙고 백발이 되면서 쇠잔해져 사라진다. 뿐만 아니라, 고행이 있을 뿐 결코 성경을 깨닫는 영적인 이해로 나아가지 못한다."고 했다.[130]

---

126) Erasmus, *Enchridion militis Christiani,* 337.
127) Ibid., 338-39.
128) Ibid, 341.
129) Ibid., 342.

에라스무스는 기독교의 군사들이 『엔키리디온』 즉 영적인 단검을 결코 손에서 놓아서는 아니 된다고 했다. 음식을 먹을 때에도, 잠잘 때에도 여행을 할 때에도 한순간도 무장해제 된 상태로 돌아다녀서는 아니 된다고 했다. 믿음의 방패와 함께 이 영적인 단검을 사용하여야 원수의 지속적인 공격을 견딜 수 있고, 치명적인 부상을 피할 수 있다고 했다. 기독교의 군사들은 전신갑주를 입고, 영적인 단검을 사용하는 방법을 배워간다면, 영적인 전쟁터에서 기쁨과 승리의 개가를 부를 수 있을 것이라고 했다.[131)]

그리고 이 책에서 에라스무스는 하나님은 모든 덕과 선의 근원이시라고 했고, 그리스도만이 세상이 줄 수 없는 참 평안을 주실 수 있다고 했다. 더 나아가 예수 그리스도를 지혜의 아버지라고 했고, 세상의 어리석은 어둠을 흩으시고 영원한 광채의 근원이라고 했다. 모든 선한 것과 함께 헤아릴 수 없는 영광과 지혜가 그리스도의 손에서 온다고 했다. 그리고 온유함은 우리가 하나님의 성품을 닮을 수 있도록 한다고 했으며, 성령께서는 겸손하고 온유한 사람 속에 거하시기를 좋아한다고 했다.[132)]

에라스무스는 『기독교 군사의 검』에서 자신을 제어하는 것보다 더 어려운 것은 없다고 했다. 하지만 자신을 제어하는 것보다 더 축복되고 가치 있는 것도 없다고 했다. 그리고 마귀를 이기는 것보다 더 강한 것은 없다고 했다. "육체의 소욕을 따르는 것만큼 어리석은 것도 없다. 만일 당신의 능력을 재보기 원한다면 당신의 육체를 얼마나 당신의 영혼에 굴복시키느냐 하는 것에 따라 그 능력이 나타날 것이다. 그러나 당신이 하

130) Erasmus, *Enchridion militis Christiani*, 342.
131) Ibid., 344-45.
132) Ibid., 345-47.

나님을 당신의 도움자로 여긴다면 어떤 것도 어렵지 않다." 고 했다.[133)]

『기독교 군사의 검』에서 우리는 에라스무스의 신앙의 기초는 철저하게 성경 말씀임을 확인하게 된다.

> "믿음은 그리스도에게로 이끄는 유일한 수단이므로, 첫 번째 규칙은 반드시 당신이 성경을 이해하는 것이 필요하며, 가능한 한 그리스도와 그의 성령을 의지하는 것을 기본으로 한다. 당신은 대부분 평범한 그리스도인들이 하듯이 입으로만, 명목상으로만, 생각 없이, 주섬주섬 고백하는 것이 아니라 온 마음을 다해 마음속에서 우러나오는 견고함으로 해야 하며, 당신의 믿음을 고백할 때, 구원을 얻기 위해서 가장 필요한 것은 전적으로 성경에 의지해야 한다는 것이다. … 진리는 거짓을 말하지 못한다. 하나님께서 말씀하신 것은 떨어짐이 없다. 누군가 하나님께서 존재하신다는 것을 믿는다면 당신은 반드시 그가 진리를 말한다는 것을 믿어야 한다. 그러므로 진리가 아닌 것은 어떤 것도 붙잡지 말라. 어떤 것도 확실하지 않으며, 귀로 듣고, 눈으로 보고, 손으로 만진다 해도 당신에게 하나님의 의지와 하나님의 감동으로 표현된 성경만큼 확실한 것은 없다. 선지자들은 성경을 전했다. 많은 순교자들의 피가 성경을 증거한다."[134)]

에라스무스는 성경의 말씀으로 구원의 길을 발견한 사람은 지체하거나 머뭇거림 없이 확고하게 온 맘을 다해, 즉 검투사가 죽느냐 사느냐 하는 결연한 자세로 싸움에 임하듯이 그리스도를 위해서 자신의 인생을 쏟아 붓는 삶을 살아야 함을 강조했다. 그리스도와 함께 살기를 원한다면 그리스도와 함께 당신은 세상에서 십자가에 못 박혀야 한다고 했다.

---

133) Erasmus, *Enchridion militis Christiani*, 353.
134) Erasmus, *Enchridion militis Christiani,* 361.

죄에 대해서 죽는 것과 육신의 소욕에 대해서 죽는 것과 세상에 대해 죽는 것은 실제로 어려운 것이며, 수도사로서 이를 감당하는 것은 불가능하다고 했다. 하지만, 모든 그리스도인들이 감당해야 할 것이라고 했다. 모든 사람들이 머리이신 그리스도를 완벽하게 닮는 것이 불가능하다면, 모든 사람은 손과 발을 통해 그에게까지 자라야 한다고 했다. 그리스도는 우리의 좋은 본보기가 되셨고, 모든 면에서 우리에게 모범을 보여주셨다. 그러므로 우리는 그분을 따라가는 삶을 살아야 한다고 했다.[135]

그리고 에라스무스는 우리 그리스도인의 적이 육체와 마귀와 세상이라고 했다. 이 세 가지 유형의 적들과 끊임없이 싸워야 함을 강조했다. 그리고 "당신은 그리스도를 따르는 길보다 더 나은 것이 아무 것도 없다는 것을 곧 알게 될 것이다. 게다가 그리스도의 길만이 행복에 이끌 수 있으며, 세상에 아무런 소망이 없을 때에도 이것을 느낄 수 있다."고 했다.[136]

이 책에서 에라스무스는 세상의 고통과 고난이 많지만, 그리스도 안에 있을 때 그 고통이 주는 유익이 있음을 이렇게 설명하고 있다.

> "결혼 생활에서 가족들이 느껴야 하는 염려의 무게가 얼마나 큰가? 그들이 경험하는 비참함을 보지 못하는가? 공직 임무에서 얼마나 많은 염려와 고통과 위험이 산재해 있는가? 당신이 어디를 보든지 불행으로 가득 찬 사람들을 보게 된다. 연약한 인생은 수천 가지의 환난으로 가득 차 있고, 그것은 의인이든 악인이든 다를 바가 없다. 이런 모든 고통들은 당신이 그리스도의 삶을 따라가고 있다면 당신의 덕을 열매 맺도록 도울 것이다. 그러나 그리스도 안에 있지 않

135) Ibid., 362-65.
136) Ibid., 365.

> 다면 그 고통들은 더욱 크게 당신에게 엄습하든지 아니면 아무런 열매 없는 삶이 될 것이다."[137]

그리고 그리스도 안에서 거룩한 싸움을 싸우며 고난 받는 것이 얼마나 복된 삶인가를 이렇게 감동적으로 묘사하고 있다.

> "당신의 삶을 그리스도의 길과 비교해 보라. 그리스도를 따르는 길은 즉시 보기에는 힘들지만 점차 쉬워지며, 즐거움으로 가득 찰 것이다. 그것을 통해 확실한 소망을 가지고 나아가게 되는 것이다. 영생을 얻는 것과 마찬가지로 영원한 죽음을 위해 고통을 당하고 있다는 현실을 생각하면 그것만큼 미친 짓이 어디에 있는가? … 그리스도께서 하신 말씀이 무엇인가? 나의 멍에를 메라. 그리하면 영혼의 쉼을 얻으리라. 나의 멍에는 쉽고, 나의 짐은 가벼움이니라. 최고의 것은 양심대로 살아간다면 어떤 즐거움도 끊어지지 않는다는 것이다. 양심을 거스르며 살아간다면 비참함이 끊이지 않는다. … 죄보다 더 고통스럽고 슬픈 것은 없으며, 선보다 더 이롭고 행복한 것도 없다. 그러므로 마귀의 깃발 아래 있는 것보다 그리스도의 깃발 아래 싸우는 것이 얼마나 바람직한가? 악인의 장막에 거하는 것보다 그리스도 함께 고난을 받는 것이 얼마나 즐거운 일인가?"[138]

에라스무스는 자신의 일생을 통해서 그리스도를 사모했고, 그리스도를 본받는 그리스도의 제자가 되기를 갈망했던 인물이었다. 그가 얼마나 그리스도를 인생의 목표로 삶고 그를 닮고자 했는가를 이 책에서 엿볼 수 있다. "그리스도를 당신 앞에 두어 당신의 삶에서 유일한 목표가 되

137) Erasmus, *Enchridion militis Christiani*, 366.
138) Erasmus, *Enchridion militis Christiani,* 367.

게 하라. 당신은 당신의 열심과 노력, 시간과 물질로 그리스도에게만 헌신해야 한다. … 그 눈이 그리스도만 보게 하고, 그리스도의 영광과 그리스도 이외에 다른 어떤 것도 사랑하지 말고, 다른 어떤 것도 두려워하지 말며, 어떤 것도 추구하지 말라."[139] "당신은 행복의 척도를 그리스도에게만 두어야 한다. … 단순하고 온전한 마음으로 오직 선한 것을 추구하라. … 돈이 당신의 행복과 불행을 좌지우지 한다면 돈을 그리스도 아래의 가치로 두라. … 엄청난 노력으로 그리스도만이 우리의 삶의 목표가 되도록 해야 한다."[140]

에라스무스는 그가 살던 당시의 거짓 경건과 미신적이고 우상숭배적인 외적인 경건 행위에 대해서 날카롭게 지적하고 있다. 그리고 기독교인들이 추구해야 할 진정한 경건이 무엇인가를 깨우쳐주고 있다.

> "나는 육신을 경건으로 가득 채우는 사람들을 칭찬한다. … 만일 분노, 야망, 탐심, 만족, 시기가 당신 마음속에 가득하다면 당신은 제단에 있지만 아직 지성소와는 멀리 있다. 그리스도는 당신의 그런 죄 된 행위 때문에 죽으셨다. 여러 동물을 희생하는 것처럼 당신을 위해 죽은 그리스도에게 당신 자신을 드려라. 실제로 당신이 이런 것들을 생각하지 않고 그를 믿지 않는다면 하나님께서는 당신의 위선적인 종교를 미워하실 것이다. 당신은 세례를 받았다. 그러나 그것이 곧바로 그리스도인으로 되게 한다고 생각하지 말라. 여전히 당신 속에 세상적인 냄새가 나기 때문이다. 스스로 그리스도인이라고 생각할지 모르지만, 실제로 이방인 중에 이방인이다. 왜 그런가? 당신은 몸을 붙잡고 있고, 영을 굶기고 있기 때문이다. 당신의 영은

139) Ibid., 368.
140) Ibid., 370.

악함 속에 있으면서 몸만 씻는가? 몸은 소금에 있는데, 영혼은 소금을 씻어 내면 무슨 소용이 있는가? 몸은 기름부음을 받았는데, 영혼은 기름부음을 받지 않았다. 당신이 그리스도와 함께 장사되었고, 새로운 생명 속에서 그와 함께 거닌다면 나는 당신이 그리스도인이라고 인정하겠다. 거룩한 물이 당신 머리 위에 뿌려졌다. 당신 속사람이 마음에서부터 더러움이 가득한데 그것이 과연 무슨 소용이 있는가? 당신은 성인들을 존경하고, 그들의 유골을 만지기를 원한다. 그러나 당신은 그들이 남겨 준 것, 즉 거룩한 삶을 업신여긴다. 마리아에게 드리는 예배는 당신이 마리아의 겸손을 닮지 않는 한 아무런 소용이 없다. 당신이 성인들을 공경하고 헌신하지만 그들의 거룩한 삶과 덕을 따르지 않는다면 아무것도 아니다. 당신은 베드로와 바울을 닮기를 원하는가? 그들의 믿음을 따르는 만큼 그들의 행위를 닮으라. 그것이 로마로 가서 고해를 열 번 하는 것보다 훨씬 가치가 있다. 당신은 프란체스코의 명예를 닮기를 원하는가? 당신은 여전히 교만하고, 돈을 사랑하고 질투한다. 모든 부를 버리고 당신 자신의 욕망을 억누르고, 프란체스코의 삶을 따르라. … 그러면 당신이 성인들을 위해 촛불을 100번 켰을 때보다 하나님께서 더 확실히 당신에게 그의 명예를 주실 것이다."[141)]

"바울의 뼈는 숭배하고 그 유골을 놓은 공간과 장소는 존경하되 왜 성경에 있는 바울의 정신을 따르지 않는가? 당신은 성인들의 몸의 파편들과 재들을 공경하지만, 왜 성경은 공경하지 않고, 영혼의 악을 성경으로 고치려하지 않는가? 성인들이 이 광경을 보면 놀랄 것이다. … 당신들은 돌이나 나무나 그림에 그려진 그리스도 형상에 대해서는 존경을 표현한다. … 당신은 정신없이 그의 모습을 지켜

141) Erasmus, *Enchridion militis Christiani,* 378-79.

> 보지만 그리스도의 말씀을 읽을 때에는 반쯤 졸고 있지 않은가? 당신은 그리스도의 십자가 나무 조각을 당신의 집에 놓는 것을 중요하다고 믿는다. 그러나 당신 가슴속의 십자가 은혜와 비교할 때 그것은 아무 것도 아니다."[142)]

에라스무스는 계속해서 중세 가톨릭교회에서 습관적으로 자행되어 왔던 미신적인 행위들을 고발하며 자신의 소회(所懷)를 이렇게 밝히고 있다.

> "나는 세심하게 기록하고 있으며, 사려 깊게 관찰한다. 이를 통해서 나는 이런 오류들이 기독교에 상존하는 잘못된 습성임을 너무도 잘 알았기 때문이다. 그것은 훨씬 더 큰 파멸을 초래하는데, 그 이유는 표면적으로만 거룩해 보일 뿐이기 때문이다. 그들의 이러한 미신적 행위, 혹은 위선적 경건에 대해 나는 증인으로서 강조한다. … 지금까지 지속된 모든 행위적인 의식들은 그리스도 안에서 영적인 어린아이들에게 매우 필요한 것이며, 그 신앙이 온전하게 자랄 때까지만 요구되는 것이다. … 나는 당신의 목적과 행위가 악하지 않고, 악에 집착하지 않으며, 당신의 발걸음이 거룩함을 향해 나아간다면 어떤 것이든지 용인할 것이다. 그러나 눈에 보이는 것을 위해 그리스도를 섬기고 이것이 종교의 최고 정점이 되어 자신을 이롭게 하고 남을 경멸하는 것은 옳지 않다. 그것들로 인해 우둔하게 되고, 그 속에서 영혼이 죽어가며, 눈에 보이는 것들로 인해 그리스도에게서 멀어져서 그 분을 등지게 된다. 그것은 복음의 법을 거스르는 것이다."[143)]

에라스무스는 중세 교회가 너무나 미신과 어리석은 의식에 사로 잡혀

---

142) Erasmus, *Enchridion militis Christiani*, 379-80.
143) Erasmus, *Enchridion militis Christiani,* 381.

있고, 하나님이 인정하시고 기뻐하시는 내면의 열매나 성령의 열매가 없는 무미건조한 신앙생활을 하고 있음을 개탄(慨嘆)하고 있다.

> "나는 사람들에 의해서 만들어진 어리석은 의식들을 준행하기 위해 매우 많은 사람들이 미신에 사로잡혀 모여들지만, 그 의미에 대해서는 알지 못하는 것을 안타까워한다. 이들은 동일하게 얼마나 남에게 어리석은 의식들을 강요했던가? 그러나 얼마나 자신의 행위에 대해서 확신을 가지고 있었는가? 그러면서 남을 판단하며 채찍질을 일삼았는가? … 그들은 스스로 하늘에 속한다고 생각하는가? 언제 그들은 이런 행위에 물들었으며, 정녕 그들은 자신들이 바울과 안토니와 같다고 생각하는가? 그들은 거드름을 피우며 다른 사람들에게 비난을 일삼고 있으며, 배우지 못한 사람들에게 그들이 행하는 의식 외에는 의로운 것이 없다고 주장하고 있다. 그들이 그런 습관에 오랫동안 물들게 되면 당신은 그들에게서 결코 그리스도의 향기를 발견하지 못할 것이다. 그들은 짐승과 같아서 비참한 악함을 발하며, 사회적으로 스스로를 우월하게 생각하며 관대하지 못하다. 그들은 선행에 메마르며, 분노에는 뜨거우며, 미움에는 지속적이고, 변명에는 유창하며, 질투에는 끝이 없다. 그들은 허영으로 투쟁할 준비가 되어 있다. 그들은 그리스도의 형상에 대해서는 생소할 뿐이다. 그들은 이성적이든 습관이든 철학적 관념이든 간에 덕목은 찾아볼 수 없으며, 이방인들과 똑같다. 다루기 힘들고, 고집이 세며, 다투기를 좋아하고 쾌락을 좋아하며, 영적인 언어를 내뱉기를 싫어하고, 누구도 용납하지 않으며, 다른 사람들을 의심하며, 스스로 잘난 체 한다. 당신이 이런 생활과 습관을 가지고 있으면 최악의 사람이다. 스스로에게는 최고의 의인일지 모르나 실제로는 그리스도인이 아니요, 유대인이며, 하나님의 면전에서 비밀스런 영광을 생각하는 것이 아니라, 어리석은 것을 감당하는 것밖에 되지 않으며, 오

히려 사람들 앞에 나타내기를 좋아할 뿐이다."[144)]

에라스무스는 성령의 인도함을 받는 삶과 성령의 열매를 맺는 삶을 강조하고 있다.

"나는 당신이 빠짐없이 철야기도, 금식, 침묵, 기도 및 다른 행위를 하는 것에 대해 왈가왈부하지 않겠다. 나는 성령의 열매도 없으면서 당신이 성령 안에 거한다는 것을 믿지 않겠다. 당신이 육체의 행위 안에 거하며 그런 세속적인 일들을 감당하고, 그런 일들을 당신 안에 붙들고 있는데, 왜 내가 그것을 말해서는 안 되는가? 질투 때문인가? 분노, 악함, 성에 차지 않는 다툼, 저주, 악독한 말, 거짓된 마음, 완악함, 헛된 믿음, 허영, 사기, 아첨이 있지 않는가? 당신은 형제들이 먹고 마시는 것이나 예배로 정죄하고 판단한다. 그러나 바울은 당신의 행위로 당신을 판단한다. … 당신이 얼마나 기도를 많이 하느냐가 문제가 아니라, 당신의 본질적인 의도의 문제이다."[145)] "바울은 전반적으로 육체의 거스르는 것은 버리고, 성령 안에 바로 서라고 말한다. 그 성령은 사랑과 자유의 주관자이시기 때문이다. … 마찬가지로 영은 평화, 사랑, 자유를 준다. 따라서 우리는 성령보다 더 큰 종교를 요구할 필요가 없다. 모든 성경이 여기에 의존하고 있다. 이것이 모세 율법에서 가장 큰 계명이었다. 이것을 그리스도께서 반복하고 복음서에서 완성하셨다. 이 목적을 위해 그리스도께서 태어나시고 죽으셨고, 우리를 가르치셨고, 유대인들과 다르게 교훈하셨으며, 사랑하셨다. 최후의 만찬에서 그리스도는 얼마나 근심스럽게 그의 제자들을 향해 먹고 마시는 것이 아니

---

144) Erasmus, *Enchridion militis Christiani*, 382.
145) Ibid., 385.

라, 서로 사랑하라고 권고하셨는가?"[146)]

『기독교 군사의 검』에서 에라스무스는 중세 가톨릭 교리의 한계를 지적하며, 의식의 관습을 좇는 자들의 연약함을 끌어안으며, 참으로 의미 있는 권고를 하고 있다.

> "교회 안에 자주 출석하는 것, 성인들의 그림 앞에 의식을 행하는 것, 불타는 심지들 안에 그런 것의 반복된 행위, 그리고 그렇게 많은 횟수의 기도 안에 자비가 있다고 말하지 말라. 하나님은 이것을 원하지 않으신다." "우리 역시 재물을 통해 형제를 도와야 한다. 만일 이렇게 실행한다면, 우리의 종교 생활은 훨씬 기쁘고 쉬울 것이다. 그것은 슬프거나 고통스럽거나 유대인들의 미신으로 가득 찬 것도 아니며, 세속적 악으로 전염된 것도 아니다. 만일 많은 사람들이 칭송하는 어거스틴(354-430)이 다시 살아난다면 확실히 그는 현재 사람들의 삶의 방식을 납득하지 못할 것이다. 그는 이런 삶을 결코 인정하지 않을 것이며, 유대인들의 미신에서 등을 돌려서 사도들의 삶의 자세로 전환하려 할 것이기 때문이다." "그렇다면 그리스도인은 무엇을 더 해야 하는가? 그는 교회의 명령들을 무시해도 되는가? 그는 많은 대다수의 전통들을 삼가야 하는가? 하나님의 율례를 다 버리는가? 만일 그가 연약하다면 그는 그런 모든 것들을 그대로 둘 것이다. 그러나 그가 성숙하고 온전해진다면 그의 지식으로 연약한 형제를 거스르지 않을 만큼 지혜롭게 모든 일들을 감당해 나갈 것이다. 우리는 그런 전통들을 폐기할 필요는 없지만 형제를 염두에 두는 것은 필요하다. 육신적인 일들을 경멸하기보다는

146) Erasmus, *Enchridion militis Christiani*, 387.

오히려 보이지 않는 것들을 더 좋아하면 된다. 눈에 보이는 예식들을 경멸하지 말라. 그러나 하나님은 오히려 보이지 않는 경건을 더 좋아하신다. 하나님은 영이시며, 영적인 희생을 즐거워하신다."[147]

에라스무스는 종교생활의 허례허식을 싫어했다. 그는 그리스도를 진정으로 사랑했고, 그리스도의 종이 되기를 사모했던 사람이다. 『기독교 군사의 검』에서 우리는 에라스무스의 진심을 발견하게 된다.

"당신에게 가장 중요한 것은 하나님의 자녀가 되는 것이고, 하나님의 자녀로 일컬음을 받는 것이다. 그들은 군왕의 처소에 거하게 하되 당신 자신은 다윗이 말한 바대로 '하나님의 성전 문지기로 있는 것' 을 선택하라. 그리스도께서 선택하신 자에게 주목하라. 세상의 기준으로 보면 약하고, 어리석고, 천대받는 사람들이다. 아담 안에서 우리는 모두 천한 사람들이다. 그러나 그리스도 안에서 우리는 하나이다. 진정한 고귀함이란 공허한 것에서 돌아서는 것이다. 진정한 고귀함이란 그리스도의 종이 되는 것이다."[148] "만일 모든 것의 근원이 되신 예수 그리스도를 소유한다면 당신에게 아무런 부족함이 없다는 것을 기억하라." "진실하고 유일한 만족은 정결한 양심에서 오는 기쁨이다. 최고의 위대한 잔치는 말씀을 연구하는 중에 일어난다. 가장 기쁜 노래는 성령께서 주신 시편의 말씀들이다. 가장 즐거운 교제는 성인들과의 교제다. 최고의 기쁨은 진리를 즐거워하는 것이다. 당신의 눈과 귀와 입을 정결하게 하면 그리스도가 당신에게 송이 꿀과 같이 느껴지게 될 것이다."[149]

---

147) Erasmus, *Enchridion militis Christiani*, 387-88.
148) Ibid., 396.
149) Ibid., 397-98.

에라스무스는 우리 기독교인들이 그리스도의 용감한 군인이 되어야 함을 강조하고 있다.

> "용감한 군인들은 불명예스러운 패배나 고통스러운 부상을 입고도 결코 물러남이 없고, 오히려 이전보다 더 싸움에 맹렬하게 달려들어 자신을 회복한다. 우리도 마찬가지이다. 우리가 커다란 불행으로 내몰렸을 때 우리의 용기를 즉시 되찾고, 우리가 치욕스러움에 떨어졌을 때, 새로운 덕에 대한 갈망으로 우리 자신을 가득 채워야 한다. … 다윗, 솔로몬, 교회의 머리인 베드로, 사도 바울과 같은 인물들을 생각하고, 그들의 거룩함을 교훈으로 받아 비록 그들이 죄 근처에 있었지만 결코 그 죄에 깊숙이 들어가지 않았던 것을 기억하라. 하나님께서 아마도 그들에게 죄에 빠지는 것을 허용하셨을지 모른다. 따라서 당신도 죄에 빠질 수 있는 성정을 가졌으나 절대로 그 속에 있지 말라. 당신의 발로 즉시 일어나서 마음을 단단히 먹고, 다시 용감하게 돌아와서 주의하면 된다."[150]

에라스무스는 죄의 유혹을 치료하는 방법 중에 최고의 것이 바로 그리스도의 십자가임을 고백하고 있다. "내적인 유혹들을 대적하며 치료하는 방법이 많이 있다. 그러나 특별한 치료법이 있는데 지금까지 어떤 것보다 훨씬 효과적이며, 악함과 유혹을 대적하며 싸워 이길 수 있는 바로 그리스도의 십자가이다. 그리스도의 십자가 자체가 악을 범한 자들에게 좋은 본보기가 될 뿐만 아니라, 고통을 겪는 사람에게는 요새와 같고 싸움을 하는 자들에게는 무기와 같다. 모든 가치 없는 것들을 대적하기 위해서 반드시 이 무기로 무장해야 한다. 따라서 이것을 매일 연습하되 대중 속에서는 하지 말고, 매일 그리스도의 고난에 대한 이야기를 누군가

---

150) Erasmus, *Enchridion militis Christiani*, 412.

에게 읽게 하고, 십자가의 의미를 생각하고, 온몸을 강하게 하며, 그의 수천 가지 행적들을 마음에 새기고, 거룩한 십자가의 한 조각을 집안에 두어 죄 없이 고통을 당하신 그리스도의 죽음을 매일 특정한 시간마다 묵상하고, 눈물을 흘리라. … 각 사람의 죄성이 십자가에 못 박히면, 당신과 매우 가까워진 십자가에 부분적으로 동참할 수 있다. 십자가의 적절한 치료 능력은 유혹과 악을 이길 수 있기 때문이다."[151]

『엔키리디온』에서 에라스무스는 마지막으로 당부하고 있다. "그리스도의 발자취를 따르지 않는다면 당신은 그리스도의 몸이 아니다." "인간적인 모든 방법에서 벗어나서 선지자들과 사도들과 그리스도와 영적인 교통에 나아가라." "그리스도에게로 나아가는 길을 내 손가락을 통해 기록해서 당신에게 알려 주는 것이다. 나는 예수께서 당신의 모든 사람과 함께 하셔서 그가 모든 일에서 당신을 선하게 인도하시며, 당신을 더욱 더 온전하게 빚어 가시고, 그의 장성한 분량까지 자라서 온전한 그리스도의 형상을 이루기를 기도한다."[152]

---

151) Erasmus, *Enchridion militis Christiani,* 412-413.
152) Ibid., 425-426.

## 『격언집』

『격언집』(*Adagia collectanea*)은 에라스무스가 희랍과 라틴의 고전에서 선별하여 길어 올린 주옥같은 지혜의 모음집이다. 1500년에 첫판을 출판한 후, 1535년까지 그는 『격언집』을 계속 개정하였다. 에라스무스가 계속해서 개정판들을 출판함은 그의 영적인 진보와 함께 헬라어 실력이 날로 성장함을 보여주었다. 첫판 『격언집』에는 고대 라틴 작가들로부터 발췌한 818구절의 금언들을 포함하고 있다. 1506년 파리를 떠나 이탈리아로 가기 전에 에라스무스는 23편의 금언들을 첫 판에 증보했다. 첨가된 금언들은 대부분 헬라의 작가들로부터 온 것들이었다. 더 많은 금언들을 포함한 다른 금언집들이 출간되었고, 에라스무스가 죽기 1년 전에 출판된 최종판에는 4000개의 금언들이 수록되어 있었다. 그러나 에라스무스를 인문주의의 왕자로 명성을 날리게 한 것은 올다인판(the Aldine edition)이었다.[153)]

『격언집』에 등장하는 의미심장한 금언들을 살펴보기로 하자. "시작이 반이다." 에라스무스는 이 격언을 이렇게 코멘트하고 있다. "이 격언은 모든 일에 가장 큰 어려움은 그 시작임을 나타낸다." 그리고 플라톤의 글을 인용하면서 "옛말에 이르길 시작이 모든 일의 반이라 하였다. 그래서 사람들마다 시작을 칭찬하는 것이다. 그러나 내가 보기에 시작은 반 이상이며, 어느 누구도 시작을 충분히 잘 칭찬하지 못하였다."고 했다.[154)] "사람 수만큼 생각도 다르다." 이 격언을 인용하면서 에라스무스

153) William R. Estep, *Renaissance and Reformation* (Grand Rapids: Eerdmans, 1992), 85-86.

154) Desiderius Erasmus, *Adagia*, 김남우 역, (서울: 아모르문디, 2009), 78.

는 페르시우스의 글 "사람은 수천 가지 각양각색이며, 그 수만큼의 다른 삶이 존재한다. 바라는 것도 제각각이라 두 사람이 나란히 누워 있어도 소망은 같지 않다."를 언급하며 그 말의 의미를 더욱 명쾌하게 하였다.[155] "여우는 많은 것을 알지만 고슴도치는 큰 것 하나를 안다." 재주가 출중하고 꾀가 넘치는 사람이 온갖 일에 관여함을 보여주려 할 때나, 온갖 일에 참견하는 사람에 비해 한 가지 일에 깊은 통찰력을 갖고 집중하는 사람이 훨씬 더 많은 것을 성취함을 보여주고자 할 때 쓰는 말이다. 여우는 다양하고 기상천외한 방법으로 사냥꾼을 속이지만, 마침내 붙잡히곤 한다. 하지만 고슴도치는 오로지 한 가지 방법만으로 사냥개의 이빨을 피한다. 즉 몸을 둘둘 말고 가시바늘을 세우면 누가 그들을 잡을 수 있겠는가?[156] "제비 한 마리가 봄을 가져오진 않는다." 이 격언에 대해서 에라스무스는 "한 번 올바른 행동을 하였다거나 한 번 말을 잘했다 하더라도 그것으로 인해 그 사람이 바른 사람이라거나 좋은 연설가라는 명성을 얻기에는 충분하지 못하다는 뜻이다. 왜냐하면 참으로 많은 것들이 행해지고 나서야 그런 명성을 얻을 수 있기 때문이다."라고 코멘트를 덧붙였다.[157] "끊임없는 낙숫물이 바위를 뚫는다."는 격언에 그는 이렇게 설명을 덧붙였다. "물방울처럼 작고 여린 것이, 쇠붙이로도 불가능할 법한 일, 견고한 바위를 뚫는 일을 해낸다. 이 말은 불굴의 의지가 아무리 힘든 일도 쉽게 만들며, 어려운 일도 가능하게 만든다는 가르침을 담고 있다."[158]

---

155) Desiderius Erasmus, *Adagia*, 85.
156) Desiderius Erasmus, *Adagia,* 109.
157) Desiderius Erasmus, *Adagia*, 146.
158) Desiderius Erasmus, *Adagia,* 227.

# 『우신예찬』

『우신예찬』은 1509년에 완성되었고, 1511년에 인쇄되어 보급되었다. 에라스무스는 어리석은 여신(女神) 모리아의 입을 빌려 스스로 똑똑한 줄 아는 진짜 바보들을 꾸짖는다. 우신(愚神) 모리아는 쾌락과 행복을 주관하고 이성과는 거리가 멀다. 하지만 그 바보 같은 웃음 뒤에 가려진 날카로운 의식은 진지함을 가장하는 관념과 권위, 오만과 독단, 부조리와 부패를 희극화하는 파괴력을 지니고 있다. 이탈리아에서 영국으로 되돌아오는 긴 여행 기간 동안 에라스무스는 지난 3년간의 모든 사건들을 곰곰이 생각하는 시간을 가지게 된다. 그는 토마스 모어의 집에 가고자 했다. 토마스 모어는 에라스무스와 함께 헬라 풍자문학의 대가인 사모사타의 루키안에 대해서 토론하고 루키안의 작품을 번역하면서 즐거운 시간들을 보냈다. 에라스무스는 토마스 모어와 루키안에 대해서 생각하면서, 그리고 로마에서의 추억을 생각하면서 종국적으로 풍자 작품을 쓰고자 결심했다. 그 작품은 유쾌한 형태로 어리석음을 예찬하지만 매우 진지한 목적을 가진 의미심장한 풍자 작품이었다. 라틴어로 '어리석음' (folly)이라는 뜻을 가진 모어의 이름은 그러한 시도의 촉진제가 되었다. 에라스무스는 1509년 6월 8일 모어에게 보내는 편지에서 이 사실을 인정하고 있다.[159)]

1511년에 『우신예찬』이 인쇄되었을 때, 즉각적인 호응을 얻게 되었다. 600판 이상 출판되면서 에라스무스의 방대한 작품들 중에서 가장 인기 있는 작품이 되었다. 하지만 모든 사람들에게 좋은 평가를 받은 것은

---

159) William R. Estep, *Renaissance and Reformation* (Grand Rapids: Eerdmans, 1992), 87.

아니었다. 화체설과 삼위일체론과 같은 거룩한 주제들에 대한 에라스무스의 접근은 마치 씻지 않은 손으로 거룩한 것을 만지는 것처럼 불경하게 보였다. 우신 예찬은 유쾌함을 주지만 그 속에 가시가 들어 있다.[160]

에라스무스가 날카로운 풍자를 하면서 대부분의 사람들이 어리석은 신(神)을 숭배하며 어리석음에 종노릇하는 삶을 살고 있음을 지적하지만, 그 글 가운데는 상당히 교훈적인 내용도 담겨 있다.

> "배우들이 무대 위에서 각자 맡은 역할을 연기하고 있는데, 누군가가 관객에게 배우들 본연의 얼굴을 보여주려 가면을 벗기려 한다면 어떻게 될 것인가? 연극은 망치게 될 것이고, 난동을 부린 자는 극장에서 쫓겨나는 것이 당연하지 않은가? 그의 행위로 무대 위의 모습은 급작스레 달라져 버렸다. 극중의 여자는 순간 남자임이 드러났고, 젊은이는 노인으로 바뀌었다. 왕은 천한 노예이며, 신(神)은 왜소하고 순박한 사람으로 드러났다. 환상이 제거되자 작품 전체가 뒤집어지고 말았다. 말하자면 분장과 화장이 바로 관객들의 눈을 매료한 것이다. 인간의 삶도 마찬가지다. 당신들의 삶이, 무대감독이 무대에서 내려오라고 지시할 때까지 각자 가면을 쓰고 자신의 역할을 연기하는 한 편의 연극과 무엇이 다른가? 게다가 무대 감독은 동일한 배우에게 다양한 역할을 맡기기도 한다. 왕의 자줏빛 옷을 입었던 사람이 노예의 누더기를 걸치고 다시 등장하기도 하는 것이다. 어디를 봐도 분장이 아닌 것이 없다. 삶이라는 연극 또한 다르지 않다. 마찬가지이다."[161]

에라스무스는 중세시대에 만연한 미신적 종교행위를 고발한다. 성모

160) Ibid. 87.
161) Erasmus, 『우신예찬』, 강민정역, (경기파주시: 서해문집, 2008), 66-67.

마리아 상 앞에 아무런 소용도 없는 작은 촛불을 바치면서 마리아에게 공경을 표하지만, 성모 마리아의 미덕이나 정숙함 그리고 겸손과 사랑을 닮으려는 사람은 거의 없다고 지적하고 있다.[162)]

그리고 『우신예찬』에서 어리석은 신(愚神)을 숭배하며 어리석음에 종노릇하고 있는 인간들의 어리석은 삶의 현장을 고발하고 있다.

> "또 어떤 사람은 여자가 아니라 지참금과 결혼을 하기도 한다. 어떤 사람은 자기 아내에게 매음을 시키고, 또 어떤 사람은 질투에 사로잡혀 자기 아내를 아르고스[163)]처럼 감시한다. 아! 누가 죽기라도 하면 또 얼마나 많은 광기가 난무하고 수없이 미친 말(言)들이 오가는지! 거기서 고통을 재현하는 사람들은 돈을 받고 연기하는 배우들이다. 저기 장모의 무덤 앞에서 울고 있는 사람도 있구나! 어떤 사람은 굶어 죽어도 번 돈을 모두 제 뱃속에 숨겨 놓으려하고, 또 어떤 사람은 잠만 늘어지게 자고 아무 것도 하지 않는 게 행복이라고 생각한다. 이웃집 일까지 해주느라 쉬지도 못하면서 개의치 않는 사람도 있다. 어떤 사람은 빚을 잔뜩 져서 자칫 잘못하면 파산인데도 다른 사람의 돈으로 살면서 부자라 착각한다. 또 어떤 사람은 상속자를 부자로 만들기 위해 애쓰며 사는 것이 행복이라 여긴다. 어떤 사람은 하찮은 이익을 위해 어떤 것으로도 보상받을 수 없는 자신의 삶을 걸고 거친 파도와 세찬 바람의 위험에 맞서 바다를 건너고, 또 어떤 사람은 집에서 안전하게 쉬는 것보다 전쟁에서 한몫 버는 것을 더 낫다고 여긴다. 좀 더 편하게 돈을 벌기 위해 자식 없는 늙은이의 비위를 맞추는 사람도 있다. 물론 돈 많은 노부인 곁에서 비슷한 짓거리를 하는 사람도 있다. 그러다가 사기꾼이

162) Erasmus, 『우신예찬』, 113.
163) 그리스 신화에 나오는 눈이 백 개 달린 괴물.

사기를 당하기라도 하면 신(神)들에게는 그야말로 재미있는 구경거리가 아닐 수 없다. 아주 심하게 미쳐서 비열하기까지 한 부류는 장사꾼들이다. 그들은 서로 앞 다투어 거짓말을 하고, 배신하며, 훔치고, 사기치고, 정직하지 못한 매우 수치스러운 방법으로 아주 천박한 일을 하면서도 손가락에 낀 금반지를 과시하며 존경받기를 원한다. 젊은 수도사들은 장사꾼들을 대중 앞에서 존귀한 자라고 찬사를 보내는데, 그들이 부정직하게 번 돈을 얼마간 얻어 쓸 수 있을까 해서이다. … 실제로는 굶어 죽어가면서도 집 밖에서는 돈 많은 부자처럼 보인다는 것에 만족하는 사람도 있다. 소유한 재산 전부를 눈 깜짝할 사이에 탕진하는 사람도 있고, 거리낌 없이 쌓아두기만 하는 사람도 있다. … 많은 사람들이 끝도 없이 소송을 벌이는데, 싸우기에 여념이 없는 그들의 고집 덕분에 느려 터진 판사와 그와 결탁한 변호사만이 이득을 본다. … 신(神)의 부름을 받은 것도 아닌데, 집도 아내도 자식들도 다 팽개치고 예루살렘, 로마 혹은 성 야곱의 집을 보러 순례를 떠나는 사람도 있다."164)

에라스무스는 『우신예찬』에서 여러 유형의 우신(寓神)을 숭배하며 어리석은 삶을 사는 인간들의 여러 군상(群像)들을 소개하고 있다. 그 중에는 고리타분한 문법학자들, 어리석은 자들의 귀를 사로잡으려고 끊임없이 열정을 쏟아내는 시인들, 웅변가들, 책을 출판하여 영원한 명성을 얻고자 하는 작가들의 어리석음도 고발하고 있다.

"그들은 덧붙이고 바꾸고 지우고 버렸다가, 다시 취하고 쓰면서 자신의 작업에 조언을 구하며 9년간 그것을 간직하지만, 결코 만족할 줄을 모른다. 그런데도 몇몇 사람만 받게 되는 보잘 것 없는 영광

164) Erasmus, 『우신예찬』, 116-118.

> 을 얻기 위해 그들은 최고의 행복인 잠까지 줄여가며 수많은 땀과 노력을 오로지 작품을 위해서만 쏟아낸다. 결국 건강과 아름다움을 잃고, 안질에 걸려 심지어 실명하기까지 하며, 가난에 쪼들려 허덕이게 된다. 그들을 질투하는 자들도 생겨나고, 모든 즐거움도 빼앗기며, 일찍 늙어버려 어느새 죽음이 찾아오기도 한다. 이 외에도 비참한 일이 많이 일어난다. 이렇게 큰 희생을 치르면서도 사람들에게서 이러저러한 찬사라도 듣게 되면 그들은 희생의 대가가 그렇게 지나친 것은 아니라고 생각한다."[165]

에라스무스가 날카롭게 풍자하는 대상들은 스콜라 신학자들 무리였고, 종교적 부류의 수도사들이었다. 그는 스콜라 철학에 대해서는 사정없이 조소를 퍼부었다.[166]

> "신학자들은 놀라울 만큼 거만하고 지나치게 예민해서 일제히 수많은 항의를 해대며 나에게 반박할 것이고, 만약 내가 한 말을 취소하지 않으면 곧바로 나를 이단자로 고발할 것이다. 그들 마음에 들지 않는 사람에게는 곧바로 치명적인 불이익을 주어서 두려움에 떨게 만든다 ... 그들의 문장은 신조어와 이상한 말들로 가득 차 있다 ... 하나님은 여자나 악마나 당나귀나 호박이나 조약돌의 형태로도 오실 수 있었을까? 호박이 설교를 하고 기적을 일으키며 십자가에 못 박힐 수 있었을까? 그리스도의 육신이 십자가에 달려 있는 동안 성 베드로가 미사를 드렸다면 그는 무엇을 바쳤을까? 그 순간 그리스도는 인간이라고 말할 수 있을까? 사람들은 죽음 후 부활하면 먹고 마실 수 있을까?"[167]

---

165) Erasmus, 『우신예찬』, 119-123.
166) Erasmus, 『우신예찬』, 128-147.
167) Ibid., 130-131

"신학자들은 이렇게 말한다. 사람들 천명을 죽인 죄가 주일에 가난한 자의 신발을 꿰매준 죄보다 덜하다. 아무리 작고 가벼운 것이라 해도 거짓말을 하는 것보다는 우주 전체가 소멸(疏明)하도록 놔두는 편이 차라리 낫다. 수많은 스콜라 철학자들이 당신들을 인도하는 길은 이렇듯 늘 미묘하고 알아채기 힘든 말로 가득 차 있다. 어떤 미로라고 해도 실재론, 유명론, 토마스파, 알베르투스파, 오컴파, 스코투스파 등 무수한 학파들의 구불구불한 우회로보다는 덜 복잡할 것이다."[168)]

에라스무스는 당시 스콜라 신학자들이 얼마나 무의미하고 거짓되고 헛된 공상을 하며 시간을 소요(消謠)했는가를 풍자적으로 묘사하고 있다. 뿐만 아니라, 당시 신학자들의 타락한 삶과 이율배반적인 삶의 모습을 이렇게 묘사하고 있다.

"이교도들만큼이나 세속적인 궤변으로 이의를 제기하고, 너무나 공허한 말과 비열한 생각으로 신성한 신학의 위엄을 훼손하는 자들도 있다. 그럼에도 신학자들은 이런 우스꽝스러운 짓거리에 마음을 빼앗겨 밤낮으로 쾌락에 빠져 즐기며 스스로 만족하여 복음서나 사도 바울의 서신을 훑어볼 시간조차 없었다."[169)]

에라스무스는 신학자들뿐만 아니라, 군주들, 왕궁 신하들의 거짓과 위선, 부정과 비리들을 고발하고 있다. 교황들과 추기경, 주교, 수도사들의 위선과 탐욕, 권력 남용과 악행들을 여과 없이 날카롭게 고발하고 있다.[170)] 에라스무스는 당시 수도사들의 어리석고 바보 같은 삶을 이렇게

168) Ibid., 132-133.
169) IErasmus, 『우신예찬』, 136-137

고발하고 있다.

> "우연히 수도사들을 스쳐 지나가는 것만으로도 불길하다고 할 정도로 사람들은 그들을 혐오스러워하지만, 정작 그들은 자신들이 놀라운 사고(思考)의 소유자라고 여긴다. 그들은 가장 숭고한 신앙심은 아무 것도 모르고 읽을 줄도 모르는 상태라고 지껄이고 있다. 그들은 이해하지도 못하면서 번호가 매겨진 시편을 노래하듯 읽고, 교회에서 당나귀처럼 울부짖는다. 그렇게 함으로써 천사들의 귀를 즐겁게 해준다고 믿는다. 그들은 빵을 구걸하기 위해 문가에 서서 큰 소리를 지르고, 여관이나 마차, 배 등 여기저기 마구 들어가 다른 거지들에게 큰 피해를 주기도 한다. 자신들의 더럽고 무식하고 저속하고 경솔한 점이 사도들을 떠올리게 한다고 주장하다니, 이토록 애처로울 수가!
>
> 더 재미있는 것은 그들의 모든 행동이 어떤 규칙에 따른 것이라는 점이다. 그들은 수학처럼 엄격한 그 규칙에서 벗어나면 마치 커다란 죄를 지었다고 생각한다. 신발 끈은 몇 개여야 하고, 허리띠는 어떤 색으로 만들고 그 폭은 얼마여야 하는지, 두건은 어떤 형식으로 둘러야 하며 그 크기는 얼마나 되어야 하는지, 원형 삭발의 너비는 얼마나 되어야 하고, 잠은 몇 시간을 자야 하는지 등등에 관한 소소한 규칙들이라니! 육체적으로, 정신적으로 그리도 천차만별 다양한 사람들에게 이렇게 일괄된 규칙을 적용한다는 것이 얼마나 불평등한 일인지 그 누가 모르겠는가? 그럼에도 그들은 이러한 바보짓을 대단히 자랑스러워하며, 세상 사람들을 비웃고, 또 자신들 무리에서조차 서로를 비웃는다. 사도들의 자비를 가르치는 사람들이 조금 달라붙는 옷을 입었다거나, 옷 색깔이 어둡다는 이유로 큰 소

---

170) Ibid., 149-157

> 리를 내지른다. 규율에 너무 엄격하게 얽매여서 어떤 이들은 시칠리아의 양털로 만든 수도사복과 밀레투스의 삼베로 만든 셔츠를 입고, 다른 이들은 양털 옷을 안에 입고 겉에는 베로 만든 상의를 걸치기도 한다. 그 가운데는 돈을 만질 때는 독이라도 묻어 있는 듯 두려워하지만, 술과 여자는 전혀 두려워하지 않는 사람도 있다. 사람들은 모두 자신만의 삶의 방식이 있으며 남과 다르게 보이려는 욕망을 가지고 있다. 그런데 그들이 갈망하는 것은 그리스도를 닮는 것이 아니라, 사람들 중에서 돋보이려는 것이다. … 그들이 따르는 의식과 사소한 전통은 너무나 인간적인 것들인데도, 그들의 시각에서 볼 때는 대단히 가치 있는 것이어서 천국을 제외한 그 어느 것으로도 보상이 될 수 없다는 듯 보인다. 그러나 그들은 그리스도가 이 모든 것은 거들떠보지도 않을 것이고, 단지 그리스도의 법과 자비라는 율법에 복종하고 있는지만 물을 것이라는 사실을 까맣게 잊고 있다."[171]

에라스무스는 『우신예찬』을 통해서 그가 살던 시대에 만연한 거짓과 불법과 악행들을 풍자적으로 고발함으로써, 그 시대를 사는 사람들에게 회개를 촉구했고, 각계각층의 사람들이 자신들을 성찰하며 진정한 기독교인의 삶이 무엇인지 진지한 고민을 하게 했다. 에라스무스는 그의 작품을 통해 종교개혁을 위한 나팔을 불며 메시야의 길을 예비했던 세례 요한의 역할을 힘써 감당했던 것이다.

---

171) Erasmus, 『우신예찬』, 139-140.

## 헬라어 신약성경

1509년부터 1514년까지 에라스무스는 계속해서 고전 작가들의 작품을 번역했고 출판을 했다. 이것은 순수하게 지적인 만족을 위해서 하기도 했고, 또 돈을 목적으로 하기도 했다. 에라스무스가 그 무엇보다 심혈을 기울인 것은 제롬의 불게이트(Vulgate) 성경을 교정하여 헬라어 신약성경을 편찬하는 일이었다.[172] 에라스무스가 열정을 쏟아 부어 만든 신약성경은 1516년 2월에 첫 인쇄물이 출판되었다. 그리고 1516년 3월 1일에 '주석집' 이 연이어 나왔다.[173]

헬라어 신약성경은 에라스무스의 최고 걸작이었고, 가장 지속적인 인기를 누린 작품이며, 그의 지식과 재능이 담겨있는 기념비적인 작품이었다. 첫판이 인쇄되어 나왔을 때, 칭찬과 비난이 동시에 쏟아져 나왔다. 『우신예찬』을 출판했을 때 발전되었던 논쟁들이 새롭게 증폭되었다. 헬라어 성경이 레오 10세에게 헌정되었다. 레오 10세는 유럽 최고의 학자에 의해서 치하를 받았으므로 기뻐했다. 하지만 불가타 성경 옹호자들로부터 에라스무스의 헬라어 성경을 보호하지 못했다. 그때부터 에라스무스는 헬라어 신약성경, 특히 1519년판에 포함된 신 라틴 번역판을 변호하는데 많은 시간을 소모했다. 그러나 이번에는 에라스무스가 외롭게 혼자 싸우지 않았다. 신뢰할 수 있는 많은 인문주의자들과 교회 직분자들과 장차 개혁자가 될 인물들이 그를 변호하기 위해 발 벗고 나서서 도움을 주었기 때문이다.[174]

---

172) William R. Estep, *Renaissance and Reformation* (Grand Rapids: Eerdmans, 1992), 90.

173) Ibid., 90.

두 번째 판으로 제목이 붙은 『신약성경』의 출판과 함께 에라스무스는 그가 그렇게 오랫동안 갈구했던 교회의 개혁을 위해서 필요한 자료들을 편집해 넣었다.[175] 에라스무스가 심혈을 기울여 만들었던 이 헬라어 『신약성경』이 마틴 루터가 발트부르크(Wartburg) 성에서 독일어 신약성경을 편찬할 때 귀중한 기초 자료로 사용되었다.[176]

174) William R. Estep, *Renaissance and Reformation* (Grand Rapids: Eerdmans, 1992), 92.
175) Ibid., 92.
176) Ibid., 136-139.

# 제 7 장

# 에라스무스의 생애를 결산하며



에라스무스는 네덜란드 데벤터에서 시작된 데보치오 모데르나(Devotio Moderna) 즉, 기독교 르네상스의 토양에서 성장하였고, 그곳에서 어린 시절부터 복음적 가치관과 신앙의 인격이 형성되었다. 더 나아가 기독교 인문주의 기초가 형성되었다. 특히 데벤터 성 레빈학교에서 기독교 르네상스 배경에서 성장한 인문주의의 대가 아그리콜라(Rudolf Agricola, 1444-1485)의 강의를 듣고 인문학과 라틴 고전에 대한 강렬한 충동을 받게 되었으며, 기독교 인문주의 학자로 변신하는 결정적인 계기가 되었다. 뿐만 아니라, 그곳에서 성경을 사랑하는 마음과 함께 그리스도의 제자도(弟子道)가 형성되었다. 그는 인문주의의 왕자로 불리지만, 그의 인문주의는 철저하게 성경중심의 기독교 인문주의였다. 그는 일생동안 그리스도의 인격과 성품에 관심을 갖고 그리스도의 제자된 삶을 살고자 노력했다. 뿐만 아니라, 그의 작품을 통해서 거짓되고, 악폐와 구습에 노예 된 중세 가톨릭교회를 비판했고, 새로운 개혁을 위한 정의의 나팔을 불었다. 에라스무스의 외침은 중세의 지성인들을 일깨웠고, 그들에게 교회의 개혁과 갱신에 대한 깊은 문제의식을 심어주었다. 그는 성경 원어 연구에 열정을 쏟아 부었고, 정교한 헬라어 성경을 새롭게 출판했다. 유럽의 지성인들이 그 동안 제롬이 번역한 라틴어로 된 불게이트 성경만 읽어오던 데서 이제는 헬라어로 성경을 읽는 일이 가능하게 되었다. 에라스무스가 출판한 헬라어 신약 성경은 종교개혁자 마틴 루터가 즐겨 애독했던 책이기도 하다. 루터는 에라스무스의 헬라어 성경을 기초로 해서 수준 높은 독일어 성경을 출판하여 독일 국민들에게 신선한 영혼의 양식을 공급할 수 있었다. 에라스무스가 적극적으로 마틴 루터의 개혁 진영에 서지는 않았지만, 간접적으로 마틴 루터의 종교 개혁을 지원하고 지지했으며, 루터의 개혁에 적지 않은 기여를 했다는 사실은 결코 부인할 수 없다. 마틴 루터는 과감하게 부패한 로마 가톨릭 체제를 깨고 새 판을 짜길 기대했고, 그렇게 행동하고 추진하는 열정적인 개혁의 용기와 결단과 추진력이 있었다. 하지만 에라스무스는 그런 점은 부족했다. 그는 종교개혁에 대한 루터의 열망에 찬동하기는 했지만, 교황과 불화하고 교회를 분열시키는 그를 따를 수가 없었던 것이다.[177] 수많은 대학에서 에라스무스를 자기들의 대학 강당에 묶어두고 싶어 했다.[178] 그러나 에라스무스는 한 곳에 매여 있기를 원치 않았다. 그는 체제에 얽매이기보다 자유롭고 싶었다. 그는 권력의 그늘 아래서도, 모든 책임으로부터 멀리 떨어져 유익한 책을 집필하며 그 시대에 영향을 주는 삶을 살고 싶어 했다.[179] 그는 가톨릭 체제를 유지하면서, 그 체제 안에서 교회를 개혁하길 간절히 기대했다. 에라스무스는 하나님께서 그에게 주신 은사를 십분 발휘했으며, 자기 시대에 자기 자리를 지키면서 자기 역할과 사명을 충실히 감당했고, 마틴 루터의 종교개혁과 하나님 구속 역사에 일정 부분 귀하게 쓰임 받게 되었다.

---

177) Tony Lane, 『기독교사상사』 (서울: 나침판, 1991), 248.
178) Stefan Zweig, 『에라스무스 평전』, 정민영 역, (경기 파주: 아롬미디어, 2008), 51.
179) Stefan Zweig, 『에라스무스 평전』, 정민영 역, (경기 파주: 아롬미디어, 2008),, 53.

# 에라스무스와 루터의 생애와 사상

# II

# 마틴 루터

# 제1장

# 유년 시절

루터는 1483년 11월 10일 독일 동부 아이스레벤(Eisleben)에서 태어났다.[1] 아이스레벤은 독일어 '아이스'(Eis)와 '레벤'(Leben)의 합성어로 직역하면 '얼음 인생'이 된다. 참으로 그 지역명이 묘하게도 루터의 생애와 오버랩 되고 있다. 루터는 중세 가톨릭교회의 부정과 부패와 비 진리에 맞서서 목숨을 내걸고 치열한 싸움을 싸우며 얼음장 같이 차갑고 힘든 일생을 보내왔다.[2] 루터는 그의 아버지 그로스 한스 루터(Gross-Hans Luther)와 마가레타 지글러(Margaretta Ziegler)사이에 장남으로 태어났다.[3] 그가 태어난 다음날이 성 마틴(St. Martin)의 기념일이었으며, 그날에 피터 교회에서 영세를 받게 되었다. 그래서 그의 이름이 마틴 루터가 되었다.[4]

그의 부모는 루터가 태어나기 얼마 전에 그 마을로 이주해 왔으며, 원래 살던 곳은 보니파키우스(Bonifacius, 680-754)가 독일인에게 처음으로 복음을 전했던 곳이었다. 루터가 태어난 지 6개월이 지나서 가족은 만스

---

1) Lewis W. Spitz, *The Reformation*, 서영일 역, 『종교개혁사』 (서울: 기독교문서선교회, 1997), 50.

2) 2016년 7월 4일자 국민일보 29면 참조함.

3) William R. Estep, *Renaissance and Reformation* (Grand Rapids: Eerdmans, 1992), 239; 이상규, 『교회 개혁사』 (서울: 성광문화사, 1997), 43; 오덕교 교수는 여덟 자녀 중에서 둘째 아들로 태어났다고 했다. 오덕교, 『종교개혁사』 (수원: 합동신학대학원출판사, 2007), 57.

4) 이상규, 43.

펠드(Mansfeld)에 정착하였다. 그곳은 하르츠 산맥의 풍부한 탄광 지역의 중심지였다. 부모는 하급 신분의 교육받지 못한 가난한 농부의 아들이었다. 부모는 가난했지만 정직하고 부지런하며 경건한 삶을 사는 분들이었다. 특히 아버지 한스는 빈농의 아들로 살다가 후에 광부로 전업하였으며 오래지 않아 광산주(鑛山主)까지 되었다. 루터는 자신의 촌스러운 배경을 결코 부끄러워하지 않았다. 그는 멜랑히톤에게 자신이 농부의 아들임을, 아버지도 할아버지도 그리고 조상들 모두가 진정한 농부였음을 자랑스럽게 이야기하곤 했다. 루터의 어머니는 산에 가서 나무를 해 등에 지고 다녔다. 아버지와 어머니는 참으로 억척스럽게 일하며 자녀를 양육했다.[5] 자녀가 8명이나 되었지만 가족은 경제적으로 별 어려움이 없었으며 루터의 경우도 대학까지 교육을 받을 수 있었다.[6] 루터의 소년 시절은 그렇게 행복하지 못했던 것 같다. 그의 부모들은 매우 엄격하게 자녀를 훈육했던 것 같다. 루터는 장성한 후에도 그가 받았던 혹심한 처벌에 관해 언급하곤 하였다.[7]

---

5) Philip Schaff, *History of the Christian Church*, 『교회사 전집 7』, 박종숙 역, (고양: 크리스찬다이제스트, 2004), 99.6

6) Spitz, *The Reformation*, 50-51.

7) Justo L. Gonzalez, *The Story of Christianity*, 서영일 역, 『종교개혁사』( 서울: 도서출판 은성, 1994), 29; 루터의 어머니는 그가 약간의 견과를 훔쳤다고 호되게 벌을 주었으며, 루터는 자신이 아버지 말을 듣지 않고 도망을 갔다고 심하게 구타를 당했으며, 이로 인해 아버지에 대해서 원한을 가졌던 기억이 있다고 했다. 김해연, 『기독교 종교개혁사』(사울: 도서출판 은성, 1994), 51; 학교에서 라틴어 대신에 독일어로 말했다는 이유로 열다섯 대의 회초리를 맞은 일이 있었다. Steven Ozmment, *The Age of Reform*(1250-1550), 손두환? 강정진 역, 『개혁의 시대』 (서울: 도서출판 칼빈서적, 1998), 72; 이상규, 『교회개혁사』 (서울: 성광문화사, 1997), 44; Earle E. Cairns, *Christianity Through the Centuries,* 김기달 역, 『서양 기독교사』 (서울: 보이스사, 1990), 424.

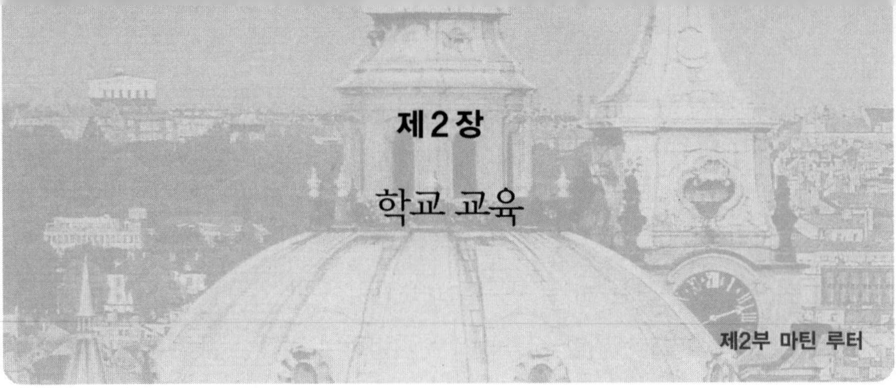

# 제2장

## 학교 교육



루터는 14세까지 만스펠드에 있는 학교에 다녔으며, 그 후 1497-1498년 마그데부르그(Magdeburg)에 위치한 공동생활 형제단에 의해서 운영되었던 중등학교에서 공부를 했다.[8)] 여기에서 루터는 처음으로 성경을 볼 수 있었다. 이곳에서의 경험을 그는 평생 잊을 수가 없었다. 그 후 그는 대학교로 진학하기 전 아이젠나흐(Eisenach)에 있는 학교를 3년 이상 다녔다. 루터는 학교생활에서 우수한 성적을 받았을 뿐만 아니라, 탁월한 라틴 학자로서의 자질을 갖추었다.[9)]

그 후 1501년 18살 나이에 “만스펠드 출신 마틴 루터”라는 이름으로 그는 에르푸르트(Erfurt) 대학에 입학하였다.[10)] 그 대학은 1392년에 세워졌고 그 당시 독일에서 최고의 대학에 속했다. 그 대학에서 주로 스콜라 철학을 공부하였는데, 논리학, 수사학, 물리학, 형이상학 등을 공부했다. 그 학교는 실재론(Realism)과 유명론(Nominalism)에 대한 논쟁이 치열하게 일어나고 있었다. 즉 보편개념(Universalia)이 객관적 실재로 있는 것

---

8) Hyma, *The Christian Renaissance,* 610; 오덕교 교수는 루터가 공동생활 형제단이 운영하는 Magdeburg 라틴학교에 입학하여 많은 신앙적 영향을 받았다고 기록하고 있다. Lindsay 교수도 루터가 Magdeburg 학교에서 공부했음을 인정하고 있다. Lindsay, *The Reformation*, 8; 오덕교, 57.

9) William R. Estep, *Renaissance and Reformation* (Grand Rapids: Eerdmans, 1992), 113.

10) Spitz, *The Reformation*, 50-51.

인지, 아니면 단순한 이름으로서 주관적으로 마음속에만 존재하는 것인지에 대한 논쟁이었는데, 당시에는 유명론이 대세를 이루고 있었다.[11)]

다른 한편으로 인문주의적 연구가 전 유럽에 걸쳐 부흥하여 지적 문화와 자유로운 사고를 위한 새로운 지평을 열어가고 있었다. 헬라어로 된 헬라어 문법책이 처음으로 독일 에르푸르트에서 출판되었다. 루터는 고대의 고전에 대한 연구를 소홀히 하지 않았고, 특히 케케로, 베르길리우스, 플라우투스, 그리고 리비우스 등을 공부하였다. 루터는 라틴어 공부를 충실히 했기에 우아하고 세련되게 사용할 수는 없었어도 분명하고 힘있게 표현할 수 있었다. 헬라어 지식은 비텐베르크에서 교수로 재직한 후에 취득하게 되었다. 고전 문화에 있어서는 에라스무스나 멜랑히톤, 칼빈과 베자의 수준에 달하지는 못했지만, 사고의 독특성과 독창성 그리고 모국어의 탁월한 구사 능력은 어느 누구에게도 뒤지지 않았다. 루터는 언제나 언어를 성령의 검을 보관하는 칼집으로 여겼다. 루터는 문헌적 탐구뿐만 아니라, 어린 시절 간직했던 음악에 대한 사랑도 발전시켰다. 그는 노래 부르기를 좋아했고, 악기를 연주했다. 루터는 시인이었고, 음악가였고, 탁월한 웅변가요, 신학자였다. 루터는 음악은 하나님의 소중한 선물이라고 생각했다. 슬픔과 악한 생각에 대한 좋은 처방이며, 악마의 공격을 방어하는 효과적인 무기라고 생각했다. 시적인 그의 자질은 그가 남긴 고전적 찬송을 통해 빛나고 있으며, 어머니에게서 이어받아 재치와 유머가 풍부하였다.[12)]

루터의 도덕적 행위는 거의 흠이 없었다. 종교개혁에 의해 자신의 신

---

11) Philip Schaff, *History of the Christian Church,* 『교회사 전집 7』, 박종숙 역, (고양: 크리스찬다이제스트, 2004), 99.
12) Philip Schaff, *History of the Christian Church,* 『교회사 전집 7』, 박종숙 역, (고양: 크리스찬다이제스트, 2004), 99-100.

분이 세상에 노출되었을 때에도 수많은 적들이 루터를 중상 비방했지만, 그의 도덕적 평판에는 감히 흠집을 내지 못하였다. 그는 미사에 정기적으로 참석하고 진실한 가톨릭 교도가 하는 매일의 헌신도 준수했다. 기도를 열심히 하는 것은 연구의 절반이나 다름없다는 것이 루터의 좌우명이었다. 그는 성모 마리아를 헌신적으로 경배했다. 20살이 되었을 때 대학 도서관에서 라틴어 성서 전체를 볼 수 있었다. 교회에서 듣고 배운 것보다 훨씬 많은 내용을 성경이 담고 있다는 사실에 놀라며 즐거워했다. 사무엘에 관한 이야기며 그의 어머니 한나에 관한 내용들을 기쁘게 읽었다. 하지만 수도원에 들어가기 전까지는 성서에 대한 체계적인 연구를 시작하지는 않았다. 또한 성서에서 사랑과 자비의 하나님을 아직 찾지 못하고 공의와 진노의 하나님만을 알고 있었다. 주로 개인적 구원에 관심이 있었고, 자신의 죄악에 힘든 고민을 거듭하던 우울한 시기이기도 했다.[13)]

루터의 아버지 한스는 루터가 대학에 감으로 인해서 자기 가족들의 신분을 상승시켜 주고, 안정된 부를 축적할 수 있는 법률가가 되기를 간절히 기대했었다.[14)] 에르푸르트 대학은 유명론이 성행하고 있었고, 루터는 유명론의 영향을 많이 받게 되었다. 루터가 수학하던 에르푸르트 대학은 당시 비엘의 제자들이 가르치고 있었다.[15)] 이 비엘은 독일의 공동생활 형제단에서 중요한 역할을 했던 인물이며 유명론 신학의 대가였

---

13) Philip Schaff, *History of the Christian Church,* 『교회사 전집 7』, 박종숙 역, (고양: 크리스찬다이제스트, 2004), 100.

14) Carter Lindberg, *The European Reformations* (Malden: Blackwell Publishing, 2006), 57.

15) 당시의 루터의 선생들은 Johannes Nathin과 Bartholomaus Arnoldi of Usingen 등이었다. 이들은 유명론의 대표자들이었다. McGrath, *The Intellectual Origins of the European Reformation* (Oxford: Blackwell Publishing, 2004), 104; Lane, 238.

다.[16] 에르푸르트 대학은 독일 대학 중 인문주의적으로 가장 발달되어 있었고, 루터는 새로운 운동의 영향 아래 놓이게 되었다. 루터는 결코 완전한 의미의 인문주의자는 아니었다 할지라도 이 운동의 열정을 공유했는데, 이것은 고대 언어, 특히 그리스어 연구와 성서와 교회 교부들의 저작에 근거한 스콜라 신학의 비판에서 그러하였다.[17] 이곳에서 루터는 빠른 성장을 보였다. 그는 법률뿐만 아니라 키케로의 작품도 읽었고, 중세 교회의 위대한 신학 서적들을 읽었다. 그 위에 그는 14세기 교황들의 위협 가운데서도 굳세게 버티며 저항했던 영국의 프랜시스칸 옥캄의 윌리엄(William of Ockham, 1285-1349)[18]이 쓴 작품들을 마음으로 깨닫기까지 읽고 또 읽었다. 그는 오캄의 윌리엄을 '나의 친애하는 스승 오캄의 윌리엄' 이라고 다정하게 불렀다.[19] 루터는 이곳에서 1502년 가을 학사학위(B.A.)를 받았고, 1505년 석사학위(M.A.)를 취득했다.[20]

---

16) Owen Chadwick, *The Reformation*, 서요한 역, 『종교개혁사』 (서울: 크리스챤다이제스트, 1999), 43; 이상규, 44; 시카고의 휘튼 칼리지의 교수였던 Earle E. Cairns는 에르푸르트 대학에 윌리엄 옥캄(William Ockham, 1280-1348)의 유명론을 추종하는 교수들이 포진하고 있었다고 했다. 옥캄은 계시가 신앙에서 유일한 인도자이고, 이성은 철학의 진리의 인도자라고 했다. 루터가 에르푸르트 대학에서 공부하는 가운데, 인간이 진리를 알고 구원을 받기를 원한다면 하나님의 개입이 필요한 것임을 암시받았을 것이고 했다. Earle E. Cairns, *Christianity Through the Centuries*, 김기달 역,『서양 기독교사』 (서울: 보이스사, 1990), 424.

17) Williston Walker, *A History of the Christian Church*, 송인설 역, 『기독교회사』 (고양시: 크리스챤다이제스트, 2002), 478.

18) William of Ockham(1285-1349)은 중세 스콜라 신학자요, 철학자이다. 영국에서 태어나 1310년에 프란체스코회에 들어갔고, 1318년과 1324년에 옥스퍼드에서 공부했다. 그는 아리스토텔레스의 철학 체계를 기독교 교리에 적용시킨 것을 비판했다. 토마스 아퀴나스를 추종하는 자들은 하나님을 이성으로 이해할 수 있다고 믿었으나, 옥캄의 윌리엄은 오직 믿음으로만 하나님을 이해할 수 있다고 주장했다. 교회사 대사전 II, 807.

19) Lindsay, *The Reformation*, 8.

20) Spitz, *The Reformation*, 50-51.

# 제3장

# 수도사 생활

루터는 1505년 무더운 7월 초에, 그의 부모를 방문하고 에르푸르트로 돌아가는 도중에 무시무시한 벼락을 만났다. 그 벼락으로 인해서 같이 동행했던 친구가 벼락을 맞고 즉사하는 끔찍한 광경을 목격했다. 그때 마음에 큰 변화가 일어났다. 그는 죽음의 위기 가운데서 법관이 되고자 했던 자기 진로를 포기했다. 그 무서운 번개로 인해서 죽음의 공포에 사로잡혀 벌벌 떨면서, 루터는 아버지가 섬기던, 광산업의 수호성인인, 성 안나(St. Anne)에게 맹세를 하게 된다. 그는 땅에 완전히 엎드려서 맹세하기를, "살려 주십시오. 성 안나여! 그러면 제가 수도사가 되겠습니다." 번개는 그에게 하나님의 심판의 표현이었다. 이 사건 이후에 그는 자신의 영혼을 구원하기 위해서 수도원으로 들어가고자 결단했다. 그리고 서약을 지키기 위해 에르푸르트에 도착하는 즉시 어거스틴 수도원에 들어가서 수도사로서의 삶을 출발하게 되었다.[21] 루터는 에르푸르트에 있는 22개의 수도원 중 어거스틴 수도원을 택했다. 이곳은 어거스틴 수도원의 엄수파 지부로서 수도사들이 수도원 생활을 신실하게 추구했던 곳이다. 에르푸르트 총회는 매우 우수한 학문성을 가지고 있었다. 수도원

---

21) Ronald H. Bainton, *Here I Stand: A Life of Martin Luther* (Nashville: The Parthenon Press, 1950), 34.; Williston Walker, *A History of the Christian Church* (New: Charles Scribner's Sons, 1918), 337.

회원들 중에는 대학교 신학과 교수들도 있었다. 루터가 공식적으로 수도원에 들어가자 그에게는 불가타 성경이 개인용으로 주어졌다. 그리고 비엘의 『미사 법전』(*Canon of the Mass*)을 연구하기 시작했다.[22)]

루터는 수련자의 기간 동안 수많은 기도의 모임들 그리고 경건과 겸손한 삶을 훈련시키기 위해 계획된 규칙과 규율에 익숙해지게 되었다. 그 곳에 들어간 지 첫 해가 지나기 전에 루터는 수련자에게 요구된 모든 것을 성실하게 수행했고 최종적 맹세를 하기에 이르렀다. 두 번째 해가 지나자 그는 부친과 만스펠드에서 온 20명의 친구들 앞에서 화려한 연주가 진행되는 가운데 사제직을 수임 받게 되었다. 아들이 법률가가 되기를 희망했던 아버지 한스의 방향에 불순종한 루터였지만[23)], 그 사제직을 수임하는 의식은 정말 잊을 수 없는 생애의 기념비적인 순간이었다.[24)] 1507년 5월에 첫 미사를 직접 집전했다. 1507-1509년까지 루터는 기초신학을 연마하는데 최선을 다했다.[25)]

루터는 금욕적이고 엄격함을 요구하는 수도원 생활을 모범적으로 수행해갔다. 그러면서도 놀라운 학문적 진보를 이루어갔다. 그는 수도원에서 자신이 경험했던 극단적 고행의 삶을 이렇게 묘사하고 있다. "나는 20년 동안 수도사의 삶을 살았다. 나는 수많은 기도와 금식과 철야를 했고, 죽을 것 같은 추위를 견디기도 했다. 이런 고행을 통해서 내가 추구

---

22) William R. Estep, *Renaissance and Reformation* (Grand Rapids: Eerdmans, 1992), 114.
23) 루터의 아버지 한스는 루터가 법률가가 되어 가문의 영광을 드러내주기를 기대하면서 기쁜 마음으로 값비싼 책들을 사서 공부하도록 온갖 배려를 해 주었던 것이다. 한스 루터는 아버지와 상의 없이 수도원에 들어간 아들에게 배신감을 느꼈던 것이다. *Encyclopedia Britannica Dictionary,* vol. 23, 364.
24) William R. Estep, *Renaissance and Reformation* (Grand Rapids: Eerdmans, 1992), 114.
25) Estep, 115; Bainton, *Here I Stand: A Life of Martin Luther*, 48-49.

했던 것은 오직 하나, 하나님을 발견하는 것이었다. 내가 얼마나 수도원의 규율을 철저하게 준수했으며, 그토록 엄격한 삶을 살았는지 누가 헤아릴 수 있겠는가?"[26]

루터는 수도사 생활을 하면서 수도원에서 요구하는 모든 규율을 철저하게 지켰다. 그는 피나는 노력을 통해서 하나님을 발견하길 원했고, 구원의 확신을 얻고자 했다. 그러나 그토록 처절한 노력을 통해서도 그는 둘 중 어느 것도 발견하지 못했다. 양심의 가책은 더했고, 그가 얻은 것은 아무 것도 없었다. 그는 절망할 수밖에 없었다.[27]

---

26) 루터의 글은 E. G. Schwiebert, *Luther and His Times: The Reformation from a New Perspective* (St. Louis: Concordia, 1950), 150.에서 인용함.

27) Estep, 115.

# 제4장

# 진리의 발견



루터가 어거스틴 수도원에서 보배와 같이 소중한 스승을 만나게 되었는데, 그분은 바로 요한 스타우피츠(Johann von Staupitz) 박사였다. 요한 스타우피츠 박사는 루터가 입소한 그 수도원 원장이었다. 그는 루터의 잠재력과 가능성을 인지하고 있었다. 또 루터의 갈등과 고뇌를 깊이 헤아리고 있는 자애심 깊은 사람이었다. 그는 루터의 목자요, 스승이 되어주었다. 요한 스타우피츠 박사는 고뇌하고 갈등하고 있는 루터에게 로마를 방문할 수 있는 기회를 제공했다. 요한 스타우피츠 박사는 루터가 거룩한 도시 로마를 방문하면서 신성한 유적지를 답사하며 성지를 순례를 하게 되면 그의 우울증이 치유되지 않을까 생각했다. 그러나 로마의 방문은 루터에게 더 큰 실망을 안겨주었다.[28]

그는 수십만 명의 순례자들이 로마를 방문했고, 성지 순례를 통해서 기적들을 체험했다는 이야기도 듣고 있었다. 그는 기독교계에서 가장 신성한 제단들로 알려진 교회에서 드려지는 미사에 참석했다. 그는 로마 라테란의 성 요한 기념 성당에 있는 빌라도의 계단으로 알려진 스칼라 상타(Scala Sancta) 계단 위를 무릎으로 기어서 올라갔다. 그 계단은 28개로 되어 있는데, 매 계단을 오를 때마다 주기도문을 암송했고, 그 계단

---

28) William R. Estep, *Renaissance and Reformation* (Grand Rapids: Eerdmans, 1992), 115.

에 입을 맞추었다.[29] 루터는 이런 행위를 통해서 연옥에서 한 영혼이 구원받기를 바라는 간절한 마음으로 계속하였다. 그러나 마지막 계단에 올랐지만 그의 마음에는 사죄의 영적인 평안을 찾을 수 없었다. 그는 그곳에서 하나님의 특별한 공로와 은총을 얻고자 했으나 오히려 로마교회에 대한 회의가 증폭되었다. 그는 당시 일기에서 "오! 나의 죄, 죄"라고 기록하고 있다. 결국 루터는 로마 가톨릭 교회가 구원의 참된 길을 제시하는지를 심각하게 질문하게 되었다. 그때부터 루터는 고행이나 순례가 구원의 확신을 줄 수 없다고 생각하기 시작했다. 로마 방문 후에 루터의 마음은 불안하고 공허했다.[30]

그의 스승인 요한 스타우피츠 박사는 루터에 대한 애정을 갖고 그를 돕고자 여러모로 애썼다. 그는 루터에게 교수직을 위해 박사 과정을 밟고, 대학에서 설교하며 강의토록 하였다. 요한 스타우피츠 박사는 루터가 성경을 연구하고 학생들을 가르침으로 그의 고민이 해결될 수 있지 않을까 생각했다. 그리하여 루터는 스타우피츠 박사의 지도를 받아 학위 과정을 마쳤다. 1512년 10월 19일에 신학 박사학위를 취득했다. 그 후 스타우피츠 박사는 루터를 프리드리히 선제후에게 비텐베르크 대학의 교수로 추천하였다. 루터는 비텐베르크 대학에서 1513-1515년까지 시편을 강의했고, 1515년 가을 학기부터 1516년까지 로마서를 강의했고, 1516년부터 1517년까지 갈라디아서를 강의하였다. 그가 비텐베르크 대학에서 성경을 연구하고 강의를 하게 된 것은 하나님의 특별한 섭리였고, 크나큰 은혜였다. 루터는 이 과정을 통해서 그리스도를 인격적으로 만나게 되었다. 특별히 시편 22편은 루터에게 엄청난 충격을 제공하였다. "나의 하나

---

29) Ibid., 115.
30) 서요한, 『종교개혁사』 (서울: 그리심, 2013), 150.

님 어찌하여 나를 버리셨나이까?" 라는 고백은 그리스도의 고난을 암시하는 다윗의 예언임을 인식하였다. 그 후 그는 "어찌하여 하나님의 아들이 고난을 당해야만 했는가?" 에 대하여 고민하였다. 결국 그는 하나님으로부터 끊어져 멸망 받아야 할 자신을 위해 그리스도께서 죽으셨음을 깨달았다. 이 각성을 통해서 루터는 복음에 대한 근본적 자각과 통찰력을 얻게 되었다. 즉 모든 것을 용서하시는 하나님의 은혜와 충분하고 완전한 예수님의 십자가 공로를 이해하게 되었다. 지금까지 그는 하나님을 심판하시는 심판주로만 생각해 왔었다. 하지만 이제 그는 하나님을 자비로우시며 은혜가 충만한 분으로 이해하게 되었다.[31)] 많은 학자들은 그가 처음으로 이신칭의(以信稱義)의 의미를 명확히 깨닫게 된 것이 이 시기였다고 믿고 있다.[32)] 루터는 그의 위대한 스승 요한 스타우피츠 박사가 그에게 얼마나 큰 영향을 주었는가를 이렇게 고백하고 있다. "만약에 내가 스타우피츠 박사님을 만나지 못했다면, 아마도 나는 지옥으로 가라앉았을 것이다."[33)]

루터는 로마서를 연구하던 중에 "복음에는 하나님의 의가 나타나서 믿음으로 믿음에 이르게 하나니, 기록된바 오직 의인은 믿음으로 말미암아 살리라 함과 같으니라."(롬 1:17). 이 말씀을 온 마음으로 영접하고 하나님의 의(義)에 대해서 깊은 깨달음을 얻게 되었다. 그는 그리스도인들에게 주어지는 의(義)가 로마 교회가 가르치는 성례와 선행에 의해서 주어지는 능동적인 의(義)가 아니라, 오직 예수님을 믿는 자에게 하나님의 은혜로 주어지는 수동적인 의(義)임을 깨닫게 되었다. 마침내 루터는 하

---

31) 서요한, 『종교개혁사』, 150-151.
32) Bainton, *Here I Stand: A Life of Martin Luther*, 60-67.
33) Ibid., 53.

나님 앞에서 의롭게 되려는 외적인 노력들은 다 쓸모가 없는 것임을 깨닫게 되었다. 그리고 칭의는 오직 믿음을 통해서 받게 되는 하나님의 선물임을 깊이 인식하게 되었다.[34] 루터가 믿음으로 의롭게 된다는 이 이신칭의(以信稱義)의 진리를 깨닫게 되었을 때의 소감을 이렇게 발표하고 있다. "그 때 내가 의인들이 하나님의 은혜로, 즉 믿음으로 구원을 받게 된다는 하나님의 의(義)를 분명하게 깨닫게 되었다. 복음을 통해서 계시되는 하나님의 의(義)는 수동적인 의(義)로 이해되어야 한다. 즉 '의인은 믿음으로 살리라.' 말씀과 같이 하나님께서 자비를 통해서 믿음으로 사람을 의롭게 하신다. 그 놀라운 진리를 깨닫게 되었을 때에 나는 새롭게 거듭나게 되었다는 느낌을 강하게 받았고, 나 자신이 활짝 열린 문을 통해서 낙원에 들어가게 되었음을 확신하게 되었다."[35]

즉 이 복음의 참된 진리를 깨닫게 된 루터는 생명의 위협을 두려워하지 않고 1517년 10월 31일 그의 나이 서른네 살 때에, 면죄부 판매와 교황권 남용에 반대하는 내용을 담은 95항목들의 논제들을 비텐베르크 대학교회 정문에 내걸었다. 이것이 16세기 종교개혁의 도화선이 되었고, 전 유럽을 개혁의 소용돌이 속에 말려들게 했고, 세계 역사의 중대한 획을 긋게 되었다. 그렇게 해서 루터는 종교개혁자로서의 위대한 생애를 시작했다.[36]

---

34) 서요한, 151-152.

35) E. G. Schwiebert, *Luther and His Times: The Reformation from a New Perspective* (St. Louis: Concordia, 1950), 285-286에서 인용함.

36) Steven Ozment, The Age of Reform(1250-1550), 손두환 · 강정진 역, 『개혁의 시대』 (서울: 도서출판 칼빈서적, 1998), 71.

# 제5장

## 개혁자의 길



루터가 비텐베르크 대학에서 교수로 재직하고 있을 때, 성자들의 유골을 수집하고 그 유골을 경배하는 일이 보편화되어 있었다. 로마 교회는 거짓 교리와 거짓 가르침으로 무지한 백성들을 현혹했다. 로마 교회들은 성골을 수집 보관하며 성지 순례자들에게 보여 주면서 돈벌이를 했다. 성자들의 유골을 구경하면 연옥에서 수련 기간이 짧아진다며 거짓 주장을 일삼았다. 면죄부 제도는 공덕 사상에 기초해 있다. 중세 로마 가톨릭에 의하면 그리스도, 성모 마리아, 그리고 성자들은 죄 없이 거룩한 삶을 살았고, 지상의 삶에서 많은 선행을 행하며 공덕을 쌓았기 때문에 그들의 선행과 공덕은 하늘나라 창고에 가득 쌓여 있다고 했다. 대부분의 기독교인들은 공적보다는 죄를 더 많이 짓고 자신들의 생애를 마감했기 때문에 죽어서는 자신들의 죄 값을 연옥 형벌을 받으면서 탕감해야 된다고 가르쳤다. 연옥에서 고통과 고난을 견디면서 자신의 죗값을 다 지불한 영혼들은 천국에 들어갈 수 있다고 했다. 그래서 죽은 자들의 친척들과 친구들이 연옥에서 고통 받고 있는 자들의 고난의 시간을 단축시켜 주기 위해서 죽은 자들을 위한 미사를 드려주어야 하며, 죽은 자들을 위해서 면죄부를 구입해야 한다고 가르쳤다. 그리고 로마의 교황만이 그리스도와 성자들의 공적을 살아 있는 자들과 죽은 자들에게 양도할 수 있는 면죄부를 판매할 수 있다고 주장했다.[37] 이런 거짓과 사기적 발상으로 로마 교회는 면죄부를 판매해서 자신들의 탐욕을 충족시켜 갔다. 루터의 고백과 같이 당시 로마 교황청이 지상에서 가장 유해(有害)하고 썩고 악취를 풍기는 장소였다.[38]

역사의 주관자이신 하나님께서 이토록 썩고 부패한 로마 교황청을 더 이상 간과하지 아니하셨다. 불굴의 용기와 진리를 위한 신념이 탁월했던 마틴 루터를 정의의 사자요, 개혁의 큰 용장으로 준비시켜 오셨다. 이 사람 루터를 의의 병기로 사용하셔서 로마 교황과 교황청에 선전포고를 하도록 역사하셨다. 그 첫 번째 선전 포고가 바로 비텐베르크 성문 교회 입구에 내건 95개 논제를 대자보로 내건 사건이었다.

루터는 그 당시 만연한 교회의 악습과 면죄부 판매에 대한 적대감이 컸다. 루터가 신앙의 양심과 성경 진리의 관점에서 볼 때, 면죄부 판매는 그냥 지켜보고 침묵만 해서는 안 될 일이었다. 그 속에서 의분(義憤)이 일어났다. 면죄부 판매상 요한 테첼(Johann Tetzel)은 서커스 단원들이 가지고 다니는 북을 울리면서 면죄부 판매를 부추겼다. 면죄부를 구입하는 사람들은 모든 죄에 대해서 전적인 용서를 받게 된다고 했다. 연옥에서 받게 될 모든 형벌을 면할 수 있다고 했다. 백성들의 감정에 호소하는 설교를 했다. “너희 죽은 가까운 친척의 영혼 구원을 위해 죄를 깊이 뉘우치고 고백하고 기부하라.” “돈궤에 동전 떨어지는 소리가 댕그랑 나는 순간 연옥에서 천국으로 그 영혼이 뛰어오르게 될 것이다.”[39]

이에 맞서 루터는 일 년 이상 면죄부 판매에 대해 비판의 내용을 보강하고 다듬으면서 비판의 강도를 높여갔다. 95개 논제는 이런 과정에서

---

37) William R. Estep, *Renaissance and Reformation* (Grand Rapids: Eerdmans, 1992), 117-118.

38) Martin Luther, *Martin Luther's Three Treatises*, 284.

39) Estep, 118-119.

나온 최종적 무대였음을 보여준다.[40] 논제에서 성 베드로 성당의 건축을 위한 불법 모금을 공격했다. 교황이 무모하게 자신의 사죄권을 남용하고 있다고 비난했다. 백성들이 거짓 교리에 속고 있음을 고발했다. 연보궤에 넣은 돈이 바닥에서 딸랑 소리를 내자마자 영혼이 연옥에서 빠져나온다고 설교하는 것은 하나님의 인정을 받지 않은 것이며, 거짓된 내용임을 주장했다. 면죄부에 의해서 자신의 구원이 확실하다고 스스로 믿는 모든 사람은 그렇게 가르치는 자들과 함께 영원한 저주를 받을 것이라고 경고했다. 면죄부가 없어도 진정으로 회개하는 그리스도인은 그 누구든지 형벌과 죄로부터 완전한 죄사함을 누리게 된다고 주장했다. 교황이 면죄부를 강매하는 졸개들의 행위를 안다면 양들의 가죽과 살과 뼈로써 성 베드로 성당을 세우느니 그 성당을 불태워 재로 만드는 것이 더 좋을 것이라고 했다. 면죄부 상인들로부터 구슬림을 당하여 돈을 빼앗긴 사람들에게 교황은 성 베드로 성당을 팔아서라도, 그리고 자신의 재산으로 그 돈을 갚아주어야 한다고 했다. 면죄부 상인들의 뻔뻔스러운 설교와 방종에 대적하는 자가 복이 있을 것이라고 했다. 이런 거짓된 면죄부에 대한 가르침과 설교들을 묵인하는 주교들과 사제들과 신학자들은 이에 대해서 엄중한 책임을 져야 할 것이라고 했다.

더 나아가 루터는 교황의 거짓됨과 위선과 모순됨을 이렇게 고발하고 있다. "왜 교황은 사랑과 그 영혼들의 최고의 필요를 위해서 연옥에서 모든 영혼들을 해방시켜주지 않는가? 이것은 도덕적으로 모든 이유들 가운데 최고의 이유일 것이다. 그러면서도 성 베드로 성당을 건축한다는 아주 사소한 목적으로 인하여 가장 썩어지기 쉬운 것인 돈을 받고서 헤아릴 수 없는 많은 영혼들을 구원하고 있다."(82항) 루터는 또 이렇게 질

40) Estep, 119.

문을 던지고 있다. "왜 불경한 죄인들이 이 지상에서 돈을 지불해서 연옥에 있는 영혼들을 구원할진대, 왜 교황은 돈의 지불 없이 연옥에서 고통 받고 있는 자들의 구원을 허용하지 않고 있는가?"(84항) 또 이런 질문을 던진다. "오늘날 교황의 수입은 세상에서 제일 부유한 부자의 수입보다도 더 많다. 그런데 왜 교황은 가난한 신자들의 돈이 아니라, 자신의 돈으로 성 베드로 성당 같은 성당을 세우지 않는가?"(86항) 마지막 95항에서 루터는 결론적으로 이렇게 자기주장을 설파하고 있다. "이같이 하여 그리스도인으로 하여금 평안에 대한 그릇된 확신이 아니라, 많은 고난을 통하여 하늘에 들어간다는 확신을 더 확고하게 가질 수 있도록 해주어야 한다."(95항) 면죄부만 사면 모든 것이 형통하고 만사가 잘 될 것이라는 거짓 가르침을 듣고 거짓 평안에 안주하고자 하는 자들을 질책하며, 바른 진리를 좇아서 살고 좁은 길을 가면서 많은 고난을 통하여 천국에 들어간다는 복음의 진리를 분명하게 가르쳐야 한다는 것이다.[41)]

루터가 95개 논제를 라틴어로 썼다. 곧바로 독일어로 번역되었다. 2주 안에 그것들은 유럽 전 지역으로 알려졌고 읽혀졌다. 한 달 내에 영국에까지 알려졌다. 독일에서 면죄부 판매에 미칠 손상을 염려한 마인쯔 대주교였던 알베르트는 로마 교황 레오 10세에게 복사본을 보냈다. 교황은 다른 문제로 골머리를 앓고 있었기 때문에, 그 문제를 심각하게 받아들이지 않았다. 교황은 어리석게도 이 문제의 심각성을 예상하지 못했고, 이 문제를 단순히 어거스틴파 수도사들과 도미니칸 수도사들 간에 언쟁으로 취급했다. 되돌아보면 이것은 큰 실수를 자행한 것이다. 그 당시 루터의 강습이 그렇게 엄청난 결과를 초래하리라고 예상을 못했다. 왜냐하

---

41) Philip Schaff, *History of the Christian Church*, 『교회사 전집 7』, 박종숙 역, (고양: 크리스찬다이제스트, 2004), 138-146.

면 면죄부 문제는 존 위클리프 시대부터 계속적으로 제기된 문제였기 때문이다. 하지만 이번 경우는 달랐다. 그 공격은 새로운 동력, 즉 루터의 십자가 신학으로 발화되었기 때문이다.[42)]

루터가 95개 논제를 발표함으로 인해서 교황이 입은 손해는 막대했으며 급격하게 수입이 줄어든 것이다. 루터의 논제를 읽은 사람들이 면죄부를 사지 않았던 것이다. 뿐만 아니라, 루터가 95개 논제에서 제기한 내용들이 로마 가톨릭 교회의 가르침과 신학 사상에 근본적인 문제 제기를 했다. 이로 인해서 루터는 공개적인 신학 토론장에 참석하여 자신의 주장을 피력해야 했다.

1518년 4월 26일에 하이델베르크에서 공개토론회가 열렸다. 원수들이 루터를 이단자로 몰아 화형시킬 각오를 하고 있었지만, 루터는 자신의 소신을 밝히고 진리를 증언하고자 하이델베르크로 갔다. 루터는 그곳에 가서 로마서 1:17절과 10:10절 말씀에 기초해서 믿음으로 말미암는 구원의 진리를 담대하게 전했다. "그러므로 '행함이 없이' 라는 말씀을 다음과 같이 이해하기를 바랍니다. 의로운 사람은 아무 것도 행하지 않는 것이 아니라, 그의 행위가 그를 의롭게 하지 못한다는 것입니다. 하지만 그의 의는 선한 행위를 창조할 수 있다는 것입니다."[43)]

도미니칸 수도사였던 마틴 부처(Martin Bucer, 1491-1551)는 이 하이델베르크 논쟁에 참석했다가 루터의 십자가 신학을 듣게 되었다. 루터의 성경에 대한 깊은 신뢰, 질문에 대한 정중한 태도, 그리고 용기를 갖고 자신의 입장을 분명하게 밝히는 그의 자세를 보고 큰 감동을 받았다. 마

42) William R. Estep, *Renaissance and Reformation* (Grand Rapids: Eerdmans, 1992), 119.
43) Ibid., 122.

틴 부처는 이 사건 이후에 곧바로 도미니칸 수도회를 탈퇴했고, 루터의 사상적 제자가 되었다.[44] 그리고 평생 동안 개신교 진영의 종교개혁자로 큰 역할을 감당했다. 마틴 부처는 스트라스부르크에서 모범적으로 종교개혁을 이루었고, 기라성 같은 종교개혁자들의 목자 역할을 감당했다.[45] 후에는 영국에 건너가서 에드워드 6세의 종교 개혁을 도왔고, 영국 종교개혁에도 귀하게 쓰임 받았다.

1519년 6월 27-7월 15일까지 라이프치히에서 두 번째 논쟁이 있었다. 루터는 비텐베르크 동료 교수였던 칼슈타트와 최근에 비텐베르크 대학의 교수로 등용된 멜랑히톤(Melanchthon, 1497-1560)과 함께 4륜 마차를 타고 라이프치히로 갔다. 이때 200여 명의 비텐베르크 학생들이 마차 옆을 호위하였다. 6월 27일에 먼저 칼슈타트(Karlstadt, 1480-1541)와 요한 에크(John Eck, 1486-1443)간에 논쟁이 있었다. 에크는 결투용 칼과 같이 날카로운 지성과 탁월한 기억력의 소유자였다. 논쟁자로서 뛰어난 능력은 익히 잘 알려지고 있었다. 에크는 칼슈타트를 훨씬 능가하는 말솜씨를 자랑했다. 탁월한 논쟁가인 에크는 칼슈타트를 보기 좋게 패배시켰다.[46]

7월 4일에는 루터와 에크가 대결했다. 에크는 보다 예민한 주제를 끄집어내어 논쟁하면서 상대방을 당황하게 만들었다. 에크는 “우리는 로마

---

44) William R. Estep, *Renaissance and Reformation* (Grand Rapids: Eerdmans, 1992), 122.

45) 마틴 부처는 존 칼빈에게 큰 영향을 주었다. 칼빈이 스위스 제네바에서 추방을 당했을 때, 그를 스트라스부르크로 초대하여 프랑스 난민들 목회를 하도록 주선해주었다. 그리고 칼빈의 결혼까지 주선해주었다. 칼빈은 마틴 부처의 섬김 아래 스트라스부르크에서 3년 간 목회가 자기 생애에 가장 행복했다고 진술했다. 뿐만 아니라, 마틴 부처는 쯔빙글리, 불링거, 멜랑히톤에게도 적잖은 도움을 준 인물이다.

46) Estep, 125-126.

교회가 실베스터 교황 전에 존재했던 교회 위에 있지 않다는 것을 부인한다. 대신에 성 베드로의 자리와 신앙을 소유한 자는 항상 베드로의 후계자로 간주되며 그리스도의 대리자로 간주되었다고 주장한다."는 내용을 읽었다. 이에 루터는 예의를 갖추고 정중하게 요한 에크의 주장을 수용할 수 없다는 자신의 입장을 밝혔다. 대신에 루터는 교회가 그리스도 위에 설립되었으며, 베드로 위에 설립된 것이 아니라고 했다. 그리스도가 교회의 머리이지, 교황이 교회의 머리가 아니라고 주장했다. 루터는 자신의 주장을 확증하기 위해서 성경을 인용했고, 초대 교회 교부들과 교회 역사를 회고하며 자신의 주장이 정당함을 입증했다.[47] 이에 에크는 자신의 주장을 보강하기 위해 허위 이시도리안 교령집을 인용했다. 루터는 에크의 주장을 반박했다. 루터 자신이 역사 비평학에 근거하여 연구한 바에 의하면, 이시도리안 교령집은 허위이며, 로마의 주장 역시 거짓되다고 주장했다. 이미 로렌조 발라(Lorenzo Valla, 1407-1457)와 니콜라스(Nicholas of Cusa, 1401-1464)가 모두 독립적인 연구를 통해 이시도리안 교령집이 거짓됨을 증명했다. 하지만 루터는 그러한 연구서들을 접할 수 있는 기회가 없었다. 루터가 에크를 상대하며 기대 이상으로 논쟁에 임하는 것을 본 사람들은 놀라지 않을 수 없었다. 루터가 방대한 양의 자료들을 외우는 기억력에서 에크에게 결코 뒤지지 않았다. 성경 지식에서는 에크를 훨씬 앞질렀다. 진리에 대한 헌신은 투명했다. 이 한 주제만을 가지고도 일주일을 보낼 정도로 논쟁이 뜨거웠다. 에크는 루터만큼 철저한 준비를 하지 못했음을 공식적으로 사과하였다. 또 그는 루터가 이 주제에 대한 책을 쓰고 있었기 때문에 자신보다 많은 자료를 잘 정리

47) William R. Estep, *Renaissance and Reformation* (Grand Rapids: Eerdmans, 1992), 126.

했을 것이라고 변명했다.[48)]

에크는 이 논쟁에서 루터를 이길 수 없음을 간파했다. 에크는 정당하지 않은 방법으로 루터를 무너뜨리고자 했다. 그는 루터를 이단자로 몰아가기 위해서 필사적인 노력을 기울였다. 그는 루터를 보헤미아 인으로 고발했고, '색슨 지방의 후스' 라고 고소했다. 그는 루터가 주장하는 내용들은 영국의 존 위클리프와 보헤미아의 존 후스가 주장했던 내용과 동일하며, 그들은 모두 교회와 종교회의에서 이미 정죄를 받았다고 주장했다. 에크의 음흉한 의도가 명백하게 드러났다.[49)]

이 사건을 계기로 해서 루터는 대학 도서관을 뒤져서 1415년 콘스탄스 공의회에서 존 후스를 이단으로 정죄했던 조항들과 후스의 작품들을 철저하게 연구할 수 있는 기회를 가졌다. 존 후스의 작품을 연구하는 가운데 루터는 후스의 사상 중 기독교적이고 복음적인 면들을 발견하고 후스의 주장이 잘못되지 않다고 주장했다. 에크는 루터가 이미 이단으로 정죄를 받았던 후스의 주장을 용인하고 지지한다는 것은 루터 자신에게 엄청난 손상을 가져옴에도 불구하고 후스를 지지하는 그를 보고 충격을 받았다. 이 라이프치히 논쟁의 광경을 목격했던 한 사람은 이런 고백을 하고 있다. "이 한 가지 사실을 말하지 않을 수 없다. 나는 그 논쟁에 참석을 해서 직접 들었고, 게오르그 공작 앞에서 있었던 일이다. 마틴 루터는 요한 에크에게 이런 말을 했다. "존경하는 박사님, 후스파의 견해가 모두 틀린 것이 아닙니다." 그러자 공작 게오르그는 모든 청중들이 들을 수 있도록 큰 소리로 외쳤다. "하나님이여, 우리를 도우소서. 저 전염병 같은 자를!" 그리고 머리를 흔들면서 손을 허리에 대고 팔꿈치를 옆으로

48) Ibid., 126.

49) William R. Estep, *Renaissance and Reformation* (Grand Rapids: Eerdmans, 1992), 126-127.

벌렸다."[50]

루터와 에크는 계속해서 연옥, 면죄부에 대해서, 참회(고백성사)에 대해서 논쟁했다. 에크가 성경의 본의를 망각한 채, 중세 교회의 빗나간 가르침과 자신의 궤변을 정당화하기 위해서 부적절하게 성경을 인용해 가는 모습을 지켜보다 루터는 지쳐버렸다. 루터는 마지막으로 에크의 신앙의 문제점을 간파하고 그에게 가시 돋친 한마디를 했다. "신성한 박사께서 물거미가 물을 꿰뚫어보듯이 성경을 보고 있지만, 악마가 십자가로부터 도망을 가듯이 당신이 성경의 본의에서 도망치는 모습을 보고 슬픔을 금하지 못하겠습니다. 모든 교부들의 이름을 걸고 말합니다. 나는 미래의 심판자들에게 맡겨주신 성경의 권위를 더 존중합니다."[51]

라이프치히 논쟁을 통해서 루터는 로마 교회의 가르침과 주장을 거절했다. 루터는 과거에 공적으로 취했던 것보다 더욱더 담대한 자세로 나아갔다. 그의 신앙의 고결성은 이단의 정죄를 받고 순교를 당한 존 후스를 지지하고 확증케 했다. 그가 논쟁을 하는 가운데 그의 높은 학문성이 돋보였고 기독교 인문주의적 소양이 출중함을 보여주었다. 마침내 그의 주위로 기독교 인문주의자들이 모여들기 시작했다. 그들은 루터에게서 자신들과 같은 정신이 흐르고 있음을 보았다. 그들은 루터의 용기를 인정했고, 열렬히 성원했으며, 본문 비평의 방법으로 성경을 문법적?역사적으로 해석하고 확증하는 그의 입장을 인정했다. 그 가운데서도 그들에게 가장 인상적인 것은 루터의 하나님에 대한 바른 인식이었고, 그리스도 안에서 계시되었고 신약성경에 기록된 구원의 복음에 전적으로 헌신하는

---

50) Ibid., 127.
51) William R. Estep, *Renaissance and Reformation* (Grand Rapids: Eerdmans, 1992), 127.

그의 자세였다.[52]

라이프치히 논쟁을 끝내고 에크는 로마로 돌아가서 루터와 그 동조자들을 비난하기 위해 모든 노력을 경주하였다. 루터 파문 교서가 1520년 6월 15일에 완성되었다. 1520년 10월 3일에 에크는 루터 파문 교서를 비텐베르크 대학 총장에게 보냈다. 그는 루터의 잘못된 주장들을 금지할 것을 요구하면서, 복종하지 않을 시에는 교황이 대학의 자유와 특권을 취소할 것이라고 위협하였다. 비텐베르크 대학의 교수들과 선제후의 고문들은 여러 가지 이유를 들어 그 교서의 공표를 거부하였다. 프리드리히(Frederick, 1462-1525) 선제후는 카를 5세의 대관식을 위해 아헨으로 오는 중이었으며, 통풍으로 쾰른에 체류 중이었다. 거기서 미사가 끝난 후인 11월 4일 교황의 사절인 알레안더(Jerome Aleander, 1480-1542) 추기경으로부터 루터 파문 교서를 받았고, 그대로 시행하라는 정중한 말과 함께 루터를 벌하거나 로마로 보내도록 요구받았다. 그러나 프레드리히 선제후는 조심스럽게 대답을 보류했다. 그리고 당대 최고의 지성인이요, 인문주의 학자였던 에라스무스의 충고를 구했다. 그때 에라스무스는 유머러스하면서도 아주 미묘한 대답을 했다. “루터는 두 가지 죄를 범했습니다. 하나는 교황의 삼중관을 건드린 죄고, 다른 하나는 수도사들의 배를 건드린 죄입니다.” 선제후는 이 말을 듣고 의미심장한 미소를 지었다고 한다. 에라스무스의 조언을 듣고 프리드리히 선제후는 자신이 루터에 대해서 호의적인 견해를 취한 것이 합당하다고 생각했다.[53]

이 일 외에도 에라스무스는 어려움에 처해 있는 루터를 위해서 적잖

52) Ibid., 127.

53) Philip Schaff, *History of the Christian Church*, 『교회사 전집 7』, 박종숙 역, (고양: 크리스찬다이제스트, 2004), 194-199. 340.

은 노력을 했다. 에라스무스는 선제후 프리드리히에게 1519년 4월 14일에 개인적인 편지를 직접 써서 루터의 입장을 두둔하며 우호적인 발언을 했다. "저는 루터를 잘 모릅니다. 그러므로 친분 때문에 그에게 호의를 보내고 있다는 것은 합당하지 않습니다. 저는 루터의 책을 거의 넘겨보지 않았기에 그의 견해를 전파할 수 없습니다. 그런데 제가 아는 사람들 중에 루터의 삶을 칭찬하지 않는 사람은 없습니다. 루터는 개인적인 탐욕이나 야망이 없는 사람입니다. … 그러나 아무도 그를 권면하거나, 가르치거나, 교정해주지 않고 있습니다. 그들은 단지 루터가 이단이라고만 외치고 있을 뿐입니다. 고대 작가이건 현대 작가이건 아무런 오류가 없는 작가는 한 사람도 없습니다. 학교에서 가르치는 모든 것이 신(神)의 뜻이라면 왜 학교들은 그들의 주장이 서로 불일치하는 것입니까? 소르본느 대학의 박사들조차도 오직 공모(共謨)할 때 외에는 일치를 하지 않습니다. 기독교의 가장 좋은 부분은 그리스도인의 삶입니다. … 왜 우리는 치유하여 살리기보다 정복하여 짓뭉개기를 더 좋아합니까? 오류가 없는 그로 하여금 상한 갈대처럼 꺾지 말고 꺼져가는 불을 끄지 마십시오. 가장 현명하신 군주시여, 당신은 기독교를 보호해야 할 책임을 맡고 계십니다. 한 죄 없는 사람이 경건의 구실 아래 불경건에 정복당하는 것은 마땅치 않는 일입니다. 교황 레오도 이것을 바라지 않을 것입니다. 죄 없는 자를 보호하는 것이 그에게는 중요한 일이기 때문입니다."[54] 루터의 생명을 좌지우지할 수 있는 선제후에게 제국 추방령을 받은 루터를 위해서 이렇게 호의적이고, 그의 무죄를 변호하는 글을 쓴다는 것은 결코 쉬운 일이 아니다. 1525년 자유의지 논쟁으로 에라스무스와 루터가 갈라서

54) Roland Bainton, *Erasmus of Christendom* (New York: Charles Scribner's Sons, 1969), 156-158.

기는 하지만, 루터는 에라스무스에게 적잖은 빚을 지고 있음에 틀림없다.

루터는 교황의 파문 교서를 각오하고 있었다. 루터는 『적그리스도의 교서에 대항하여』라는 소책자를 썼다. 이 책자에서 루터는 '저주받은 뻔뻔스럽고 악마적인 교서' 라고 부르면서, 여러 가지 점에 있어서 그 이단성을 지적하였다. 성서적 기준으로 볼 때 도리어 교황이 이단이라고 주장하였다. 교황은 루터의 모든 저작들을 태워 버릴 것을 명령했고, 몇몇 곳에서는 실제로 태워졌으며, 쾰른에서는 황제 앞에서 직접 태워졌다. 라이프치히에서도 역시 루터의 책을 태웠다. 루터는 사도행전 19장 19절에서 방대한 양의 마술 책을 태워버렸듯이 자신도 교황의 악행에 대항해서 책을 태워버릴 수 있다는 것을 보여주고자 했다. 불에는 불로, 저주에는 저주로 맞섰다. 교황이 오류가 없는 루터의 책을 태워버리라고 한 것처럼, 교황의 서적들도 옳고 그름의 구별이 없이 태워버리기로 결정하고 그의 생각을 사람들에게 알렸다. 1520년 12월 10일 오전 9시, 지켜보는 많은 교수들과 학생들 앞에서 교황의 파문교서를 불태워버렸다. 그리고 교황의 선언문, 교회법, 그리고 에크와 엠저의 저작들을 불에 던져버리면서 아간의 죄를 책망하는 여호수아의 말을 인용했다. "네가 어찌 우리를 괴롭게 하였느냐? 여호와께서 오늘 너를 괴롭게 하시리라."(수 7:25) 수백 명의 학생들이 대학 측의 한 교수에 의해 점화되어 불타는 현장에 모여 있었고, 테 데움 성가를 부르는 이들도 있었다. 교황이 내린 교회법에 대해 장송곡을 부르기도 했다.[55]

루터는 교황의 파문과 위협에 굴복하지 않고, 용감하게 정면 승부를 벌여나갔다. 그런 가운데서 루터는 교황과 교황청에 치명적인 타격을 입

55) Philip Schaff, *History of the Christian Church*, 『교회사 전집 7』, 박종숙 역, (고양: 크리스찬다이제스트, 2004), 200.

히며 적진을 무력화시키기 위한 3편의 논문을 준비했다. 이 논문은 참으로 탁월한 역작이었다. 1520년 8월에 발표한 『독일 기독교 귀족에게 보내는 편지』를 발표했다. 이 책은 아름다운 독일어로써 그의 불타오르는 신념을 기록한 책이었다. 교황권을 지탱해 왔던 교황청의 삼중 보루는 파괴되었다고 선언하였다. 교황권의 악정과 부당한 임명과 과세는 억제되어야 하며, 불합리한 직책은 철폐되어야 할 것이라고 했다.[56] 그리고 루터는 당시 로마 가톨릭 교회가 얼마나 독일 교회에 무자비한 착취를 행하고 있으며, 독일 교회가 얼마나 개혁이 절실한가를 호소하였다. 그리고 독일 기독교 귀족들이 정의의 사자로 담대하게 일어나 모든 불법을 바로 잡고 억압받는 교회를 위하여 정의를 행하며 사회 개획을 주도적으로 이끌어갈 수 있는 용기를 주시도록 기도하며 논문을 마무리하고 있다.

2개월 후에, 『교회의 바벨론 포로』를 출판했다. 이 논문은 신학적으로 가장 큰 비중을 차지하는 성례전 문제를 취급했다. 루터는 유대인들이 바벨론의 포로로 잡혀가서 70년간 비참한 포로생활을 했듯이, 당시의 교회가 7성례의 포로가 되어 있다고 주장했다. 이 논문에서 루터는 7성례와 로마의 모든 성례 제도를 겨냥하여 날카롭게 공격하였다. 성경의 지지를 받은 성례는 세례와 성만찬 두 개 뿐이라고 했다. 루터는 성만찬에서 평신도들에게 포도주 잔을 주지 않은 것을 비판했다. 그리고 로마 가톨릭의 성례전인 견진, 고해, 혼인, 신품, 종부 등은 성서적인 근거를 갖고 있지 않다고 하였다.[57]

『기독교인 자유』는 1520년 11월에 출판되었다. 『크리스찬의 자유』 논

---

56) Williston Walker, *A History of the Christian Church* (New: Charles Scribner's Sons, 1918), 344-345.

57) Ibid., 345.

문을 시작하면서 루터는 의미심장한 명제를 제시했다. "크리스찬은 더할 수 없이 자유로운 만물의 주(主)이며, 아무에게도 예속하지 않는다. 크리스찬은 더할 수 없이 충의로운 만물의 종이며, 모든 사람에게 예속한다." 이 두 명제는 서로 모순되는 것 같이 보인다. 그러나 만일 이것이 서로 잘 조화되기만 한다면 우리의 목적에 훌륭한 도움이 될 것이라고 했다. 루터는 고린도전서 9:19절과 로마서 13:8절 말씀을 인용하면서 자신의 논리를 지원한다. "내가 모든 사람에게 자유하였으나 스스로 모든 사람에게 종이 된 것은 더 많은 사람을 얻고자 함이라." "피차 사랑의 빚 외에는 아무에게든지 아무 빚도 지지 말라." 사랑은 그 본질상 언제든지 섬기도록 되어 있으며, 또한 사랑을 받는 사람에게 속하는 것이다. 이와 같이 그리스도도 만물의 주(主)이셨으나 "여자에게 나셨고 율법 아래 나셨다."(갈4:4) 그러므로 그는 '하나님의 형상'과 '종의 형상'을 입은 자유자이시며 동시에 종이었던 것이다.[58] 루터는 이 논문에서 기독교인이 누리는 자유의 가치가 얼마나 소중하며, 이 자유에는 분명한 책임이 따름을 강조하고 있다. 그리고 믿음과 선행은 결코 분리될 수 없다고 했다. 이 논문에서 루터는 개인적으로 교황에게 호의를 보이지만 실제로는 교황제와 교황권을 완전히 거부하고 있다. 루터는 이 세 편의 논문을 완성함으로 그의 복음적 신학 사상은 단단한 기초를 형성하였다.

---

58) Martin Luther, *Martin Luther's Three Treatises*, 264.

# 보름스 의회

3대 논문을 발표한 후 루터는 그의 생애 최대의 위험에 직면하였다. 루터가 교황의 교서와 교황의 선언문, 교회법, 그리고 에크와 엠저의 저작들을 불태워 버렸다는 소식이 독일과 유럽 전 지역으로 전파되면서 전 유럽은 흥분에 사로잡혔다. 교황은 1521년 1월 3일 루터에게 파문교서를 다시 내렸다. 교황이 카를 5세에게 도움을 요청했고, 색슨의 선제후 프리드리히의 동의하에 보름스에서 제국 의회가 열리게 되었다. 프리드리히가 신성로마제국의 황제 카를 5세의 삼촌이었다. 그랬기 때문에 황제도 그의 삼촌이 보호하고 있는 루터를 함부로 해할 수 없었다. 1519년에 신성로마제국의 새 황제가 된 젊은 황제 카를 5세는 호기심을 갖고 루터의 주장을 듣고자 했다.[59]

루터는 몇 친구와 함께 보름스에 도착했다. 1421년 4월 17일 수요일에 신성로마제국의 황제 카를 5세 앞에서와 6명의 선제후, 교황의 특사들, 각 계층의 고관들 앞에서 첫 번째 청문회가 열렸다. 몇 천 명의 구경꾼들이 건물 주변과 거리를 메우고서 사태의 추이를 지켜보고 있었다. 트리어의 대주교였던 요한 에크가 황제의 이름으로 라틴어와 독일어로 된 2가지 질문을 하였다. 첫째는 루터 앞에 놓인 25권의 책이 루터의 것이 맞는지의 여부와, 두 번째는 그 저술들을 취소하겠는 지의 여부였다. 루터는 그 장엄한 회의 분위기에 압도되었다. 루터는 그 책들의 저자가 자신임을 인정했다. 그러나 자신의 책과 글에서 주장한 내용을 철회할 것인지의 여부는, 그 책들이 영혼의 구원과 하나님의 말씀의 진리를 담

59) William R. Estep, *Renaissance and Reformation* (Grand Rapids: Eerdmans, 1992), 131.

고 있어 하늘과 땅 어디에 있는 것보다 더 소중한 것이기에, 생각할 시간적 여유를 달라고 겸손히 요청하였다. 루터의 그러한 신중한 답변은 용기의 부족에서 온 것이 아니라 깊은 책임감에서 나온 것이었다.[60)]

그날 저녁에 루터는 자신을 돌아보면서 친구에게 편지를 써서 일 점 일획도 철회하지 않겠다고 하였고, 그리스도가 자신을 도와줄 것을 기도한다고 하였다. 4월 18일 목요일, 루터는 두 번째로 회의에 참석하였다. 그날은 그의 삶에서 가장 중요한 날이었다. 그날은 그의 삶에서 가장 영웅적이고 숭고한 날이었다. 요한 에크는 전날에 했던 질문을 약간 수정하여 이렇게 물었다. "당신의 것이라고 인정한 모든 책들을 방어하겠는가? 아니면 일부분을 철회하겠는가?" 루터는 충분히 숙고하고 준비된 연설을 통해 담대하게 모든 사람들이 들을 수 있도록 큰 목소리로 답변했다. 자신은 수도원의 단순한 삶을 영위해온 수도사라 법정의 예절을 잘 모른다는 것을 사과하면서, 자신의 책을 세 부류로 나누어 설명하였다. 첫 번째 부류는 복음의 진리를 단순히 전달하는 책들로 자신의 동료이든 적대자이든 모두 동의하는 내용인 바, 이 책들은 철회할 수 없다고 말하였다. 두 번째 부류는 교황권의 부패와 남용으로 양심을 왜곡하고 손상시키며 독일 국가의 재산을 삼켜버리는 잘못을 지적하고 있는 책들로, 폭정과 사악함을 멈추지 않는 한 포기할 수 없다고 하였다. 세 번째 부류의 책들은 자신의 대적자들을 향한 것으로 비록 필요 이상으로 과격한 표현들을 담고 있음을 인정하지만, 자신의 주장을 철회하는 경우 대적자들이 더욱 승리감에 도취되어 사태를 더욱 악화시킬 것이 분명함으로 역시 철회할 수 없다고 답변하였다. 루터는 자신의 책을 변호하면서, 자신

---

60) Philip Schaff, *History of the Christian Church*, 『교회사 전집 7』, 박종숙 역, (고양: 크리스찬다이제스트, 2004), 236-237.

의 한 말이 악한 것이었다면 그 악한 것을 지적하고, 선한 것이라면 따라야 하지 않겠느냐는 그리스도의 말씀을 인용하였다(요18:23).[61)]

그리고 난 후, 루터는 귀를 기울이며 경청하고 있는 청중들에게 겸손한 태도로 성경에 비추어보아 자신의 잘못이 있으면 지적해 달라고 했다. 잘못을 지적해 주면 언제든지 철회하겠다고 했다. "성경에 비추어서 나의 잘못을 지적해 주시면, 나는 언제든지 나의 모든 잘못을 철회할 마음을 가지고 있습니다. 작은 책까지라도 내가 먼저 불길 속으로 던져 넣을 것입니다."[62)]

루터는 결론에서 젊은 황제에게 하나님의 말씀을 정죄하는 일로 황제의 임무를 시작하지 않도록 당부하면서, 바로와 바벨론의 왕, 그리고 이스라엘의 경건하지 못한 왕들에게 임한 하나님의 심판을 지적하였다. 답변 내용을 라틴어로 다시 하도록 요청받은 루터는 전과 동일한 흔들림 없는 모습으로 하늘의 소망을 바라보면서 답변하였다. 요한 에크는 루터의 답변이 질문의 요지를 벗어났다고 날카롭게 비난하였다. 루터의 책들은 중세에 이단으로 정죄를 받은 베가르드(Beghards), 발도파들, 리용의 가난한 사람들, 위클리프와 후스파들의 잘못들을 담고 있다고 주장했다. 이런 모든 잘못들은 이미 여러 종교회의에서 이단으로 정죄 받았기 때문에 이런 점에 대해서 다시 언급할 필요가 없다고 주장했다. 에크는 루터에게 자신만이 성경을 이해했느냐고 따져 물었다. 마치 루터가 거짓말을 쏟아내고 있는 것처럼 "내가 몇 번이고 되풀이해서 말하지만, 너의 답변을 진지하게 솔직하게 명백하게 답하라."고 했다. 그리고 "잘못을 많이

---

61) Philip Schaff, *History of the Christian Church*, 『교회사 전집 7』, 박종숙 역, (고양: 크리스찬다이제스트, 2004), 237-238.

62) William R. Estep, *Renaissance and Reformation* (Grand Rapids: Eerdmans, 1992), 132.

담고 있는 너의 책들의 잘못을 시인하느냐? 시인하지 않느냐? 너의 책들의 잘못을 취소할 것인가? 말 것인가?" 답변하라고 압박을 가해왔다.[63)]

이에 루터는 솔직했고 믿을 수 없을 정도로 용기 있게 답변했다. "고귀하신 폐하와 영주님들께서 간략한 답변을 원하시므로 진솔하게 답변하겠습니다. 성경의 증거에 의해서 명백한 이성의 확신이 없다면 (왜냐하면 나는 교황도 종교회의도 믿지 않으며, 잘 아시는 바와 같이, 그들 자체도 잘못을 범해왔고, 그들 스스로가 모순되기 때문이다.) 내가 인용했던 성경 구절에 의해서 지배를 받을 것이며, 나의 양심은 하나님의 말씀에 사로잡혀 있습니다. 나는 어떤 것도 취소할 수도 없고, 취소하지 않을 것입니다. 왜냐하면 자신의 양심을 거역하는 것이 안전하지도 않고 정직하지도 않기 때문입니다. 나는 그 어떤 것도 할 수 없습니다. 여기에 제가 서 있습니다. 하나님, 나를 도와주소서. 아멘."[64)]

분위기는 진지하였지만, 논쟁은 이렇다 할 결과가 없었다. 그러나 작센의 영주인 선제후 프리드리히 3세의 마음을 얻게 된 것은 수확이었다. 프리드리히 선제후는 슈팔라틴에게 말하면서 루터의 행위에 큰 만족을 나타냈다. 루터가 라틴어와 독일어로 황제와 모든 대표자 앞에서 아주 잘 말하였으며, 굴하지 않고 용기 있게 행동하였다고 기뻐하였다. 사려 깊은 선제후는 다만 루터가 좀 더 온건하게 행동하고 공의회를 공격하지 않았더라면 더 좋았을 것이라고 했다. 많은 고위 인사들이 밤늦게까지 루터가 머무는 숙소에 찾아와 격려하였으며, 헤센의 젊은 영주 필립 백작도 찾아와 루터를 격려했다. 그는 나중에 종교개혁을 위해 힘과 정열

63) Ibid., 132.

64) Luther, cited in *Reformation Writings of Martin Luther*, 2 vols., ed Bertram Lee Woolf (London: Lutterworth Press, 1956), 2: 155.

을 쏟아 부었다. 루터에게 가장 큰 힘이 되는 지지자들은 회의장 바깥에 있던 사람들, 즉 서민들, 애국적인 귀족들, 에라스무스 학파의 학자들, 그리고 자유를 추구하는 새로운 세대들이었다. 회의장에서 숙소로 돌아오자, 군중 속에서 어떤 사람들은 "이 아들을 낳은 태가 복이 있도다." 외치기도 했다.[65)]

마지막 회의가 끝난 세 시간 뒤, 황제는 21일 동안의 안전 통행증을 발급하면서 여행하는 동안 어떤 저술과 설교도 금지하였다. 루터는 감사를 전하고, 자신의 유일한 목적은 성서를 통해서 교회의 개혁을 이루는 것이며, 그것을 위해서 하나님의 말씀을 고백하고 가르치는 것이 허락된다면, 황제와 제국을 위해 어떤 고난도 감수할 각오가 되어 있다고 선언하였다. 이것이 황제의 특사들에게 남긴 마지막 말이었고, 악수를 나누고 헤어져 다시는 이 땅에서는 서로 대면하지 않았다.[66)]

그 후에 카를 황제는 자기가 약속한 21일 통행 안전 기간이 지난 후에는 루터를 이단자로 판결했다. "때가 이르면 어느 누구도 그를 숨겨주면 아니 된다. 루터를 따르는 자들 역시 정죄 받게 된다. 그의 저서들은 박멸하여 사람의 기억에서 사라지게 해야 한다."[67)] 이제 황제는 루터의 공민권을 박탈했고, 누구든지 그를 체포하여 사형해도 좋다는 보름스 칙령에 서명하였다.

이제 루터의 신변은 매우 위험한 상태에 놓이게 되었다. 보름스를 떠

---

65) Philip Schaff, *History of the Christian Church*, 『교회사 전집 7』, 박종숙 역, (고양: 크리스찬다이제스트, 2004), 241.
66) Philip Schaff, *History of the Christian Church*, 『교회사 전집 7』, 박종숙 역, (고양: 크리스찬다이제스트, 2004), 245.
67) William R. Estep, *Renaissance and Reformation* (Grand Rapids: Eerdmans, 1992), 133.

나 그의 고향의 집을 방문하고자 했다. 루터가 더 이상 법의 보호를 받을 수 없고, 신변이 매우 불안전하고 위험한 상태임을 직시한 프리드리히 선제후는 비밀리에 4-5명의 기사들을 보내어 여행 중인 루터를 납치하였다. 루터의 눈을 가리고 말에 태워 늦은 밤에 발트부르크(Warturg) 성으로 데리고 갔다.[68)]

비밀은 엄격히 유지되었다. 여러 달이 지나도록 선제후의 친형제인 요한조차도 루터의 소재를 파악하지 못했다. 더러는 루터가 죽었다고 생각했고, 더러는 루터가 감옥에 갇힌 채 가혹한 고문을 당하고 있다고 했다. 발트부르크 성은 아이제나흐에 솟아오른 산에 세워진 웅장한 성으로 주변이 아름다운 숲으로 에워싸여 있음으로 경관이 아주 빼어났다. 루터는 이 성에서 거의 11개월 동안 낭만적인 은거 생활을 하면서 휴식을 누렸고, 연구 활동을 했다. 그는 이곳에 체류하면서 자기 이름을 바꾸어 백작 게오르크로 통했다. 이곳에서 루터는 수사복을 벗어 던지고 신사복으로 갈아입었다. 머리와 수염을 길렀고, 그물 갑옷과 칼과 금 사슬을 착용했으며, 궁정 예법을 배웠다. 시종 둘이 그를 섬기면서 하루에 두 번씩 그의 방에 식사를 가져왔다. 식사는 수도사 시절과는 비교도 안 될 정도로 좋은 음식이었다.[69)]

---

68) Ibid., 133.

69) Philip Schaff, *History of the Christian Church*, 『교회사 전집 7』, 박종숙 역, (고양: 크리스찬다이제스트, 2004), 258-260.

# 독일어 성경 번역

루터가 발트부르크 성에서 거둔 가장 위대한 결실은 바로 독일어 성경 번역이었다. 당시 유럽에는 히브리어와 헬라어 성경을 직접 옮길 만한 역량을 가진 자가 없었다. 루터 당시에도 독일어 성경이 부분적으로 번역되어 존재했지만 불가타 성경을 그대로 독일어로 옮겨 놓았기에 불완전한 상태였다. 그러나 루터는 히브리어와 헬라어 성경을 직접 번역했기 때문에 지금까지 존재했던 번역본보다 모든 점에서 비교할 수 없을 정도로 탁월한 번역본을 만들어 냈다. 루터의 독일어 성경은 철저히 새로운 작품이었다. 루터는 성경 번역자로서 아주 보기 드문 은사들을 두루 갖추고 있었다. 히브리어와 헬라어를 친숙히 알고 있었고, 독일어를 완벽하게 구사했다. 좋은 번역이란 참되면서도 자유롭고, 원문에 충실하면서도 자국어 관용 어법을 능숙하게 사용하여 마치 자국어로 읽는 듯한 느낌을 주는 것이어야 한다. 루터의 번역이 바로 그러했다. 그의 가장 탁월한 자질은 성경의 내용에 대한 직관적 통찰력과 영적 교감이었다. 신약 성경은 1521년 12월에 번역을 시작하여 바르트부르크를 떠나기 전인 이듬해 1522년 3월에 완성했다. 그 과정에서 자신보다 훨씬 탁월한 헬라어 학자일 뿐만 아니라 히브리어에도 월등한 실력을 겸비했던 멜랑히톤의 적절한 도움을 받았다. 이렇게 하여 1522년 9월 21일에 독일어 신약 성경이 배포되었다. 12월에는 여러 곳을 수정하고 다듬어 재판을 펴냈다. 그 뒤 루터는 구약 성경을 번역하는 좀 더 어려운 과제에 착수하여, 1523년에 모세 오경, 1524년에 시편을 출판했다. 마침내 1534년에 신구약 성경이 완성되었다. 루터는 자신의 번역을 끊임없이 수정했다. 루터는 자신의 생애 동안 다섯 번의 개정판을 냈다. 마지막 개정판은 그가 죽기

일 년 전인 1545년에 출판했다. 루터의 성경 번역은 그의 천재성과 높은 학식과 경건이 어우러진 기념비적인 사역이었다.[70)]

루터는 독일어 성경을 번역하면서 에라스무스에게 많은 빚을 지고 있다. 루터는 1516년에 에라스무스가 헬라어 성경을 출판했을 때 그 성경을 구입하여 읽었다. 루터가 에라스무스의 헬라어 신약 성경을 읽으면서 이미 그 마음 가운데 독일어 성경 번역을 마음에 품기 시작했다. 루터의 독일어 성경은 역본의 구조나 논쟁되는 구절들을 취급함에 있어 철저하게 에라스무스의 헬라어본을 의존했다. 루터는 의도적으로 여러 문장에서 동사를 주어와 가깝게 두었으며, 독일 사람들이 성경 읽는 것을 듣기만 해도 쉽게 의미를 파악할 수 있게 했다. 또 문장의 활기와 힘을 주기 위해 명사와 형용사를 사용하기보다 동사를 주로 사용했다.[71)]

루터의 독일어 성경은 독일어 보급과 발전에 크나큰 기여를 했다. 표준 독일어 성경을 번역함으로 독일어의 통일을 이루었고, 독일어의 수준을 한층 격상시켰다. 루터의 독일어 성경은 독일 문학사의 금자탑이라고 해도 과언이 아니다. 이 성경 번역이 종교개혁의 든든한 토대요, 지원군 역할을 했다. 그 당시 지성인들과 백성들은 알기 쉽게 번역된 그 독일어 성경으로 인해서 루터의 주장이 성경적이며, 기존 가톨릭의 주장과 가르침이 비성경적인 내용을 담고 있음을 두 눈으로 생생하게 확인할 수 있었다. 자연스럽게 독일어 성경을 읽은 사람들은 루터의 우군으로 직?간접적으로 협력하게 되었다. 뿐만 아니라, 루터의 독일어 성경은 유럽 전역에 성경번역의 획기적인 기여를 했다. 종교개혁은 새로운 자국어 성경과 함께 힘찬 동력을 얻어갔다.

---

70) Philip Schaff, *History of the Christian Church*, 『교회사 전집 7』, 박종숙 역, (고양: 크리스찬다이제스트, 2004), 266-276.

71) William R. Estep, *Renaissance and Reformation* (Grand Rapids: Eerdmans, 1992), 136-137.

# 농민 전쟁

루터의 생애에 씻을 수 없는 오점이 있는데, 그것은 농민전쟁에 대한 루터의 과격한 입장 때문이었다. 루터가 카를 5세 황제로부터 제국 추방령을 당하고 종교개혁의 본산지인 비텐베르크를 한동안 비우고 있었다.[72] 이 무렵 루터의 종교개혁은 전국적인 사회운동으로 확대되고 있었다. 1521년 루터가 비텐베르크를 비우고 있을 때, 그 도시는 안드레아스 칼슈타트(Andreas Karlstadt, 1480-1541)의 지도하에 있었다. 칼슈타트는 루터가 유명세를 타기 전에 비텐베르크 대학에서 영향력 있는 인물이었다. 그가 그 대학에서 1512년 10월 19일 루터에게 신학박사학위를 주었다. 칼슈타트는 루터의 몇 년 선배였으며, 선배 교수였지만, 그는 루터의 가장 열렬한 추종자 중 한 사람이었다. 루터가 비텐베르크를 떠나게 되자, 그는 캐슬 교회의 부감독이 되었고, 대학교의 부총장이 되었다. 그는 비텐베르크의 지도급 종교개혁자로 부상했다. 그는 멜랑히톤, 니콜라스 폰 암스도르프, 그리고 루터를 지지했던 많은 대학교수진들의 후원을 받았다.[73]

그 무렵 유아세례를 부정하고 하나님의 말씀보다 영적체험을 중시하고 직접 계시를 주장하는 재세례파들이 등장해서 종교개혁을 혼잡케 했다. 루터가 발트부르크 성에 피신하여 두문불출하며 독일어 성경 집필에 매진하고 있을 때, 루터의 추종자들은 자신들의 대장을 잃은 병사들과

72) Williston Walker, *A History of the Christian Church* (New York: Charles Scribner's Sons, 1918), 348.

73) William R. Estep, *Renaissance and Reformation* (Grand Rapids: Eerdmans, 1992), 139.

같았다. 루터의 소재를 알 바 없는 그들은 자신들의 소견에 좋은 대로 행동하기 시작했다. 일부는 루터가 도중에 개혁을 멈추었다고 생각하고는 자신들이 나머지 과업들을 완수해야 한다고 생각했다. 그리하여 경험도 기술도 없으면서 파괴와 재건의 과업에 손을 대기 시작했다. 이로 인해서 질서가 무너지고 혼란이 초래되었고 종교개혁은 참담한 실패로 끝날 위기에 봉착하게 되었다.[74] 여기저기에서 폭력 사태가 발생했다. 어거스틴 수도원의 수도사들이 수도원 서약을 파기하고 수사복을 벗어던지고 나와서 급진적 개혁을 주장하고 행동하기 시작했다.[75]

여기에 루터가 주장한 만인제사장 사상에 영향을 받고 백성들의 의식이 깨어나기 시작했다. 정치 권력자들과 종교권력자들의 횡포와 학정에 시달리던 가난한 농민들이 개인의 자유와 인권을 주장하며 자신들의 권리를 되찾고자 하는 열망으로 봉기했다. 후에는 광산 노동자들, 도시의 시민들까지 합세를 했다. 이것이 발전하여 농민전쟁으로 번져갔다. 농민들은 내심 루터가 자신들을 지지해줄 것을 기대했다. 그러나 루터는 동참을 거부하고 오히려 적극적으로 반대하였다. 이때 억압받던 농민들이 자신들의 불만을 표출하며 농민봉기를 했다. 그들은 12개 조항을 내걸고 자신들의 권리를 회복하고자 했다. 그들은 (1) 각 공동체의 목사임명권과 해고권을 주장했다. (2) 소소한 십일조의 면제를 주장했다. (3) 노예제도 폐지를 주장했다. (4) 사냥과 수렵의 자유로운 허용을 주장했다. (5) 자유로운 땔감의 권리 보장을 요구했다. (6) 강제 부역의 철폐를 요구했다. (7) 가외 부역에 정당한 급료 지급을 요구했다. (8) 소작료 인상을 요구

74) Philip Schaff, *History of the Christian Church*, 『교회사 전집 7』, 박종숙 역, (고양: 크리스찬다이제스트, 2004), 295.
75) Ibid., 294-296.

했다. (9) 독단적 처벌의 중지를 요구했다. (10) 권력으로 무단 점유한 목초지와 밭의 환원을 요구했다. (11) 과부들과 고아들로부터 유산을 빼앗아가는 상속세를 철폐할 것을 요구했다. (12) 모든 것을 성경에 비추어 검증하고 맞지 않으면 철폐할 것을 요구했다.[76] 칼슈타트가 분별력을 잃고 이분위기에 편승하여 농민전쟁에 가담을 했다. 그의 개혁적 성향은 극단으로 치닫기 시작했고, 재세례파들과 손을 잡기도 했다. 오래지 않아 그는 루터를 배신했고, 루터와 작센 정권에 도전했다. 그는 교육을 부정하였고, 농민들과 같이 농부의 옷을 입고 살았으며, 성상을 파괴하고 성만찬에서 그리스도의 실질적 현존을 반대하였다. 토마스 뮌츠(Thomas Müntzer, 1488-1525)는 칼슈타트보다 더 급진적이었고, 더 과격한 방향으로 나아갔다. 그는 직접 계시를 주장했고, 성서의 문자에 의존하여 성경을 해석하는 루터파를 비난할 뿐만 아니라, 가톨릭파를 한결같이 공격하였다. 그는 해괴한 자기의 논리를 펼치면서 유혈적 혁명도 불사했다. 그는 농민 반란의 지도자가 되었다.[77]

비텐베르크는 대단히 심각한 상황에 처하게 되었다. 행정 당국이 서로 손발이 맞지 않아 힘을 쓰지를 못했다. 멜랑히톤은 뛰어난 학자였지만, 이런 소요와 혼란을 극복하는 지도력은 부족했다. 발트부르크 성에서 루터는 사태의 전모를 보고 받았다. 루터는 사태의 심각성을 깊이 인식하고 자신이 이 문제에 개입하여 해결책을 찾아야 함을 통감했다. 소요 사태가 갈수록 심각한 양상으로 전개되자, 루터는 자신이 투쟁의 장에 공개적으로 나서는 게 도리라고 생각했다. 그는 비텐베르크의 불을 끄기

---

76) Philip Schaff, *History of the Christian Church* (Michigan: Grand Rapids, 1910), vol 7, 443-444.

77) Williston Walker, *A History of the Christian Church* (New York: Charles Scribner's Sons, 1918), 353.

위해서 달려왔다. 선제후 프리드리히는 루터의 신변의 안전을 염려하며 은신처에서 나오지 말도록 당부를 했지만, 루터는 선제후에게 자신이 나올 수밖에 없는 절박함을 호소하며 달려왔다.[78)]

루터는 선제후 프리드리히에게 다음과 같은 편지를 보냈다.

> "하나님 우리 아버지와 우리 주 예수 그리스도께서 은혜와 평강을 내리시기를 비오며, 저의 지극히 겸비한 봉사를 바칩니다. 지극히 저명하시고 혈통이 고귀하시며 지극히 관대하신 선제후시여! 저는 출발하기 전에 당신께서 보내신 편지와 경고를 받았습니다. 지극히 훌륭한 뜻을 품고 편지와 경고를 주셨다는 것을 저는 조금도 의심하지 않습니다. 선제후님에 대한 저의 마음도 다를 바 없습니다. … 만약 우리가 순수한 복음을 갖고 있다고 확신하지 못한다면 저는 좌절할 것입니다. 제가 지닌 복음이 사람들에게서 나온 것이 아니라 우리 주 예수 그리스도를 통하여 하늘로부터 내려온 것인 줄을 선제후께서도 잘 아시리라 믿습니다. 제가 이 편지를 쓰는 목적은 제가 선제후님의 보호보다 훨씬 더 높은 보호 아래 비텐베르크로 가고 있음을 알려드리기 위함입니다. 저는 선제후님의 지원을 요청할 의도가 조금도 없습니다. 오히려 저는 선제후께서 저에게 베풀어 주실 수 있는 보호보다 더 훌륭한 보호를 제가 선제후께 제공해 드릴 수 있다고 믿습니다. 만약 제가 선제후께 의탁해야 한다고 생각했다면 아예 오지도 않았을 것입니다. 이곳에서는 칼이 무기력합니다. 인간의 간섭 없이 오직 하나님께서만 일하셔야 하는 상황입니다. 확고한 믿음을 가진 사람이라면 강력한 보호자가 될 것입니다. … 선제후께서는 이런 상황에서 무슨 일을 해 줄 수 있겠느냐

---

78) Philip Schaff, *History of the Christian Church*, 『교회사 전집 7』, 박종숙 역, (고양: 크리스찬다이제스트, 2004), 300-301.

> 고 물으셨습니까? 지극히 겸손하게 복종하는 마음으로 대답을 드리건대, 아무 일도 하지 마시고 오직 하나님만 의지하십시오. 믿음을 가지면 하나님의 영광을 보시게 될 것입니다. … 우리 함께 하나님을 사랑하고 하나님께 영원히 영광을 돌립시다. 아멘."[79]

왜 비텐베르크로 돌아가야 하느냐고 물은 선제후의 질문에, 루터는 3월 7일에 비텐베르크에서 쓴 편지에서 세 가지 이유를 제시했다. 첫째는 비텐베르크 교회가 다급하게 도움을 청하는 편지를 보내왔기 때문이라고 했다. 둘째는, 자신의 양들이 큰 혼란에 빠져 있기 때문이라고 했다. 셋째는 언제 터질 지 모르는 폭동을 막기 위함이라고 했다.[80]

비텐베르크에 돌아온 후에 맞이한 첫 주일에 루터는 자신의 옛 강단에 올라가 교회에 모인 시민들과 학생들 앞에 다시 모습을 드러냈다. 이 무렵 개신교는 매우 중대한 기로에 봉착해 있었다. 루터는 8일 동안 계속해서 하나님의 말씀을 여덟 번 전했다. 가는 곳마다 청중이 따라다녔다. 이때 전한 설교들은 효과적인 대중 연설의 전형으로서, 그가 행한 설교들 가운데서도 최상으로 꼽힌다. 그는 목회자의 관점에서 세련된 기지와 실제적 지혜를 발휘해 가며 합당한 주제들을 다루었다. 이때 전한 설교들은 그의 여러 논쟁서들을 얼룩지게 한 거칠고 상스러운 인신공격들로부터 초연히 비껴서 있었다. 불친절한 단어 한마디, 불쾌한 표현 하나도 없었다. 그는 평이하고 명쾌하고 힘있는 성경적 용어를 구사해 가며, 상대를 거명하지 않은 채 상대의 오류를 논박했다. 여덟 편의 설교를 일관되게 정리하면, 첫째는 기독교적 자유와 기독교적 자비이고, 둘째는 양

---

79) Philip Schaff, *History of the Christian Church,* 『교회사 전집 7』, 박종숙 역, (고양: 크리스찬다이제스트, 2004), 301-302.

80) Ibid., 302.

심을 형식과 규율에 예속하도록 강요한 교황제를 반대했고, 이와 정반대로 양심을 형식과 규율에 무조건 반대하도록 강요하는 급진주의적 독재를 뿌리쳐야 한다고 주장했다. 셋째는 연약한 사람들에게 긍휼을 베풀어 그들이 실족하지 않도록 어린이를 가르치듯이 온유하게 대해야 한다는 것이다. 루터는 이렇게 말했다.

> "결론적으로 나는 설교하고 연설하고 글을 쓰되 아무에게도 강요는 하지 않을 것입니다. 믿음은 자발적인 것이어야 하기 때문입니다. 이 점에서는 나를 본으로 삼으십시오. 나는 교황과 면죄부와 모든 교황파에 맞서서 분연히 일어섰으나 폭력이나 소란을 일으킨 적이 없습니다. 다만 하나님의 말씀으로 설득하고 권하고 선포했을 뿐입니다. 그랬을 때 하나님의 말씀이 교황 세력에 큰 타격을 가했는데, 그것은 어느 제후나 황제가 교황에게 가한 타격보다 컸습니다. 나는 아무 것도 한 일이 없고, 하나님의 말씀이 모든 것을 다했습니다. 만약 내가 무력에 의존했다면 독일 전역에 피가 강처럼 흘렀을 것입니다. 나는 보름스에서 투쟁에 불을 지필 수도 있었습니다. 만약 그랬다면 황제도 안전하지 못했을 것입니다. 하지만 그랬다면 어떤 결과가 빚어졌을까요? 무수히 많은 사람들의 몸과 영혼이 찢기고 상했을 것입니다. 그러므로 나는 입을 다물고 오직 하나님의 말씀이 온 세계에 자유롭게 울려 퍼지도록 했습니다. 사람들이 복음을 선포하려는 목적으로 폭력을 사용할 때 마귀가 어떻게 생각하는지 여러분은 아십니까? 마귀는 지옥 불 뒤에 팔짱을 끼고 추악한 미소를 지으면서, "이 정신나간 자들이 나의 계략대로 잘 놀아나는구나! 계속 그렇게 해라. 나는 앉아서 열매만 거두면 된다." 하고 말합니다. 그러나 하나님의 말씀이 내달아 전장에서 홀로 싸우는 것을 보면, 마귀는 무서워서 덜덜 떱니다. 하나님의 말씀은 전능하며

듣는 이들의 마음을 사로잡는 것입니다."[81]

멜랑히톤과 교수들, 행정 당국자들과 선량한 시민들은 루터의 웅변을 듣고서 흡족해했다. 슈르프 박사는 여섯 번째 설교를 듣고는 선제후에게 이렇게 편지했다.

> "마틴 루터 박사가 돌아온 일이 우리에게 얼마나 큰 기쁨을 주는지 모릅니다. 거짓 지도자들을 따라갔던 주민들이 하나님의 자비로 날마다 그의 설교를 듣고 진리의 길로 돌아오고 있습니다. 하나님의 성령께서 마틴 박사 안에 계신다는 것과, 그가 하나님의 특별한 섭리에 힘입어 비텐베르크로 돌아왔다는 것이 태양을 보는 것만큼 분명합니다."[82]

비텐베르크는 기존의 상태를 거의 회복했다. 주민들의 정서도 변화를 받아들일 만한 준비가 되어갔다. 루터 자신은 수도원으로 돌아가 수사복을 입고 금식을 실행했으나, 2년 뒤에 선제후가 새 옷을 보내오자 수사복을 벗고 그 새 옷으로 갈아입었다. 성찬을 행할 때는 떡과 포도주를 모두 사용하는 성찬을 실시했다. 그때까지만 해도 기존 가톨릭교회에서는 성찬을 할 때 일반 평신도들에게는 떡만 주고, 포도주는 주지 않았다. 그러나 루터 이후에는 일반 평신도들도 떡과 포도주를 같이 받게 되었고, 그것이 곧 보편적 관습이 되었다. 선제후도 죽기 직전에 성찬에서 포도주 잔을 받았다. 칼슈타트는 조용히 승복했으나 달가워하지는 않았다. 좌절과 실망에 눌려지내면서 루터에게 보복의 감정을 쌓아갔다. 그는 과

---

81) Philip Schaff, *History of the Christian Church*, 『교회사 전집 7』, 박종숙 역, (고양: 크리스찬다이제스트, 2004), 306-307.

82) Ibid., 307.

격하고 급진적인 개혁을 주장하는 토마스 뮌처와 편지를 주고 받았다. 그는 재세례파의 견해에도 동조했다. 그를 오래 참고 지켜보던 루터는 마침내 그를 교정 불가능한 자로 판단하고 관계를 단절했다. 루터의 동의하에 칼슈타트는 작센에서 추방을 당했다. 얼마 후에 자신의 사상을 철회하고 침묵을 지키겠다는 조건으로 귀환을 허락받았다.[83)]

농민반란을 일으킨 주체들은 루터가 자신들을 지지해 줄 것을 기대했다. 그러나 루터는 동참을 거부했다. 오히려 적극적으로 반대하였다. 루터는 봉기에 동참하는 농민들을 비난했고, 강경한 태도로 소요를 진정시켜야함을 주장했다. 이를 계기로 급진적인 추종자들은 루터로부터 멀어져 갔다. 1524년 6월 가장 큰 규모의 농민 전쟁이 일어났다. 여러 지역으로 급속히 확산되었다. 그러나 농민 봉기자들은 적절한 지도자를 얻지 못했다. 오히려 지역에 따라 온건파와 과격파 간에 이해관계가 달라 공동전선을 결성하지 못하고 연방 군주와 제후들의 무차별적인 반격으로 곧 진압되었다. 루터는 옳든지 그르든지 무장반란은 아무런 유익이 없다고 하였다. 루터는 개혁에는 평화의 길과 전쟁의 길이 있다고 했다. 그중에 평화의 길만이 오로지 영속적인 유익을 가져다준다고 했다. 칼을 가진 자는 다 칼로 망한다고 했다(마 26:52). 루터는 잘못된 길로 가고 있는 백성들을 되돌리기 위해 여러 도시를 돌며 설교 여행을 했다. 농민 전쟁이 독일 전역으로 확대되며 종교개혁의 순수한 빛을 가릴 때, 루터는 펜을 피에 찍어 탐욕과 살기에 찬 농민들을 격렬히 비난하는 성명서를 작성하였다. 그들이 복음을 구실로 마귀의 일을 하고 있다고 비난하였다. 위정자들에게 온갖 방법을 강구하여 반란자들을 미친개로 여겨 찌르고

---

83) Philip Schaff, *History of the Christian Church*, 『교회사 전집 7』, 박종숙 역, (고양: 크리스찬다이제스트, 2004), 308.

죽이고 목을 비틀라고 했다. 루터는 유혈 사태를 진압한 영주의 편에 섰다. 이로써 한 때, 루터를 지지했던 독일 제후들과 그 밖에 많은 사람들은 루터를 "사기꾼 박사"로 간주하고 비난하며 옛 교회인 가톨릭으로 돌아갔다. 루터는 평민들을 불신하였고, 평민들의 개혁을 이루려면 군주들이 앞장서야 한다고 생각하였다. 루터는 토마스 뮌처와 같은 지나친 광신주의자나 농민전쟁과 같은 과격한 반란은 다 같이 그의 종교개혁을 파멸시키는 악마의 소생으로 간주했다. 그는 하나님의 말씀에 반하는 죄악을 초래하지 않는 한 기존 권위와 권력에 대한 시민적 복종이 기독교인의 의무라고 주장했다.[84)]

작센의 공작 게오르그와 헤센의 필립은 잘 훈련받은 기병대와 보병을 지휘하며 농민반란군들을 제압해 갔다. 1525년 5월 27일 토마스 뮌츠가 체포되어 목 베임을 당했다. 이후 농민전쟁은 완전히 끝나게 되었다.[85)]

---

84) 서요한, 『종교개혁사』 (서울: 그리심, 2013), 172-175.

85) William R. Estep, *Renaissance and Reformation* (Grand Rapids: Eerdmans, 1992), 146.

# 제 6 장

## 공동생활 형제단과의 관계



루터는 아이스레벤(Eisleben)에서 출생했고 14세까지 만스펠드에 있는 학교에 다녔으며, 그 후 1497-1498년 마그데부르그(Magdeburg)에 위치한 공동생활 형제단에 의해서 운영되었던 중등학교에서 공부를 했다.[86] 루터가 마그데부르그에서 난생 처음으로 성경을 구경할 수 있었다. 루터는 마그데부르그에서의 경험을 아름다운 추억으로 갖고 있었으며, 이곳에서의 경험을 그는 평생 지울 수 없었다. 그 후 그는 대학교로 진학하기 전 아이젠나흐(Eisenach)에 있는 학교를 3년 이상 다녔다. 루터는 학교생활에서 우수한 성적을 받았을 뿐만 아니라, 우수한 라틴 학자로서의 훌륭한 자질을 갖추었다.[87] 그 후 루터는 1501년에 당시 유명론이 대세를 이루고 있었던 에르푸르트 대학에 진학을 하게 된다. 이 에르푸르트 대학에는 당시 유명론의 대가였던 가브리엘 비엘(Gabriel Biel, 1410-1495)의 제자들이 교수로 활동하고 있었다. 이 가브리엘 비엘은 공동생활 형제단이 일으켰던 데보치오 모데르나(Devotio Moderna) 운동에 30년 이상 헌신해 왔던 인물이다. 비엘은 남부 독일 데보치오 모데르나

---

86) Hyma, *The Christian Renaissance*, 610; 오덕교 교수는 루터가 공동생활 형제단이 운영하는 Magdeburg 라틴학교에 입학하여 많은 신앙적 영향을 받았다고 기록하고 있다. Lindsay 교수도 루터가 Magdeburg 학교에서 공부했음을 인정하고 있다. Lindsay, The Reformation, 8; 오덕교, 57.

87) William R. Estep, *Renaissance and Reformation* (Grand Rapids: Eerdmans, 1992), 113.

운동에서 중요한 위치를 차지했다. 그는 공동생활 형제단 운동을 비난하는 외부의 공격으로부터 이 운동을 변호하며 이 운동을 발전시킨 인물이다.[88]

청년 시절 루터는 가브리엘 비엘의 작품을 부지런히 읽었다. 루터가 종교개혁 후에 그의 동료인 니콜라스(Nicholas von Amsdorf)와 어느 날 저녁에 나누었던 대화가 알려지고 있다. 루터는 자기 친구에게 이런 고백을 했다. "가브리엘 비엘은『미사법규』에 관한 책을 썼다네. 젊은 시절, 나는 그 책을 최고의 책으로 생각했네. 그 책을 읽었을 때 나는 무척이나 기뻤다네. 나에게 성경에 대한 확신을 주는 사람으로서 비엘과 비교할 만한 사람이 없다고 생각했다네. 나는 아직도 그가 쓴 책들을 가지고 있다네."[89] 루터가 마그데부르그 시의 교회 학교에서 공동생활의 형제단 출신의 선생으로부터 교육을 받았다는 것은 거의 모든 학자들에 의해서 시인되고 있는 사실이다.[90] 무엇보다 중요한 것은 루터가 처음으로 그곳에서 공동생활 형제단과 접촉을 가졌다는 것과 그들에 의해서 신교육을 받았다는 사실이다. 더욱이 그가 그곳에 머무르고 있는 동안 그루터와 그의 제자들이 쓴 작품을 읽을 수 있었다는 사실은 그의 사상 형성에 매우 중요한 기회였던 것이다. 비록 짧은 1-2년이었지만, 루터는 그곳에서 데보치오 모데르나 운동을 접하면서 그들의 경건한 삶과 그리스도를 본받고자하는 열정을 배우게 되었던 것이다. 루터가 개혁운동을 전개

88) 김명수,『기독교 르네상스와 루터의 종교개혁』(서울: 그리심, 2015), 182-185.

89) Steven E. Ozment, *The Age of Reform 1250-1550* (New Haven and London: Yale University Press, 1980), 231-232.

90) Hyma교수, Landeen교수, Spitz 교수, Estep 교수 등은 일관되게 루터가 Magdeburg에서 공부했고 공동생활 형제단들의 경건한 신앙과 사상의 영향 받았음을 지지하고 있다. 그리고 한국에서는 홍치모 교수와 이형기 교수, 그리고 오덕교 교수가 루터가 Magdeburg에서 공부했음을 지지하고 있다.

하던 당시에도 꾸준히 공동생활의 형제들과 접촉을 가지면서 그들과 애정 깊은 관계를 지속하였다는 것이 발견되고 있다.[91] 미국 교회사 학회장을 지낸 스피츠(Spitz) 교수는 루터가 마그데부르그 시에서 공동생활 형제단으로부터 성경을 배웠고, 에르푸르트 대학에서 공부할 때 공동생활 형제단에서 훈련받은 비엘의 책이 교과서였다고 기술하고 있다.[92] 멜랑히톤의 말에 의하면 루터는 중세 말 신학에 정통해 있었을 뿐만 아니라, 비엘의 저작들에서 상당 부분들을 외우고 있기까지 했다고 한다.[93]

루터가 공동생활 형제단의 관계가 어떠했는가를 알려주는 중요한 자료들이 발견되었다. 독일의 헤르포드에 공동생활 형제단들이 활발한 활동을 하고 있었다. 헤르포드 도시가 일찍부터 루터의 개혁운동의 영향 아래 놓이게 되었다. 그곳에 야곱 몬타누스라는 공동생활 형제단의 지도자가 있었다. 이 사람은 루터의 제자요, 동역자였던 멜랑히톤의 친구였다. 그는 멜랑히톤을 통해서 루터를 알게 되었다. 몬타누스와 루터 사이에 친밀한 편지 왕래가 있었음이 확인되고 있다. 몬타누스는 루터에게 '죄의 고백' 문제에 관해서 질문하였고, 루터는 1523년 7월 26일자로 그에게 답신을 보냈다.

> "은혜와 평강이 있기를 기원합니다. 나의 가장 사랑하는 친구 야곱 몬타누스여, 언제나 나를 사로잡고 있는 한 논제가 있습니다. 그것은 그리스도의 은혜입니다. 이것이 있기 때문에, 비록 내가 자주 소식을 전하지 못할지라도 당신들과 나의 모든 친구들 사이에 유대가

---

91) Albert Hyma, *New Light on Martin Luther* (Grand Rapids: Edermans, 1958), 12; E. G. Schwiebert, *Luther and His times* (St. Louis, Mo., 1950), 112.

92) Spitz, *The Reformation*, 23.

93) Kurt Aland, *Martin Luther's 95 Theses With the Pertinent Documents from the History of the Reformation* (St. Louis, 1967), 43.

> 지속되는 것입니다. '죄의 고백' 에 관해서 질문한 당신의 편지에 관해서 말씀드리자면, 내가 확신하고 있는 것은 죄를 고백할 때 세세한 것까지 고백하지 않아도 무방하다고 생각합니다. 죄의 일반적 고백만으로도 복음의 위로와 죄의 용서함의 은혜를 받기에 충분하다고 생각합니다. 우리에게 어떤 문제들이 있는지와 나머지 문제들에 관해서는 이 편지를 전달하는 자가 당신에게 알려줄 것입니다. 플랜더스(Flanders)로부터 우리는 소식을 듣고 있습니다. 우리들의 두 형제가 브루셀(Brussels)의 광장에서 하나님의 말씀과 그리스도 안에 있는 하나님의 은혜를 주장하다가 화형을 당했다고 합니다. 반복해서 죄를 짓고 있는 이 죄인을 위해 기도를 부탁드립니다. 안녕히 계십시오.[94)]

위에 기술한 편지를 통해서 볼 때, 루터와 공동생활 형제단의 지도자였던 몬타누스 사이에 상당한 서신 왕래가 있었다는 것을 알 수 있다. 그리고 루터와 공동생할 형제단원들 간에 교류가 있었음을 알 수 있다.

다음은 루터가 헤르포드 형제단 대표인 비스캄프에게 보낸 편지이다.

> 은혜와 평강이 있기를 기원합니다. 나의 이전 편지들은 당신께는 보내지지 않았고, 다만 몬타누스에게만 보내졌습니다. 지금에서야 친애하는 제럴드 비스캄프(Gerard Wiscamp) 당신에게 편지를 쓰고 있습니다. 저는 알고 있습니다. 당신과 몬타누스가 주님 안에서 한 마음, 한 뜻을 가지고 있음을 말입니다. 당신이 몬타누스에게 이 편지를 보여줄 때, 그에게 감사하십시오. 그리고 형제단이 저를 위해서

---

94) Weimar Edition, 루터의 왕복서간집 III, 117. William M. Landeen, "Martin Luther and The Devotio Moderna in Herford", (Ann Arbor: Ann Arbor Publishers, 1962), 147-148에서 재인용.

더욱 간절하게 기도해 달라고 부탁해주십시오. 왜냐하면 형제단들의 기도 지원이 저의 첫 번째 관심사이기 때문입니다. 그리고 저는 이 경건한 사람들을 기억하면서 아주 즐거워하고 있습니다.

나의 스가랴 주석은 이제 반 정도 마무리되었습니다. 요즘 나의 건강이 좋지 않기 때문입니다. 마찬가지로, 선지서들을 독일어로 주석하는 것은 우리의 흩어짐 때문에[95] 잠시 멈추어야 할 것 같습니다. 야곱 몬타누스에게 페스트의 두려움과 루머(rumor)가 우리의 주 그리스도의 강력한 치료약으로 잠잠케 되도록 쉬지 않고 우리를 위해서 기도해 달라고 요청해 주십시오. 그리고 우리가 다시 함께 모여 우리가 시작했던 것을 끝마칠 수 있도록 기도해 주십시오. 두려움과 루머를 조장하는 것은 모두 하나님 말씀의 진보를 방해하기 위한 사탄의 수작들입니다. 당신들의 기도를 통해서 그리스도가 사탄을 우리의 발 아래로 굴복시킬 것입니다. 아멘.

우리의 아내들이 당신의 친절한 마음과 선물들로 인해서 감사하고 있습니다. 필립 멜랑히톤의 아내는 제나에 가 있고, 지금 멜랑히톤과 함께 있습니다. 부겐하겐(Bugenhagen)과 나는, 우리 아내들과 함께, 애정을 담아 당신께 인사를 드립니다. 그리고 주님의 도움과 함께 당신의 충고를 따를 것을 약속드립니다. 나의 작은 아들도 당신께 인사를 드립니다. 주님 안에서 안녕히 계십시오.[96]

이 편지를 통해서 우리는 루터와 헤르포드에 있는 공동생활 형제단 사이에 얼마나 친밀한 교제가 있는가를 확인할 수 있다. 루터는 이 편지에서 자신의 건강상태까지 언급하고 있다. 루터와 공동생활 형제단 사이

95) 당시 Wittenberg에 페스트(흑사병)가 발생하여 많은 학생들과 교수들이 다른 곳으로 흩어졌다고 함.

96) Weimar Edition, 루터의 왕복서간집 IV, 243-44, September 2, 1527. Landeem, "Martin Luther and The Devotio Moderna in Herford", 148-149에서 재인용.

에 선물을 주고받는 관계요, 루터의 아내도 그들에게 인사를 하고 있고, 멜랑히톤의 아내의 근황까지 소개를 하고 있다. 그리고 몬타누스는 루터와 공동생활 형제단 사이에 가교 역할을 하고 있음을 발견하게 된다.

종교개혁으로 인해서 많은 수도원들이 해체되었다. 헤르포드 시에서도 헤르포드 수도원을 해체하고자 결의했다. 수도원에 거주하는 사람들은 신교의 도시 교회에 참석해야 했고, 복장과 생활의 관습을 변경시켜야만 했다.[97)]

이와 같은 사실이 헤르포드 도시 당국에 의해 결정된 것을 알게 된 공동생활의 형제단과 자매단은 헤르포드 시의 결정 사항을 거절했다. 그리고 루터에게 즉시 도움을 요청했다. 곧바로 그들은 형제단의 대표인 비스캄프로 하여금 루터에게 해명서(Apology)를 발송토록 했다. 다음은 비스캄프가 마틴 루터에게 보낸 편지이다.

> 은혜와 평강이 있기를 기원합니다. 존경해마지 않는 박사요, 그리스도 안에서 아버지시여. 절박한 심정으로 우리는 당신께 이 편지와 함께 우리의 생활양식을 위한 '해명서'(Apology)를 보냅니다. 그 해명서를 우리는 2월 18일 일요일에 시의회 앞에서 읽고자 합니다. 그러므로 저는 당신께서 우리가 진술한 내용들을 읽고, 그리고 그 해명서에서 잘못된 어떤 것을 발견하거나, 똑같은 내용을 지워야할 것들이 있는지 점검해 주시길 부탁드립니다. 그리고 하나님 앞에서 진실한 것은 무엇이나 바로 서게 해주십시오. 그리고 당신이 그 해명서를 읽을 때에 하나님께서 감동을 주신다면, 아래에 당신의 서명(signature)과 함께 당신의 의견을 개진해 주십시오. 당신의 아내에게도 안부를 전해 주십시오. 하나님의 가호가 함께 하시길 바랍니다.

97) Landeem, "Martin Luther and The Devotio Moderna in Herford", 151-152.

1532년 1월 13일.[98)]

이 해명서의 요지는 첫째 자기들은 형제단이 창설될 때부터 지금까지 지속하고 있는 생활양식을 포기할 수 없다는 것과 그들의 삶이 복음의 진리에 조금도 어긋나지 않는다는 것과 그들의 자랑인 자발적인 공동생활을 그만둘 이유가 없다는 것이었다. 그리하여 루터로 하여금 자기들의 해명서를 읽고 동감하면 서명해 줄 것을 요청하였다.[99)]

이에 루터는 지체치 않고 공동생활 형제단들에게 그들의 해명서에 찬성을 하면서 답변해 주었다. 다음은 루터가 공동생활 형제단에서 보낸 편지에 대한 답신이다.

> 나 마틴 루터는 이 진술에 기독교 정신에 반하는 어떤 것도 발견하지 않았음을 인정하며, 이 편지 위에 나의 서명(signature)을 표합니다. 하나님께서 모든 수도원들이 공동생활 형제단들처럼 그렇게 열심히 하나님의 말씀을 가르치고 실천하도록 했으면 합니다.[100)]

같은 날, 루터는 헤르포드의 시의회에 공동생활 형제단을 변호하는 자신의 입장을 표명하는 편지를 보내게 되었다.

> 그리스도 안에서 은혜와 평안이 함께 하길 기원합니다. 영예로우며, 지혜로우시고, 존경받아 마땅한 시의회 의원님들! 어떤 사람들이 형제단과 자매단들로 하여금 그들의 생활양식과 옷차림을 포기하고,

98) Weimar Edition, 루터의 왕복서간집 IV, 248-49. Landeem, "Martin Luther and The Devotio Moderna in Herford", 152에서 재인용.
99) Landeem, "Martin Luther and The Devotio Moderna in Herford", 152-54..
100) Weimar Edition, 루터의 왕복서간집 IV, 255-56. January 31, 1532. Landeem, "Martin Luther and The Devotio Moderna in Herford", 154에서 재인용.

지금부터는 교구의 사제와 목사들의 신앙 형식을 따라 살도록 강요한다는 것에 대한 나의 의향을 말씀드립니다. 특히 신성한 문제에 있어서, 불필요한 변화는 모든 사람이 평화롭고 안온한 가운데 예배를 드리고 일을 해야 할 때, 그 마음에서 매우 위협이 되게 하고, 양심이 확신 없이 움직이게 된다는 사실을 잘 알고 계시리라 믿습니다. 형제단과 자매단들은 당신들 가운데서 복음을 가장 먼저 받아들인 사람들이며, 바른 삶을 살며, 존경할 만한 행동을 하며, 잘 정돈된 공동체입니다. 그리고 그들은 진리의 말씀을 가르치고 실천하는 삶을 살고자 힘쓰고 있습니다. 시의원님들께서 형제단과 자매단이 이 문제에 대해서 불안과 실망을 경험하지 않도록 선처해 주시기를 제가 진정으로 원하는 바입니다. 그리고 그들이 복음의 진리를 위반하지 않는 한에서 평소에 입고 있었던 성직(聖職) 복장을 허용해주시고, 지금까지 해온 관습들을 용인해 주시길 부탁드립니다. 왜냐하면 공동생활 형제단에서 세운 수도원들과 공동생활 형제단 집에서 헤아릴 수 없을 정도로 저를 기쁘게 해주었습니다. 저는 하나님께서 세상의 모든 수도원들이 이들과 같이 행하도록 했으면 좋겠다는 소신을 갖고 있습니다. 그렇게 된다면, 모든 교구들, 도시들, 그리고 모든 지역이 잘 공헌할 것이며, 충고를 잘 따르게 될 것입니다. 저를 용서하여 주십시오. 그러나 시의원님들께서 이 문제를 그리스도의 뜻을 따라 어떻게 지혜롭게 처리해야, 목사도 교구도 고통을 당하지 않고 오히려 유익을 얻고 개선되는 길인지 알고 계실 것입니다. 저는 여러분들을 주님께 추천하겠습니다. 1532년 1월 31일. 비텐베르그에서 작성됨.[101]

중세 수도원 제도의 파괴자[102]로 불리워지는 루터가 준수도원 생활양

---

101) Weimar Edition, 루터의 왕복서간집 IV, 254-55. Landeem, “Martin Luther and The Devotio Moderna in Herford”, 154-155에서 재인용.

식[103])을 고집하는 공동생활 형제단과 자매단을 이토록 적극적으로 지지하고, 변호해 주었다는 것은 참으로 놀라운 일이 아닐 수 없다. 어떻게 하여 루터가 그렇게까지 그들을 적극적으로 변호해 주었던 것일까? 수년간 헤르포드에 있으면서 루터의 개혁운동을 협력해 주었던 형제단의 대변자요, 인문주의자인 몬타누스와 맺었던 우정 때문이었을까? 그러나 루터가 헤르포드 시의회에 보낸 편지에는 위에 언급한 의도는 전혀 찾아볼 수가 없었다. 루터가 공동생활 형제단을 적극적으로 변호해 준 이유는 분명하다. 루터가 쓴 서신을 분석해 보면 다음과 같은 구절이 있다: "형제단과 자매단들은 당신들 가운데서 복음을 가장 먼저 받아들인 사람들이며, 바른 삶을 살며, 존경할만한 행동을 하며, 잘 정돈된 공동체입니다. 그리고 그들은 진리의 말씀을 가르치고 실천하는 삶을 살고자 힘쓰고 있습니다." 그리고 또 이런 표현이 있다: "공동생활 형제단에서 세운 수도원들과 공동생활 형제단 집에서 헤아릴 수 없을 정도로 저를 기쁘게 해주었습니다. 저는 하나님께서 세상의 모든 수도원들이 이들과 같이 행하도록 했으면 좋겠다는 소신을 갖고 있습니다."

또 루터가 헤르포드 공동생활 형제단의 대표였던 비스캄프와 교사요, 대변자였던 몬타누스에게 보낸 편지에 이런 표현이 있다. "당신들의 옷 입는 방식과 다른 칭찬받는 생활 관습은 복음을 해치지 않습니다." "그러므로 당신들은 당신들의 현재의 상태로 확고하게 서 계십시오. 그리고 당신들이 참으로 하고 있는 그와 같은 생활 방식으로 복음을 충실하게

102) Justo L. Gonzalez, *The Story of Christianity*. Vol. II, (New York: Harper Collins, 1985), 14.

103) 준수도원 생활이란 수도원처럼 평생 수도원 규칙대로 살겠다고 맹세하지 않고, 공동생활을 하며, 복음의 진리를 따라 사는 것이다. 자신이 원하면 공동생활을 그만둘 수도 있다. 그러나 한번 그만두면 다시는 재가입이 불가능하게 했다. Landeem, "Martin Luther and The Devotio Moderna in Herford", 159를 참조하라.

전파해 주세요.” 반면에, 공동생활 형제단을 배척하는 목사들을 향하여는 “오늘날 세우지 않고 파괴하는 쪽으로 치우쳐서 미친듯이 날뛰며, 방탕하며, 훈련받지 못한 사람들” 이라고 과격한 표현을 하고 있는 것을 보게 된다.[104)]

이 말을 볼 때 단순히 몬타누스나 비스캄프나 그의 몇몇 동료들과 맺은 우정을 상하지 않기 위해서 그들의 난처한 처지와 입장을 변호해 준 것이 아님을 보게 된다. 오히려 공동생활 형제들이 하나님 말씀에 철저하게 순종하며 범사에 모범적인 삶을 살고 있는 것에 감동을 받고, 그와 같은 적극적인 변호를 하였다고 추정할 수 있다. 심지어 루터는 헤르포드의 신교 측 목사들을 향하여는 “미친 듯이 날뛰며, 방탕하며, 훈련받지 못한 사람들”이라고까지 과격한 언사를 사용했다. 이 점을 감안해 볼 때, 그가 형제단의 생활을 전적으로 이해하고 온 마음으로 지지하지 않고는 감히 그와 같은 표현을 쓰지 않았을 것이다.

루터의 형제단들에 대한 찬동과 지지로 인해서 헤르포드의 신교측 계획은 좌절당하게 된다. 루터파 목사 존 데이어(John Deryer)는 루터가 형제단의 존재를 그대로 인정하고 변호를 해주었다는 데 대하여 몹시 불평하였다.[105)] 루터파 목사들은 공동생활 형제단의 존재를 그대로 인정하고 그들에게만 특혜를 베풀게 되면 헤르포드의 도시민들이 똑같은 요구를 하게 될 것이고, 결과적으로 종교적 대혼란이 초래될 것이라면서 계속해서 문제제기를 해왔다.[106)] 그 이후에도 형제단은 외부세계로부터 수차례

---

104) Weimar Edition, 루터의 왕복서간집 IV, 255-56. 1월 31일,1532년. Landeem, “Martin Luther and The Devotio Moderna in Herford”, 154에서 재인용.

105) William M. Landeen, “Martin Luther and The Devotio Moderna in Herford”, (Ann Arbor: Ann Arbor Publishers, 1962), 156.

106) Ibid., 157.

공격을 받았으나 끈기 있게 잘 참아냈다. 루터 역시 헤르포드에 거주하면서 활동하고 있는 형제단과 자매단에 대해서는 시종일관(始終一貫) 그들의 특이한 생활방식에 대하여 우호적인 견해를 갖고 있었고, 자기를 지지해 주고 있는 과격분자들에게 이들의 입장을 이해시키느라고 마음고생을 많이 하였다. 비록 형제단의 외적인 생활양식은 루터와 달랐을지라도 복음의 진리와 은혜 안에 굳건하게 서려는 정신과 의도는 양측이 모두 같았기 때문에, 루터는 진정 그들을 이해하였고, 그들의 적극적인 협력자요 우군이 되어 주었던 것이다.[107)]

107) Ibid., 156-161.

# 제7장

# 가정생활과 최후

농민전쟁이 어느 정도 끝났을 때에, 루터는 1525년 6월 13일 동안에 16세 연하의 수녀 출신 카트리나 폰 보라(Catherine von Bora, 1499-1552)와 결혼하였다. 루터는 그의 논문『독일 크리스천 귀족들에게 보내는 글』에서 수도사들의 독신제도를 날카롭게 비판했다. 교황이 악마의 올가미로 많은 불쌍한 사람들을 교살하고 있다고 했다. 교황의 법령이 결혼을 반대함에도 불구하고 결혼 생활을 반대하는 교황의 법령은 끝이 났다고 했다. 교황의 교령보다 남편과 아내를 떼어 놓지 말라는 하나님의 계명이 훨씬 월등하다고 했다. 어떤 경우에도 하나님의 계명은 교황의 계율에 의하여 파괴되거나 무시되어서는 아니 된다고 했다.[108] 루터는 결혼하여 그의 부친을 기쁘게 해드리고 싶었다. 그의 결혼은 기독교 사제관을 세우는데 커다란 충격을 주었다. 루터로 인해서 중세교회의 독신주의가 허물어지고 있었다. 루터는 카트리나와 결혼하여 어거스틴 수도회의 빈 집에서 함께 살았다. 가톨릭 진영은 루터의 결혼을 저주했으나 루터는 하나님의 축복하심으로 아들 3명, 딸 3명을 낳고 행복하게 살았다. 카트리나는 적은 사례비로도 가정을 알뜰하게 잘 꾸려나갔다. 카트리나의 참을성은 대단했으며 다혈질적인 성급한 남편을 잘 감당했고, 자녀들을 잘 양육했다. 그녀는 지성미를 구비했으며, 프로테스

108) Martin Luther, *Martin Luther's Three Treatises*, 94-100,

탄 가정생활의 모범을 보여주었다.[109] 루터는 자신의 결혼 생활에 만족하면서 "나는 나의 아내를 프랑스나 베네치아와 바꾸지 않을 것이다. 왜냐하면 하나님께서 그녀를 나에게 사랑의 선물로 주셨기 때문이다. 그녀는 나에게 진실하고 아이들에게 좋은 어머니이기 때문이다."[110] 루터는 1527년부터 건강이 좋지 않았다. 말할 수 없는 핍박과 위협과 오해와 중상모략으로 인해 많은 스트레스를 받았기 때문이다. 1533년 루터는 요로결석으로 고생했고, 1537년 슈말칼덴 제국 의회가 열렸을 때에는 건강이 위독한 상태였다. 1546년 2월 18일에 그는 자기가 태어난 아이슬레벤에서 하나님의 부름을 받았다.[111]

---

109) William R. Estep, *Renaissance and Reformation* (Grand Rapids: Eerdmans, 1992), 147.

110) 서요한, 『종교개혁사』 (서울: 그리심, 2013), 193-194.

111) 서요한, 194.

# 제 8 장

# 루터의 공과(功過)



루터가 독일어 성경을 번역 출판한 것은 종교개혁의 대업을 이루는데 크나큰 기여를 했다. 그러나 그가 야고보서가 복음적 성격을 전혀 갖고 있지 않다 하여 지푸라기 서신으로 평가절하 하였다. 더 나아가 히브리서와 야고보서, 유다서와 요한 계시록은 비교적 가치가 낮다고 생각했고, 성경 중에서도 그 가치의 차이가 있다고 주장했다.[112] 루터의 이러한 주장은 성경 66권의 신적 영감설을 주장하는 개혁주의 성경관에서 볼 때, 비판받아 마땅하다.

제후들과 권력자들의 횡포와 학정에 시달렸던 가난한 농민들이 자신의 권리를 주장하면서 봉기했을 때, 루터는 강경한 태도로 소요를 진압하도록 지시했다. "살해할 수 있는 폭도는 누구든지, 은밀하게든지 또는 공공연하게든지 찌르고 베어버리십시오. 폭동보다 더 치명적이고 위해적이며, 악마적인 것은 없기 때문입니다." "반란자들을 미친 개로 여겨 찌르고 죽이고 목을 비틀라."고 하였다. 루터는 철저하게 지배계급이었던 영주들 편에 섰다.[113] 이 농민 전쟁으로 인해서 15만 명의 농민들이 살해되었다. 이 사건으로 인해서 처음에 루터 편에 섰던 사람들이 옛 교회인 가톨릭으로 돌아갔고, 재세례파 쪽으로 흘러들어갔다. 루터는 제후들

---

112) Williston Walker, *A History of the Christian Church* (New York`: Charles Scribner's Sons, 1918), 349.

113) 서요한, 『종교개혁사』 (서울: 그리심, 2013), 171-175.

과 귀족 계급으로부터 정치적 도움을 받아야 개혁이 성공할 수 있다고 판단했던 것이다.[114] 농민 봉기에 대해 이토록 과격 진압을 명령했던 루터의 결정도 비판의 소지가 많이 있다.

루터가 비판을 받은 요소 중에 하나가 그의 성찬론이다. 쯔빙글리는 그리스도의 몸이 떡과 포도주 두 요소 속에 임하신다는 것을 거부하고 성찬에 참여하여 교제를 나누는 신자들의 지성과 마음속에 주님이 실제로 영적으로 임재 한다고 주장했다. 그러나 루터는 "이것은 나의 몸이다."는 말씀을 문자적으로 집착하며 그리스도의 몸이 성찬상의 떡과 포도주에 실재로 임재 한다고 주장했다. 그러나 루터는 미사문을 읽는 동안 떡과 포도주의 본질이 그리스도의 실제 몸으로 변한다는 화체설 교리를 배격했다. 루터는 자신의 주장을 받아들이지 않은 사람은 누구든지 그리스도의 교회에 속하지 않는다고 주장했다. 루터는 쯔빙글리에게 적대적인 태도를 보이면서 "나는 쯔빙글리와 그의 모든 가르침을 절대 기독교적인 것으로 인정할 수 없다"고 주장했다. 1529년 독일의 헤세의 필립공은 점증하는 가톨릭의 위협을 우려하여 개신교 진영이 연합하고 견고한 동맹을 희망하며 루터와 쯔빙글리의 합의점을 모색하였다. 그리하여 두 사람이 1529년 10월 1-4일까지 말부르크(Malburg)에 소집되어 루터와 멜랑히톤, 그리고 쯔빙글리와 바젤의 오이콜람파디우스가 참여하였다. 마틴 부처도 쯔빙글리 쪽을 지지했다. 말부르크의 종교 회의는 하나님, 그리스도의 위격, 그리스도의 사역, 원죄, 구속, 믿음, 의인, 설교, 세례, 선행, 계명, 현세의 주권, 전통, 유아세례, 성찬 등 15개의 조항을 작성하여 두 개혁자들에게 제시했다. 이들은 14조항에 동의했다. 그러나 마

114) Owen Chadwick, *The Reformation* (London: Penguin Books, 1988), 23-27.

지막 15조항 성찬론에서 그리스도의 실제 몸과 피가 육체적으로 떡과 포도주에 임재 한다는 데 동의하지 못했다. 결국 이 회합은 어떤 접촉점을 찾지 못한 채, 양 진영은 영구히 분열하였다. 루터는 알렉산드리아 학파의 기독론에 영향을 받아 부활하신 그리스도의 몸은 신성과 인성이 하나된 실체로써 보좌 우편에 계실 뿐 아니라, 성만찬 상에 출석하실 수 있다는 공재설을 주장했다. 이에 반해 쯔빙글리는 주의 만찬을 그리스도와 신자들의 공동 식사로 생각하고 그리스도가 임재한다면 본체나 실체로서 임재하는 것이 아니라 믿음의 대상으로 존재한다고 했다. 그는 안디옥 학파의 영향을 받아, 부활하신 그리스도의 몸은 하나님 보좌 우편에 계시기에 인성으로 성만찬 상에 출석할 수 없다고 했다. 단지 예수님의 십자가 희생을 감사하며 기념하는 것으로 기념설을 주장했다. 한편 칼빈은 그리스도의 육체적 임재를 강조한 루터의 사상과 구원받은 성도들이 감사의 의무로 이 의식을 실행하는 것이라는 쯔빙글리의 사상을 종합하여 영적 임재설을 주장했다.[115] 문제는 루터가 쯔빙글리와 그의 지지자들은 기독교인이 아니라고 선언한 것이다. 그때 쯔빙글리는 루터가 맹렬한 가톨릭파 옹호자인 요한 에크보다 더 나쁘다고 반박했다.[116] 자신과 의견이 맞지 않는다고 상대방을 인격 모독하고 극단적으로 비판하는 독선적인 기질은 비판받아 마땅하다.

---

115) 서요한, 『종교개혁사』 (서울: 그리심, 2013), 178-180.

116) Williston Walker, *A History of the Christian Church* (New: Charles Scribner's Sons, 1918), 364.

# 제9장

# 루터의 95개 논제



마틴 루터가 1517년 10월 31일 비텐베르크 성문 교회 문에 라틴어로 계시했던 95개 조항의 대자보는 유럽 사회에 핵폭탄을 투하한 것과 같은 위력을 발휘했다. 이 사건이 계기가 되어 유럽 사회에 대변혁이 일어났다. 정치, 경제, 사회, 문화, 모든 영역에 혁명적인 새 시대를 열어주었다.[117] 루터가 심혈을 기울려 다듬고 심사숙고한 후에 계시했던 95개 조항의 대자보를 한번 살펴  보도록 하자.

1. 우리의 주님이시며 스승이신 예수 그리스도께서 '회개하라' 고 말씀하셨을 때, 신자들의 삶 전체가 참회의 삶이 되어야 함을 의도하셨다.
2. 이 '회개하라' 말씀은 고해성사, 즉 사제에 의해 수행되는 고해와 보속의 성례로 이해되어서는 아니 된다.
3. 그러나 이 말씀의 의미는 내적인 참회에 한정되어서는 아니 된다. 만약 그러한 참회가 육신의 다양한 정욕들을 죽이는 외적인 결과들을 낳지 않는다면 참된 참회가 아니다.
4. 자기 자신을 미워하는 것이 존재하는 한 죄의 형벌은 계속된다. 즉, 우리가 하늘나라에 들어갈 때까지 참회는 계속되어야 한다.
5. 교황은 자신의 직권 또는 교회법에 의해 부과된 형벌들 이외에는

117) 김기홍, 『이야기 교회사, 하』 (서울: 도서출판 두란노, 1995), 9.

그 어떤 형벌도 면죄해줄 의지나 권세를 가지고 있지 않다.

6. 교황은 스스로 죄를 사해줄 수 없으며, 단지 죄가 하나님에 의해 용서함을 받았다고 선언할 수 있다. 그는 자신의 직권에 맡겨진 경우들에 있어서 죄를 사할 수 있을 뿐이다. 이러한 경우를 제외하고는 죄는 그대로 남아있다.
7. 하나님께서는 자신의 대리자인 사제의 권위에 겸손하게 복종하지 않는 자의 죄를 결코 사하지 않으신다.
8. 참회에 관한 교회법은 오직 살아 있는 사람들에게만 적용되는 것이며, 교회법 자체에 따르면 그 어떤 것도 죽은 자들에게는 적용되지 않는다.
9. 교황을 통해서 역사하시는 성령께서는 교황의 규례들은 죽음 또는 어떤 필요한 상황에서는 언제나 예외로 취급한다는 사실을 통해 우리에게 은혜를 베풀어 주신다.
10. 사제들이 죽은 자에 대한 연옥에서의 교회법이 요구하는 참회의 행위들을 붙들고 있음은 무지와 잘못에서 비롯된 것이다.
11. 교회법 상의 형벌들이 전환되어 연옥의 형벌에 적용된 것은 주교들이 잠자고 있을 때 가라지들이 뿌려진 것임에 틀림없다.
12. 이전 시대에는 교회법 상의 형벌들은 진정한 통회의 시험으로서 사죄의 선언 이후가 아니라 이전에 부과되었다.
13. 죽음은 모든 교회의 요구들에 종지부를 찍는 것이며, 이미 교회법에 대하여 죽은 것이며, 더 이상 교회법에 의해 구속받지 않는다.
14. 임종을 맞고 있는 사람의 불완전한 경건과 자비는 반드시 커다란 공포를 몰고 오게 된다. 이 공포는 불완전한 경건과 자비가 최소일 때 최대가 된다.
15. 다른 것은 말하지 않는다 하더라도 이 공포와 두려움은 그 자체로 충분하며 연옥의 고통을 이루기에 충분하다. 그 공포는 절망의 공포에 매우 가깝다.
16. 지옥과 연옥과 천국 차이는 절망과 거의 절망과 마음의 평화의 차

이와 같은 것이다.

17. 연옥에 있는 영혼들의 고통은 감소되어야 하고 이에 비례하여 자비는 증가되어야 한다.
18. 이 영혼들이 공덕의 상태나 자비의 증가와 무관하다고 하는 것은 이성 또는 성경을 근거로 입증될 수 없는 것이다.
19. 우리 스스로 구원을 확신하고 있다고 해도, 그들이 그들 자신의 행복을 확신하고 있는지는 입증될 수 없다.
20. 그러므로 교황이 모든 형벌의 완전한 사면을 말할 때, 그것은 단지 모든 형벌을 의미하는 것이 아니라, 자신에 의해서 부과된 형벌들만을 의미하는 것이다.
21. 따라서 면죄부를 설교하는 자들이 교황이 면죄부에 의해 인간은 모든 형벌로부터 사면되며 구원받는다고 말한다면 이것은 오류에 빠져 있는 것이다.
22. 실제로 교황은 연옥에 있는 영혼들에 대하여 교회법에 따라 현세에서 지불해야 한다고 선언하고 있는 그 어떠한 형벌도 사할 수 없다.
23. 만약 모든 형벌로부터 완전한 죄사함이 그 어떤 사람에게 허용될 수 있다고 한다면 단지 가장 완전한 사람, 즉 극소수의 경우에만 해당할 것이다.
24. 그러므로 대부분의 사람들은 면죄부를 구입함으로 형벌로부터 해방된다는 무차별적이고 큰소리를 내는 약속에 의해 속고 있음이 틀림없다.
25. 교황이 연옥에 대하여 전반적으로 행사하는 권세는 모든 주교 관구 안에서 주교들에 의해, 그리고 특별히 교구 안에서 사제들에 의해 행사되고 있다.
26. 교황이 열쇠의 권세에 의해서가 아니라, 그들을 위한 중보기도의 방법으로 연옥에 있는 영혼들에게 사면을 허락하다면 그것은 아주 옳은 일이다.

27. 그들은 연보궤에 던져넣은 돈이 바닥에서 딸랑 소리를 내자마자 영혼은 연옥에서 날아오른다고 거짓 설교를 하고 있다.
28. 연보궤에 넣은 돈이 바닥에서 딸랑 소리를 낼 때, 탐욕과 수익금이 증가한다는 것은 확실하다. 그러나 교회의 중보기도는 하나님의 뜻에 달려 있다.
29. 마치 성 세베리누스와 성 파스칼리스에 관한 이야기에 비추어 볼 때, 연옥에 있는 모든 영혼들이 그곳으로부터 구원받기를 원하는지 어떤지를 누가 알겠는가?
30. 그 누구도 자신의 통회의 진실성에 대해서 확신하지 못하는데, 하물며 완전한 죄사함을 받은 것에 대해서 어떻게 확신할 수 있겠는가?
31. 진심으로 회개한 사람이 드문 것같이 진심으로 면죄부를 사는 사람도 아주 드물다.
32. 면죄부에 의하여 자신의 구원이 확실하다고 믿는 모든 사람은 그렇게 가르치는 선생들과 함께 영원히 저주를 받을 것이다.
33. 교황의 면죄부는 더없이 귀중한 하나님의 선물이며, 그 면죄부로 말미암아 인간은 하나님과 화해된다고 말하는 사람들을 우리는 각별히 경계해야 한다.
34. 왜냐하면 이 면죄부가 가져다주는 은혜는 단지 인간에 의하여 규정된 성례적 보속들의 형벌들과만 관련되어 있기 때문이다.
35. 연옥으로부터 영혼들을 속량하거나 고백증서를 사는 사람은 통회할 필요가 없다고 가르치는 것은 기독교의 가르침과 부합하지 않는다.
36. 양심의 가책을 느끼며 진정으로 회개하는 그리스도인은 면죄부가 없어도 형벌과 죄책감으로부터 완전한 죄사함을 누리게 된다.
37. 참된 그리스도인은 죽은 자나 산 자를 막론하고 그리스도와 교회의 모든 유익들에 참여한다. 이 은택은 면죄부 없이 하나님에 의해 주어지는 것이다.

38. 그렇지만 교황의 특별 사면을 무시해서는 안 된다. 왜냐하면 이미 말한 대로 그것들은 하나님의 사면을 선포하는 것이기 때문이다.
39. 면죄부의 충분한 효과를 사람들에게 알림과 동시에 진정한 통회의 필요성을 강조하는 것은 아무리 박식한 신학자들에게라도 매우 어렵다.
40. 참으로 통회는 합당한 형벌을 구하며 이를 달게 받는다. 그러나 면죄부의 만연함은 사람들의 양심을 무디게 하고 사람들로 하여금 형벌을 미워하게 만드는 경향이 있다.
41. 로마 교황의 면죄부는 사람들이 그것을 그릇되게 이해하여 다른 자비의 선한 행위보다 더 중요한 것으로 생각하지 않도록 신중하게 설교해야 마땅하다.
42. 면죄부를 사는 것이 자비의 행위들에 비교되어지는 것은 교황의 의도가 아니라는 것을 그리스도인에게 가르쳐야 한다.
43. 가난한 사람을 도와주고 곤궁한 사람에게 꾸어주는 사람은 면죄부를 사는 것보다 더 좋다는 것을 그리스도인들에게 가르쳐야 한다.
44. 왜냐하면 자비의 행위로 말미암아 자비심이 자라고 사람은 더 선한 사람이 되지만, 면죄부에 의해서는 사람은 더 선하게 되지 못하고 단지 형벌들을 피할 수 있을 따름이다.
45. 곤란에 빠진 사람을 보고도 그냥 지나쳐버리는 사람은 비록 면죄부를 사기 위해 돈을 지불한다고 해도 교황의 면죄로 인하여 유익을 얻는 것이 아니라, 도리어 하나님의 진노를 얻게 됨을 그리스도인들에게 가르쳐야 한다.
46. 자기들이 필요로 하는 것보다 더 많은 소유를 갖고 있지 않은 경우에는 사람들은 자기의 가정을 위하여 필요한 것을 지니고 있어야 한다. 결코 면죄부를 구입하기 위해서 낭비해서는 안 됨을 그리스도인들에게 가르쳐야 한다.
47. 면죄부를 구입하는 것은 자발적으로 해야지 강요해서는 안 됨을 그리스도인들에게 가르쳐야 한다.

48. 교황의 면죄부를 허용함에 있어서 면죄부 구입을 위해 돈을 즉시 지불하는 것보다 교황은 자기를 위한 경건한 기도를 더 필요로 하고 더 바란다는 것을 그리스도인들에게 가르쳐야 한다.
49. 교황의 면죄부는 사람이 그것에 의존하지 않을 때에만 유용하고, 사람이 그것 때문에 하나님에 대한 경외심을 잃어버리는 경우에는 가장 해로운 것임을 그리스도인들에게 가르쳐야 한다.
50. 만약 교황이 면죄부 설교자들의 강매 행위를 안다면, 자기 양의 가죽과 살과 뼈로써 성 베드로 성당을 세우는 것보다 그 성당을 불태워 재로 만드는 것을 교황이 더 좋아할 것이라고 그리스도인들에게 가르쳐야 한다.
51. 면죄부의 설교자들로부터 구슬림을 당하여 돈을 빼앗긴 많은 사람들에게 교황은 필요하다면 성 베드로 성당을 팔아서라도 그 돈을 되갚아주고 그리고 교황 개인 돈으로 되갚아주고자 한다는 것을 그리스도인들에게 가르쳐야 한다.
52. 면죄부 판매 대리인 아니, 교황 자신이 면죄부의 유효성에 대하여 자기 영혼을 걸고 맹세한다고 할지라도 면죄부로 말미암아 구원의 소망이 있다고 믿는 것은 헛된 것이다.
53. 면죄부를 설교하기 위하여 다른 교회들에서 하나님의 말씀을 설교하는 것을 비난하는 사람들은 그리스도와 교황의 적이다.
54. 동일한 설교에서 복음의 말씀을 설교하는 것보다 면죄부에 관한 설교를 더 많이 하거나, 더 긴 시간을 할애한다면 하나님의 말씀에 해를 끼치는 것이다.
55. 만약 면죄부를 하나의 방울로 취급하고 하나의 축하행렬과 하나의 의식으로 축하한다면, 복음은 백 개의 방울과 백 가지 축하행렬과 백 가지 의식으로 설교되어야 함을 교황은 마음에 두고 있어야 한다.
56. 교황이 면죄를 베푸는 토대가 되는 교회의 보화들은 그리스도의 백성들에게 충분히 말해지거나 알려져 있지 않다.

57. 이 보화들이 현세적인 보화가 아닌 것은 많은 면죄부 설교자들이 이 보화들을 아낌없이 나누어주지 않고 도리어 쌓아두고만 있다는 사실에서 분명히 알 수 있다.
58. 그 보화들은 그리스도와 성자들의 공로도 아니다. 왜냐하면 이 공로들은 교황과는 전혀 상관없이 언제나 속사람에게 은혜로 역사하고 겉 사람에게는 십자가와 죽음과 지옥의 고통을 주고 있기 때문이다.
59. 성 라우렌티우스는 가난한 사람들은 교회의 보화들이라고 말했지만, 그는 그가 살던 시대의 관례에 따라 말했던 것이다.
60. 교회의 보화들은 교회의 열쇠들인데, 이것들은 그리스도의 공로로 말미암아 주어진다고 말해도 무모하지는 않을 것이다.
61. 왜냐하면 형벌들의 면죄와 보유 사건들의 면죄를 위해서는 교황의 권능으로도 충분하다는 것은 분명하기 때문이다.
62. 교회의 참 보화는 하나님의 영광과 은혜의 거룩한 복음이다.
63. 그러나 이 보화는 먼저 된 것을 나중 된 것으로 하기 때문에 매우 증오를 받는 것은 당연하다.
64. 반면에 면죄부라는 보화는 나중 된 것을 먼저 된 것으로 만들기 때문에 매우 애호를 받는 것은 당연하다.
65. 그러므로 복음의 보화는 이전 시대에 부자들을 낚던 그물이었다.
66. 면죄부라는 보화는 오늘날에도 부자를 낚는 그물이다.
67. 면죄부 설교자들이 큰소리로 가장 큰 은총이라고 외치는 면죄부는 사실 돈을 긁어모으는 좋은 수단으로 보인다.
68. 그럼에도 불구하고 면죄부는 실제로 하나님의 은혜와 십자가의 자비에 비교하면 가장 작은 부스러기 은혜이다.
69. 주교들과 사제들은 직무상 교황의 면죄부 판매 대리자들을 전적인 경의를 가지고 받들어야 하는 구조로 되어 있다.
70. 그러나 이들이 교황이 위임한 자리에서 그들 자신의 야망을 설교하지 않도록 모든 눈을 크게 뜨고 지켜보고 주의 깊게 경청해야

하는 더 큰 의무 아래 놓여 있다.

71. 사도적 사죄의 진리를 대적하여 말하는 자는 저주를 받을지어다.
72. 반면에 면죄부를 설교하는 자들의 설교의 뻔뻔스러움과 방종에 적극적으로 대항하는 자는 복이 있을지어다.
73. 면죄부 판매를 방해하고자 하는 사람을 교황이 비난하는 것은 당연하다.
74. 면죄부 판매를 구실로 거룩한 사랑과 진리를 훼손하려고 시도하는 사람을 파문하는 것은 교황의 뜻에 훨씬 더 부합하다.
75. 교황의 면죄는 아주 큰 능력이 있어서 불가능한 말이기는 하지만, 하나님의 어머니를 능욕한 인간까지라도 면죄할 수 있다고 생각하는 것은 미친 짓이다.
76. 우리는 그 정반대를 단언하는 바, 교황의 사면은 그 죄책에 관한 한 가장 작은 죄라 할지라도 그 죄를 없이할 수 없다고 확신한다.
77. 성 베드로가 지금 교황이라 하더라도 면죄부보다 더 큰 은혜를 나누어줄 수 없다고 말하는 것은 성 베드로와 교황에 대한 모독이다.
78. 우리는 그 정반대로 베드로와 그 밖의 교황들은 더 큰 은혜, 즉 고린도전서 12장에서 선언되고 있는 복음과 능력들, 병 고치는 은사 등등을 지니고 있다고 단언한다.
79. 교황의 문장(紋章)으로 장식된 십자가가 그리스도가 매달려 죽으신 그 십자가와 동등한 가치를 지닌다고 말하는 것은 신성모독이다.
80. 이런 류(類)의 가르침들이 사람들 가운데 선포되는 것을 방임하는 주교들과 사제들과 신학자들은 이에 대한 책임을 져야 한다.
81. 뻔뻔스런 면죄부 설교는 아무리 박식한 사람이라 할지라도 그릇된 비방들 또는 평신도들의 날카로운 비판으로부터 교황에 대한 적절한 존경을 보호하는 것을 어렵게 만든다.
82. 그들은 예를 들면 다음과 같이 묻는다. 왜 교황은 가장 거룩한 사랑과 그 영혼들의 최고의 필요를 위해서 연옥에 있는 모든 영혼들을 해방시켜 연옥을 텅 비게 하지 않는가? 이것은 도덕적으로 모

든 이유들 가운데 가장 정당한 것이다. 그러면서도 교황은 성 베드로 성당을 건축한다는 아주 사소한 목적으로 가장 썩어지기 쉬운 것인 돈을 받고, 헤아릴 수 없이 많은 영혼들을 구원하고 있다.

83. 또 이렇게 묻는다. 왜 죽은 자를 위한 장례 미사와 기념(忌年) 미사는 계속해야 하는가? 그리고 왜 교황은 이제 구원받은 영혼들을 위해 기도하는 것은 잘못된 것이라는 이유로 이러한 목적으로 교회에 바친 기부금을 돌려주지 않으며 또 그것의 반환을 허용하지 않는가?

84. 또 이렇게 묻는다. 불경건한 자와 하나님의 원수로 하여금 하나님을 사랑하는 경건한 영혼을 돈을 지불하여 연옥으로부터 구하도록 허용하면서, 하나님의 사랑을 받는 그 경건한 영혼이 자신의 필요에 따라 자유로운 사랑으로 돈의 지불 없이 연옥에서 구원받는 것을 허용하지 않는 것은 하나님과 교황의 새로운 류(類)의 자비인가?

85. 또 이렇게 묻는다. 참회에 관한 교회법은 사실상 오랫동안 사문화되어 왔는데, 왜 마치 그것들이 충분히 살아 있는 것처럼 오늘날 그 교회법이 면죄를 허락함으로 그 대가로 돈을 걷는데 여전히 사용되고 있는가?

86. 또 이렇게 묻는다. 오늘날 교황은 세상의 부자 중에 최고의 부자보다 더 많은 부를 소유하고 있는데도, 왜 가난한 신자들의 돈이 아니라 자신의 돈으로 성 베드로 성당 같은 교회를 한개 세우지 않는가?

87. 또 이렇게 묻는다. 교황은 완전한 고해성사로 완전한 면죄 또는 특별사면을 받을 권리를 가지고 있는 사람들에게 왜 불필요하게 용서를 해주고 베풀어 주고 있는가?

88. 또 이렇게 묻는다. 교황이 이러한 면죄와 특별사면을 모든 신자의 유익을 위하여 지금처럼 하루에 한 번이 아니라 하루에 백 번씩 준다고 한다면 교회에 더 큰 유익이 되지 않겠는가?

89. 교황이 면죄부를 통해 구하는 것은 돈이 아니라 영혼 구원이라고 한다면, 왜 교황은 오래 전에 인정되었고 여전히 효력을 발휘하는 증서들과 면죄부들을 파기하지 않는가?
90. 평신도들의 이러한 양심의 가책들과 정당한 주장들에 대해서 합당한 이유들을 들어 문제를 해결하려고 하지 않고, 다만 힘으로만 억압하는 것은 교회와 교황을 그들의 원수의 조롱거리가 되게 하고, 그리스도인들을 매우 불행하게 만드는 것이다.
91. 그러므로 만약 면죄부가 교황의 취지와 마음에 따라 설교된다면, 이 모든 문제들은 쉽게 해결될 것이고, 아니 더 이상 존재하지 않을 것이다.
92. 평안이 없는 그리스도의 백성들을 향하여 '평안', '평안' 하고 말하는 선지자들은 떠나가라.
93. 십자가 없이 안이하게 살고 있는 그리스도의 백성들에게 '십자가, 십자가'를 외치는 선지자들은 복이 있을 지어다.
94. 고통이나 죽음이나 지옥의 고통을 감수하며, 그들의 머리 되신 그리스도를 따르는 데 최선을 다하도록 그리스도인들을 훈계하여야 한다.
95. 이리하여 그리스도인으로 하여금 평안에 대한 그릇된 확신이 아니라, 많은 고난을 통하여 천국에 들어가도록 확신을 심어주어야 한다.[118]

---

118) Philip Schaff, *History of the Christian Church* vol. 7. (Massachusetts: Hendrickson, 2011), 160-166.

# 제 10 장

# 루터의 3대 논문



루터의 3대 논문은 1520년 종교개혁의 열기가 가열되고 있을 때, 8월, 10월 11월에 연속해서 나온 루터의 개혁 사상과 의지와 열정이 담긴 작품이다. 이 3대 논문은 종교개혁의 기념비적인 작품이다.

## 『독일 크리스찬 귀족에게 보내는 글』

이 논문은 후텐과 지킹겐을 통해 루터에게 군사적 도움을 주려고 했던 독일 귀족들에게 강력한 호소력이 있었다. 루터는 절실한 교회 개혁의 우선적 필요성을 그들에게 호소하였다. 군사적 힘이 아니라 합법적 수단을 통해 하나님을 두려워하는 마음으로, 그리고 하나님의 도우심에 의지하여 개혁을 이루어야 함을 역설하였다. 주교와 사제들은 자신들이 하나님 앞에서 담당해야 할 의무와 사명을 거절하였기에 평신도들이 교회의 순수성과 자유를 위해 싸움의 최전선에 나서야 함을 강조했다. 루터는 철저하게 교황의 불법적 행위와 권력 남용과 폭정을 폭로하였다. 교황의 통치는 사탄과 그리스도가 함께 할 수 없고, 지옥과 천국이 함께 할 수 없고, 밤과 낮이 다른 것처럼 차이가 있다고 주장하면서 크리스찬 귀족들은 불의와 거짓과 불법의 세력과 단호하게 싸워야 할 것을 역설하고 있다. 무엇보다 교황이 정당한 공의회 소집을 반대하며 저지시킬

시에는 교황의 권위를 고려할 필요가 없다고 했다. 만일 교황이 파문하고 협박한다면 그때는 교황을 광인의 소행으로 경멸하고 하나님을 의지하며 파문을 그에게 되돌리며 교황을 추방해야 한다고 했다. 그리스도계의 발전을 위하여 도움이 되는 것을 저지하는 것은 그들이 악마와 적그리스도의 권력이기 때문이다. 그러므로 그런 불의한 권력에는 결코 복종해서는 안 되고, 생명과 재산과 모든 힘을 다하여 대항해야 한다고 역설하고 있다.[119)]

서문을 보면, 대 감독을 지낸 니콜라스(Nicholas von Amsdorf, 1483-1565)에게 보내는 편지 형식으로 시작한다. "침묵을 지킬 때는 지나가고 이제는 말할 때가 왔습니다. 이제까지 나는 독일 크리스찬 귀족에게 보여주기 위하여 우리 계획에 따라서 그리스도교계의 개선에 관한 몇 가지 문제를 모아 보았습니다." 자신이 고양이 목에 방울을 다는 심정으로 종교개혁을 위한 총대를 메고자 하는 충정으로 이 글을 쓰게 되었다고 고백하고 있다.[120)]

다음은 『독일 크리스찬 귀족에게 보내는 글』에서 중요한 내용을 옮겨 본다. '로마 교도들의 세 가지 담' 에서 루터는 이렇게 주장하고 있다. 로마 교황권을 지나치게 내세우는 로마교도들에게 지적하는 내용이다. 로마교도들은 교묘하게 자기들 주위에 세 가지 담을 쌓아 놓고 그 뒤에서 이제까지 자신들을 방어해 왔다. 그리하여 아무도 그들을 개혁할 수 없었다. 이것이 기독교계에 번진 무서운 부패의 원인이 되었다.

---

119) Philip Schaff, *History of the Christian Church*, 『교회사 전집 7』, 박종숙 역, (고양: 크리스찬다이제스트, 2004), 177; Martin Luther, Martin Luther' s Three Treatises, 『마틴 루터의 종교개혁 3대 논문』, 지원용 역, (서울: 컨콜디아사, 2012), 44-45.

120) Martin Luther, *Martin Luther' s Three Treatises,* 『마틴 루터의 종교개혁 3대 논문』, 지원용 역,(서울: 컨콜디아사, 2012), 22-23.

첫째로, 로마교도들은 속권에 의하여 억압을 당하면 법령들을 만들어 속권은 그들에 대하여 아무 지배권도 없으며, 오히려 영적인 권능이 속권 위에 있다고 말해왔다. 둘째로, 로마교도들은 성서에 의거하여 책망하려고 하면 그들은 교황 외에는 아무도 성서를 해석할 수 없다고 하여 이론을 제기한다. 셋째로, 로마교도들이 공의회에 의하여 위협을 받으면 교황 외에는 아무도 공의회를 소집할 수 없다는 거짓말로 답변을 한다. 이리하여 이들은 모든 비행과 악한 일을 행하기 위하여 이 세 가지 담의 안전한 요새 속에 피신하고 있다. …그들은 참으로 자유로운 공의회를 두려워한다. 그리고 이 모든 기만적이고 교활한 속임수에 따르지 않으면 하나님께 반역하는 것이라고 제왕들과 군주들에게 믿게 함으로써 그들을 협박하였다.[121]

먼저 첫째 담에 대하여 비판을 가하자. 교황, 주교들, 사제들을 '영적 계급' 이라고 부르고 군주들, 영주들, 직공들 및 농부들을 '세속적 계급' 이라고 부르는 것은 전적으로 조작된 것이다. 실로 이것은 순전한 거짓과 위선이다. 아무도 여기에 놀라서는 안 된다. 모든 크리스찬은 참으로 '영적 계급' 에 속하며 그들 가운데는 직무상의 차별 이외에 아무 차별도 없다. 이것은 바울이 고린도전서 12장에서 우리는 다 한 몸이나 모든 지체가 다른 지체를 섬기기 위하여 각기 자기대로의 임무를 가진다고 말하는 것과 같다. 그것은 우리가 다 한 세례와 한 복음과 한 신앙을 가지고 있고 또 다 같은 크리스찬들이기 때문이다.

오히려 교황이나 주교가, 기름을 붓고 체발하고 서품을 하고 봉헌례를 하거나 평신도와는 다른 옷을 입은 일은 위선자로 만드는 것과 같다. 이

---

121) Martin Luther, *Martin Luther's Three Treatises*, 28-29.

런 것은 결코 진정한 크리스찬이나 '영적인' 인간을 만들지 못한다. 우리는 다 세례를 통하여 사제로 성별을 받는다. 사도 베드로가 "너희는 택하신 족속이요, 왕같은 제사장들이요." 했기 때문이다. … 로마교도들은 교회법을 통하여 이러한 세례와 크리스찬의 신분에 대한 큰 은총과 능력을 거의 무(無)로 만들어 버렸다. … 이 모든 것에서 그들이 말하는 바 평신도와 사제, 군주와 주교, '영적인 일'과 '세속적인 것' 사이에는 실제로 직무와 일에 관한 차이 이외에 아무 차이도 없다. … 이리하여 나는 이 첫째 담이 무너졌다고 생각한다.[122)]

둘째 담은 한층 더 보잘 것 없고 무가치하다. 그들은 그들의 모든 생에 있어서 성서로부터 아무 것도 배우지는 않으면서, 성서의 유일한 교사가 되려고 한다. 그들은 스스로 유일한 권위자라고 생각하며, 교황은 악인이거나 선인이거나 간에 신앙문제에 있어서 오류를 범할 수 없다고 말도 안 되는 거짓말로 우리를 납득시키려고 한다. 그러면서도 그들은 거기에 대하여 한마디도 증거하지 못한다. 그리하여 그렇게도 많은 이단적이고 비 그리스도교적이며 실로 부자연스럽기까지 한 규정들이 교회법 가운데 들어왔다. … 자기들이 아무리 무식하고 사악하다고 할지라도 성령께서 자기들을 결코 떠나지 않으신다고 생각하므로 무엇이나 그들이 하고 싶은 것을 대담하게 포고하기 때문이다. 이것이 사실이라면 성서는 어디에 필요하고 무엇에 유용하겠는가? … 만일 내가(루터 자신) 성경을 읽지 아니했다면 나도 악마가 로마에서 이처럼 허세를 부려 도당(徒黨)을 모은다는 것을 믿을 수 없었을 것이다.[123)]

교황과 그의 추종자들도 사악한 사람들이고, 진실한 크리스찬이 아닐

122) Martin Luther, *Martin Luther's Three Treatises*, 29-35.
123) Martin Luther, *Martin Luther's Three Treatises*, 38-39.

수 있으며, 또한 하나님의 가르침을 받지 않고 올바른 이해를 가지지 못할 수도 있다. 한편 보통 사람도 참된 이해를 가질 수 있다. 그렇다면 우리는 무엇 때문에 참된 이해를 가진 보통 사람을 따라서는 안 되는가? 교황도 여러 번 잘못을 저지르지 아니했던가? 만일 우리가 교황보다 성서를 자기편에 두고 있는 사람을 믿지 않는다면 교황이 잘못을 저지를 때에 그리스도계를 누가 돕겠는가? 그러므로 성서 해석이나 그 해석의 확인이 홀로 교황에게만 속한다고 하는 것은 전적으로 조작된 이야기이다. 비록 그들은 그 권능이 베드로에게 열쇠가 주어질 때에 주어졌다고 주장하기는 하나, 그 열쇠는 홀로 베드로에게만 주어진 것이 아니다. 예수 그리스도를 믿고 신앙고백한 모든 성도들에게 주어진 것이 매우 분명하다.[124)]

셋째 담은 처음 두 담이 무너질 때에 제풀에 넘어진다. 왜냐하면 교황이 성서에 배치되는 행위를 할 때에, 마태복음 18장에 나오는 그리스도의 말씀대로 성서 편에 서서 그를 책망하고 억제하는 것이 우리의 의무이기 때문이다(마 18:15-17). 악을 행하는 지체가 지도급에 있는 지체이고 또 그의 악한 행위가 다른 지체에게 많은 손상과 거리낌을 주는 원인이 될 때에 더욱 더 이와 같이 해야 하지 않겠는가! 공의회를 소집하거나 결의를 확인하는 것이 홀로 교황에게만 속한다는 그들의 주장은 성서에서는 아무런 근거도 없다. 왜냐하면 이것은 다만 그들 자신의 법령에만 근거를 두고 있기 때문이다. … 교황이 징벌을 받아 마땅할 때에는 이러한 법령들이 무효로 돌아간다. 그것은 공의회에 의하여 교황을 벌하지 않는 것이 그리스도교계에 해를 끼치기 때문이다. … 모든 공의회 중

---

124) Martin Luther, *Martin Luther's Three Treatises*, 39-40.

에서 가장 유명한 니케아 공의회(Council of Nicaea)까지도 로마의 주교에 의해서가 아니고 콘스탄틴 황제에 의해서 소집되었다. 콘스탄틴 황제 이후 다른 많은 황제들도 이와 같이 하였으며, 이 공의회들은 모든 공의회 중에서 가장 그리스도교적인 것이었다. 그러나 만일 교황만이  공의회를 소집할 권한을 가지고 있다면, 콘스탄틴 황제와 다른 왕들이 소집한 공의회들은 이단적인 공의회가 되지 않으면 안 된다. … 만일 교황이 자유로운 공의회 소집을 저지시키기 위하여 그의 권위를 이용하고 따라서 교회의 발전에 장애물이 된다면 우리는 교황과 그의 권위를 고려해서는 안 된다. 그리고 만일 교황이 파문하고 협박한다면 우리는 그의 소행을 광인의 소행으로 경멸하고 하나님에게 의지해야 하며, 파문을 그에게 되돌리고 최선을 다해 그를 추방해야 한다. … 그리스도계의 발전을 위하여 도움이 되는 것을 저지하는 것은 악마와 적그리스도의 권력뿐이다. 그러므로 이러한 권력에는 결코 복종해서는 안 되며, 생명과 재산과 모든 힘을 다하여 대항하지 않으면 안 된다.[125)]

『독일 크리스찬 귀족에게 보내는 글』 이 논문에서 마틴 루터는 당시 만연해 있던 교황청의 뿌리 깊은 부정과 불법과 비리들을 낱낱이 폭로하고 개선책을 요구하고 있다. 로마 교황청은 수단과 방법을 다 동원해서 백성들의 돈을 착취하며 자신들의 배만 불렸다는 사실을 고발하고 있다. 루터는 직설적으로 그들의 죄악상을 폭로하며 이것은 공공연한 절도행위요, 강도짓이라고 비난했다.[126)]

뿐만 아니라, 루터는 이 논문에서 그 당시 시대 문제를 정확하게 직시하고 정치, 사회, 교육에 대한 전반적인 개혁과 개선을 요구하고 있다.

---

125) Martin Luther, *Martin Luther's Three Treatises,* 42-45.
126) Martin Luther, Martin Luther's Three Treatises, 46-69.

특히 학교 교육에서는 성경 공부가 기본이 되어야 하며 거룩한 복음을 가르쳐야 함을 강조하고 있다. 무엇보다 대학교 교육의 철저한 개혁을 요구했다. 죽은 이교도인 아리스토텔레스의 철학과 사상을 연구하는데 너무나 귀중한 시간을 허비하고 있다고 지적하면서, 성경의 풍족한 가르침으로 돌아가야 할 것을 제안하고 있다. 그 무엇보다 복음으로 젊은이들을 늘 가르치고 훈련해야 한다고 강조하고 있다.[127)]

이외에도 로마 교황청과 교황이 얼마나 간교하게 독일 국민을 이용하며 억압하고 착취하고 있는가를 예리하게 고발했다. 루터는 교황이 서임권을 장악하고 있음을 지적하며, 옛날에는 독일 황제들이 서임권을 행사했으며, 프랑스와 다른 나라에서는 아직도 왕들이 서임권을 행사하고 있다고 했다. 루터는 독일 사람들이 지상의 어떤 크리스찬들보다 교황과 로마 교황청에 앞잡이가 되고 참지 못할 모욕을 당하고 있다고 직언하고 있다. 주교들에게 두려운 서약을 강요하고 주교들의 권한을 무력화하며 독재적 권력을 전횡하고 있는 교황과 교황청의 만행을 전적인 폭력과 강도행위라고 고발하고 있다. 그렇기 때문에 황제와 귀족들은 이러한 교황과 교황청의 횡포를 의무적으로 방지하고 징벌해야 마땅하다고 주장했다.[128)]

뿐만 아니라, 로마 교황청이 탐욕과 강도의 소굴로 전락해 있으며, 갖가지 명목으로 백성들의 돈을 착취해가는 큰 부정행위를 하고 있다고 했다. 이토록 큰 부정행위를 자행하고 있는 교황청과 이런 부정과 불법을 두둔하고 있는 교황이라면 과연 그리스도계에 교황이 존재해야 할 이유가 무엇인가하고 되묻고 있다. 그러므로 크리스찬 귀족들은 그리스도계

---

127) Martin Luther, *Martin Luther's Three Treatises,* 128-137.
128) Martin Luther, *Martin Luther's Three Treatises,* 81.

의 공동의 적과 파괴자를 대하듯이 교황에게 대항하지 않으면 안 된다고 했다. 교황의 횡포에 의하여 멸망할 수밖에 없는 가련한 영혼들을 구원하기 위하여 마땅히 이 일을 행해야 한다고 했다. 그리고 “누가 교황에게 정당한 공의회의 규칙들을 경멸하고 어길 수 있는 권한을 주었는가?” 하며 교황의 권력 남용과 월권행위를 고발했다. 독일 크리스찬 귀족들이 정의의 사자가 되어 자신에게 부여된 권위와 권력을 정당하게 활용하여 백성들을 착취하고 있는 탐욕적인 이리들과 같은 자들을 방임하지 말고 정의의 집행관이 되어야 함을 역설하고 있다. 뿐만 아니라, 귀족들의 사치와 낭비를 지적하고 솔선수범하는 삶을 살 것을 제안하고 있다. 사창가가 존재해야 한다고 주장하는 자들에 크리스찬들은 그런 사회악을 단호하게 추방해야 하며 세상의 빛과 소금이 되는 삶을 살아야 함을 강조하고 있다. 마지막으로 독일 귀족들이 정의의 사자로 담대하게 일어나 억압받는 교회를 위하여 정의를 행하며 사회 개혁을 주도적으로 이끌어 갈 수 있는 용기를 주시도록 기도하며 논문을 마무리하고 있다.[129)]

---

129) Martin Luther, *Martin Luther's Three Treatises*, 46-47; 72-73; 140-152.

## 『교회의 바벨론 감금』

이 논문은 루터 당시 로마 가톨릭교회의 비성경적이고 잘못된 성례관을 신학적으로 조명하고 논리 정연하게 반박하고 비판한 글이다. '바벨론 감금' 이란 말은 성례전의 왜곡된 가르침을 염두에 두고 한 말이다. 이스라엘 백성들이 하나님께 범죄하여 강대국 바벨론의 침략을 받게 되고, 70년 간 비참한 포로생활을 했던 것을 회상하며, 당시 가톨릭교회의 성례전이 거짓 사상과 거짓 가르침에 포로가 되어 있음을 비유적으로 설명하고 있다. 이 논문에서 루터의 논점은 기존 가톨릭의 성례전은 예수님께서 친히 말씀하시고 제정하신 성례전과는 판이하게 다르다는 것이다. 논문의 절반 이상을 성찬과 세례에 초점을 맞추어 설명하고 있다. 루터는 세 가지 과오를 지적하고 있는데, 첫째 포로상태는 성만찬에서 평신도들에게 성찬의 떡만 받게 하고 포도주 잔은 주지 않은 점이다. 둘째 과오는 화체설임을 지적하고 있다. 셋째 과오는 성만찬을 희생제사로 해석하는 것이다. 로마가톨릭교회는 성례를 대단히 중시하고 있는데, 그들은 세례, 성찬, 참회, 안수례, 견신례, 결혼례, 임종시 도유식 등 일곱 가지 성례를 절대시하고 있다. 하지만 루터는 성경이 인정하는 성례는 세례와 성찬이라고 보았다. 참회는 그 근본 뜻에 있어서 세례나 마찬가지라고 보았다. 이 논문은 로마가톨릭과 개신교의 근본적 차이를 이해하는 데 있어서 아주 중요한 고전으로 평가받고 있다.[130)]

루터는 당시 로마가톨릭에 일곱 성례가 있음을 인정했다. 하지만 루터 개인적 소견으로는 세 가지 성례, 즉 세례와 참회와 성만찬만이 필요하

---

130) Martin Luther, *Martin Luther's Three Treatises,* 155-157.

다고 했다. 이 중요한 세 가지 성례가 로마 교황청에 의해서 진의가 왜곡되고 비참하게 포로가 되어 왔으며, 또한 교회는 이 불법을 행하는 자들에 의해서 모든 자유를 박탈당해 왔다고 했다.[131)]

그리고 루터는 사제들이 성례전을 거행할 때, 라틴어와 히브리어로만 진행함에 대해서 불만을 토로했다. 일반 백성들은 어려운 라틴어로 진행되는 예식에 참여하지만 도대체 무슨 말인지 알아듣지도 못하고 귀머거리 상태로 의식에 참가하게 되는 것이다. 이에 루터는 크고 명확한 음성으로 무엇보다 각 나라의 언어로 말씀이나 언약을 소리 내어 들려주어야 한다고 했다. 그리고 이렇게 충고하고 있다. "그런데 왜 미사는 희랍어와 라틴어와 히브리어로 드려지고 독일어나 어떤 다른 나라 말로는 드려지지 않는가?"[132)]

루터는 교황이 범죄의 온상일 뿐 아니라, 교황에게 아부하는 자들도 교황 못지않은 악인들임을 이렇게 고발하고 있다. "이제 너희 교황 아부자들이여, 다 같이 일어서라! 너희가 불경건하고, 횡포하며 복음에 대하여 배역한다는 비난과 또 너희 형제들을 중상한다는 비난을 받고 있다. 이에 대하여 변호하라! 너희는 너희 두뇌에서 나오는 단순한 몽상을 인정하기 위하여, 성서의 명료하고도 능력 있는 말씀을 어기기를 거부하는 의로운 사람들을 이단자들이라고 비난한다. 만일 어떤 사람들이 이단자, 종파주의자라고 불릴 수 있다면, 이것은 보헤미아 사람들이나 헬라 사람들이 아니다. 그 이유는 교황 아부자들이 복음 위에 자리를 잡고 있기 때문이다. 이단자들이고 불경건한 종파주의자들은 너희 로마 사람들이다. 왜냐하면 너희는 하나님의 명확한 성서에 반대하여 너희들의 허구만을

---

131) Martin Luther, *Martin Luther's Three Treatises,* 168-169.
132) Martin Luther, *Martin Luther's Three Treatises,* 218-219.

이용하기 때문이다."[133]

루터는 로마가톨릭이 미사 중심의 의식예배에 치중하는 문제점을 이렇게 지적하고 있다. "우리가 미사에서 행해야 할 일은 저 참된, 하나님에 대한 예배와 봉사이다. 그러나 약속의 말씀이 전해지지 않는다면, 무슨 신앙의 실천이 있을 수 있는가? 신앙이 없다면 누가 소망이나 사랑을 가질 수 있겠는가? 신앙과 소망과 사랑이 없다면 무슨 하나님께 대한 참된 봉사가 있을 수 있겠는가? 그러므로 우리 시대에는 모든 사제들과 수도사들이 저들의 주교들과 모든 상사들과 더불어 우상 숭배자임이 분명하다. 저들은 이와 같이 미사나 성례나 하나님의 약속에 대한 무지와 오용과 조소로 인하여 가장 위험한 상황 속에 살고 있는 것이다."[134]

그리고 루터는 참된 미사는 하나님 말씀 중심이 되어야 함을 강조하고 있다. "그러므로 미사의 모든 능력은 그리스도의 말씀에 있다고 내가 말하는 것은 정당하다. 그리스도께서는 그의 몸이 주어지고 그의 피가 자기들을 위하여 흘려진다고 믿는 모든 사람들에게 사죄가 주어진다고 증거하신다. 미사를 드리려고 가는 사람들에게는 이 말씀을 열심히 읽고 그리고 철저한 신앙을 가지고 심사숙고하는 일보다 더 중요한 일은 아무것도 없다는 이유가 바로 이것이다. 그들이 이와 같이 행하지 않으면 그들이 행하는 다른 모든 것은 허사가 될 것이다."[135]

그리고 루터는 교회가 그동안 얼마나 교황의 횡포 아래 거짓되고 왜곡된 가르침에 속아서 비참한 바벨론 포로생활을 해왔는가를 맹렬하게 고발하고 있다. "그러나 이 세례의 영광과 크리스찬의 자유의 축복을 아

133) Martin Luther, *Martin Luther's Three Treatises*, 176..
134) Martin Luther, *Martin Luther's Three Treatises*, 202.
135) Martin Luther, *Martin Luther's Three Treatises*, 204..

는 사람이 별로 없고 또 교황의 횡포로 인하여 이런 것들을 알 수 있는 사람은 별로 없기 때문에 나는 개인으로서 나 자신을 해방시키고 또 교황과 그의 모든 추종자들을 다음과 같이 비난함으로 내 양심을 자유롭게 간수하려고 한다. 곧 저들이 모든 법과 법령을 폐기하고 그리스도의 교회에 자유를 다시 주며, 바른 진리를 가르치지 않는다면 저들은 이런 비참한 감금 아래서 죽는 모든 영혼에 대하여 죄가 있게 된다. 또한 교황청은 참으로 바벨론과 바로 적그리스도의 나라가 될 것이다. 그러므로 마치 하나님이나 되는 것처럼 교회의 상좌에 앉아 있으면서(살후 2:4) 자신의 가르침과 법으로 교회에 있는 사람들에게 죄와 멸망을 더하게 하는 이가 이 자가 아니라면 누구이겠는가?(살후 2:3) 교황의 횡포는 이 모든 것을 여러 세기 동안 행하여 왔으며, 넘치도록 행하였다. 이 횡포는 신앙을 멸절시키고 성례의 참된 본질을 흐리게 하였으며, 복음을 억압하였다. 불경건하고 모독적일 뿐만 아니라, 야만적이고 어리석은 그 자신의 법을 끝없이 공포하고 더해 간다."[136]

그리고 루터는 세례를 아주 중시하고 있다. 세례는 하나님의 변개할 수 없는 약속임을 강조하며, "믿고 세례를 받는 자는 구원을 받으리라." (막 16:16)는 확실한 성경 구절을 근거로 제시한다. 이 세례의 약속은 어떤 행위, 서약, 수도단이나 인간이 만든 일체의 모든 화려함보다 훨씬 위에 있어야 한다고 주장했다. 왜냐하면 우리의 모든 구원이 여기에 근거를 두고 있기 때문이다. 그런데 무지하고 완고한 로마가톨릭주의자들은 세례에 큰 의미를 부여하고 있지 않다. 그들은 화려한 의식의 겉치레로 그리스도의 유순한 백성들을 칠 성례의 의식의 노예가 되게 함으로 그릇

---

136) Martin Luther, *Martin Luther's Three Treatises*, 245-246..

된 안정감에 매몰되게 한다. 그리하여 저들은 세례에 대한 은혜를 잊어버리고 신앙에 대한 업적보다 행위에 의해서 더 큰 일을 할 수 있다고 착각하게 만든다.[137)]

마틴 루터는 피터 롬바르드(Peter Rombard, 1100-1160)의 『명제집』을 비판하고 있다. 그는 북이탈리아 출신이다. 그는 유명한 성 버나드의 도움을 받았고, 볼로냐 대학과 파리 대학에서 공부했다. 파리 노트르담 학교의 신학 교수가 되었다. 그는 피터 아벨라르드(Peter Abelard, 1079-1142)의 제자였고, 그의 영향을 많이 받았다. 또 휴고(Hugo of St. Victor, 1047-1141)의 영향도 많이 받았다. 그는 『네 권으로 된 명제집』(*the Four Books of Sentences*)을 썼다. 이 책에서 그는 하나님과 피조물들, 구원, 성례전과 종말을 네 개 파트로 나누어 신학 전반을 논하였다. 그것은 그 당시의 신학의 전반적인 내용을 다루고 있다. 그 책은 그 시대의 요구를 완전히 충족시켰을 뿐만 아니라, 종교개혁 때까지 신학 교육의 교과서 역할을 했다.[138)]

루터는 피터 롬바르드가 성경이 제시한 성례를 전적으로 잘못 이해했다고 고발하고 있다. 『네 권으로 된 명제집』에 등장하고 있는 성례에 대한 내용은 신앙이나 약속에 대해서는 전혀 고려하지 않고 있다는 것이다. 저들은 다만 표징과 그 표징의 활용에만 집착하고, 우리를 신앙에서 행위로 끌어가며, 말씀에서 표징으로 끌어간다고 했다. 이에 루터는 "저들은 성례를 감금했을 뿐만 아니라, 힘이 미치는 한 완전히 파멸시켰다." 고 고백하고 있다. 그리고 "우리는 눈을 똑바로 뜨고 표징보다 하나님 말씀

---

137) Martin Luther, *Martin Luther's Three Treatises*, 226-250.
138) Williston Walker, *A History of The Christian Church* (New York, Charles Scribner's Sons, 1918), 266-267.

에 더 주의하고 행위나 표징의 활용보다 신앙에 더 주의할 줄 알아야 한다. 왜냐하면 약속이 없다면 믿을 수 없고, 믿음이 없다면 약속이 수립될 수 없기 때문이다. 그러나 이 두 가지가 만날 때 이 두 가지는 성례에 참되고 가장 확실한 효력을 가져다준다. 이러므로 약속과 신앙에서 떠나 성례의 효력을 구하는 것은 헛수고이며, 정죄를 구하는 일이다. 따라서 그리스도께서는 말씀하시기를 "믿고 세례를 받는 이는 구원을 받을 것이나 믿지 않는 자는 멸망하리라."(막 16:16)고 하셨다.[139)]

루터는 무분별하고 무책임하며 비 성경적인 수도원 서약을 폐기할 것을 권고하고 있다. "그러므로 크리스찬은 하나님의 법외에는 아무 법에도 굴복해서는 안 된다. 둘째로 성서 가운데는 이러한 서약 특히 평생의 정절이나 복종이나 빈곤에 대한 예가 하나도 없기 때문이다. 성서의 보증이 없는 것은 무엇이나 다 가장 위험한 것이며 결코 아무에게도 강요되어서는 안 된다."[140)]

루터는 수도원 생활은 성경이 강조하여 가르치고 있는 신앙과 세례에 의한 구원을 경시하게 하고, 행위를 강조하며 행위에 의한 구원을 가르치고 있다고 했다. 루터는 에르푸르트 성 어거스틴 수도원에서 누구보다도 더 엄격한 고행과 육체적 수련을 통해서 구원의 확신을 갖고자 노력했던 경험이 있다. 그는 수도원 생활의 실상과 그 속성을 누구보다도 더 깊이 체험했었다. 수도원 생활은 더 엄격한 고행을 강요하고, 이로 인한 영적 우월감과 교만과 엘리트 의식을 갖게 한다는 것이다. 그래서 루터는 확신을 갖고 자신의 주장을 피력하고 있다. 수도원의 서약은 아무런 성서의 증거나 근거가 없다는 것이다. 수도원에서 아무리 성스럽고 열렬

139) Martin Luther, *Martin Luther's Three Treatises*, 237-238.
140) Martin Luther, *Martin Luther's Three Treatises*, 251-252.

하게 금욕과 엄격한 고행을 한다고 해도 모든 수도승이나 사제들의 행위는 하나님 앞에서 별로 의미가 없다는 것이다. 그들보다는 오히려 일상의 생활을 영위하면서 하나님께 대한 믿음을 간직하고 들에서 일하는 노동자나 집안에서 가사 일을 돌보는 여인의 행위가 더 나을 수 있다는 것이다. 하나님 앞에서는 고행과 금욕적 행위의 크기가 중요한 것이 아니라, 하나님을 경외하고 그 약속을 믿는 믿음이 중요하기 때문이다.[141)]

『교회의 바벨론 감금』 이 논문에서 루터는 당시 로마가톨릭교회가 얼마나 비성경적이고 거짓되고 잘못된 전통과 규례와 관습으로 평신도들을 비참한 노예로 전락시켰는가를 날카롭게 고발했다. 로마교회 당국자들은 불쌍한 영혼들을 절망에 몰아넣기 위해서 여러 가지 규례들을 만들어 냈다고 했다. 그 자들은 백성들의 영혼 구원과 행복에는 무관심했다. 잘못된 교리와 전통과 관습을 악용해서 백성들의 영혼을 감금했고, 죽을 때까지 자신들의 덫에서 빠져나가지 못하게 철통방어를 했다. 인격적으로 하나님께 나아가 기도할 수 없게 했고, 사제가 부과해준 기도를 한 마디 한 마디 중얼거리기만 하면 된다면서 백성들을 영적 무지 속에 감금하고 있었다. 요한복음 8장 1-11절에서 보여주듯이 예수님은 간음하다가 현장에서 잡힌 여성을 용서해 주시면서 분명하게 자기 책임을 부여하셨다. “가서 다시는 죄를 범하지 말라.” 죄를 용서받은 사람은 회개에 합당한 삶을 살고자 최선을 다해야 하며, 한층 더 부지런히 신앙과 새 생활을 위하여 열중해야 마땅하다. 그런데 로마교회의 거짓된 사제들은 쉽게 죄를 용서해주고, 면죄부를 구입하기만 하면 모든 죄가 용서받고 새사람이 되는 것처럼 잘못 가르쳐왔다. 이에 마틴 루터는 로마가톨릭교회가 그 동

141) Martin Luther, *Martin Luther's Three Treatises*, 252-253.

안 자행해 왔던 성례제도의 비리와 참혹한 죄악상을 빛 가운데 드러냈다. 그리고 백성들이 바벨론 포로 생활에서 이스라엘 백성들이 탈출하듯이 거짓된 가르침과 전통과 관습의 악폐에서 탈출하여 성경의 가르침에 충실한 바른 성례가 시행되기를 갈망하면서 이 논문을 집필했던 것이다.

## 『크리스찬의 자유』

『크리스찬의 자유』 이 논문은 앞에서 진술한 두 논문과는 다른 면이 있다. 말팃쯔(Miltitz)라는 사람이 교황 레오 10세에게 우호적인 편지를 쓰라는 권고의 말을 듣고 이 논문을 쓰게 되었다. 이 논문 첫 제목이 "교황 레오 10세에게 보내는 공개장"으로 시작하고 있다.

처음에는 아주 우호적으로 시작하고 있다. "가장 탁월한 레오 각하여! 그러므로 나는 귀하께서 이 편지로 내 자신을 변호하는 바 나의 말하는 것을 들어 주시기를 간청하오며, 또한 내가 결코 사적으로 귀하를 나쁘게 생각지 않았고, 나는 귀하에게 모든 좋은 것이 영원히 있기를 바라는 부류의 사람이며, 그리고 나는 어느 사람과도 그의 도덕에 관해서 싸우지 아니하고 다만 진리의 말씀에 관해서만 싸운다고 말할 때 나를 믿어 주시길 바랍니다."[142)]

그러나 본론에 들어가서는 교황청의 부정과 불법과 비리를 조금도 용납하지 않고 직설적으로 고발하고 있다. "과연 나는 로마 교황청 곧 귀하의 직위를 참으로 경멸했습니다. 귀하나 어느 다른 사람이 아무리 부인하려고 해도 할 수 없는 것은 지금까지 있었던 어느 바벨론이나 소돔보다도 로마 교황청이 더 부패하였고, 또한 내가 보는 대로는 완전히 타락하고 절망적이며 널리 알려진 불경건이라는 특징으로 표시할 수 있는 것입니다. 나는 착한 크리스찬들이 귀하의 이름과 로마 교회의 가면(假面) 아래에서 조롱을 받고 있다는 사실에 대해여 매우 격분했습니다. 나는 신앙의 생기가 내 안에 살아 있는 한 귀하의 직위에 항거했으며, 또한

142) Martin Luther, *Martin Luther's Three Treatises*, 281.

부단히 항거할 것입니다. … 나는 나의 크리스찬 형제들에게 빚진 것을 자인합니다. 그리고 로마의 재앙으로 그들이 많이 파멸되지 않게 되고, 그 파멸의 비참상이 최소한으로 그치도록 그들에게 경고해야 할 의무가 있습니다. … 한 때 가장 거룩하던 로마 교회는 도둑들의 가장 음탕한 소굴과 가장 파렴치한 죄와 죽음과 지옥의 왕국이 되었습니다. 이것은 너무나 추악하기 때문에 만일 적그리스도가 온다고 할지라도 이 간악에는 아무 것도 더 보탤 것이 없다고 생각할 것입니다."[143]

계속해서 마틴 루터는 교황청의 죄악상을 고발하고 있다. "하물며 300년 동안이나 이렇게 많이 누적된 부패와 악덕을 체험한 우리가 왜 불평을 해서는 아니 됩니까? 이 넓은 하늘 아래 로마 교황청보다 더 부패하고 더 유해하고 더 불쾌한 곳이 없다는 것이 사실 아닙니까? 이것이 한 때는 하늘의 문이었으나, 이제는 하나님의 진노 때문에 닫을 수 없는 지옥의 열린 입구가 되고 있습니다." "나의 교황 레오 각하여! 이제 귀하는 어떻게 그리고 왜 내가 저 유해한 교황권을 그렇게도 맹렬히 공격했는지 아실 것입니다. 내가 귀하의 진짜 지옥인 저 감옥(교황청)을 강하고 신랄하게 공격하기는 했으나, 귀하 자신에 대하여는 무섭게 화내지 아니했으며, 도리어 나는 귀하의 호의를 얻고 귀하를 그 감옥에서 구출할 수 있기를 바라기까지 했습니다.… 교황청에 여러 가지 해를 끼치는 자들은 귀하의 직분을 받들어 섬기지만, 모든 면에서 교황청을 저주하는 자들은 참으로 그리스도에게 영광을 돌립니다. 요컨대 그들은 로마가톨릭 교인이 아닌 참된 크리스찬들인 것입니다."[144]

루터는 라이프치히 논쟁과 보름스 논쟁에서 치열하게 논쟁을 벌였던

---

143) Martin Luther, *Martin Luther's Three Treatises*, 282-283.
144) Martin Luther, *Martin Luther's Three Treatises*, 284-285.

상대 요한 에크(John Eck, 1486-1543)를 고발하고 있다. 요한 에크는 잉골슈타트 신학교수이며, 열렬한 로마주의자였다. 많은 지식과 좋은 기억력의 소유자이며, 탁월한 변론가이며, 유창한 라틴어 실력을 갖춘 자였고, 우렁찬 목소리를 가진 자였다. 그는 추기경이 되기 위해서는 어떤 불법도 주저하지 않는 변질된 탐욕과 야망에 사로잡힌 자였다.[145] 그는 루터를 체코(보헤미아)의 존 후스와 영국의 존 위클리프와 같은 이단자라고 정죄하며 죽어 마땅한 자라고 논박했던 자였다. 에크는 교황 편에 붙어서 교황에게 아부하며 교황이 베드로의 계승자이며, 신적 권리에 의해 그리스도의 대리자라고 주장하며 교황의 권위를 신의 경지로 끌어올리고자 했던 자이다.[146]

그러나 루터는 요한 에크가 얼마나 악마적이며, 사탄의 종 된 자인가를 고발하고 있다. "내가 이 연구에 어느 정도 진전을 보았을 때, 사탄은 그의 눈을 뜨고 그리스도의 이름난 적인 사탄의 종, 요한 에크에게 만족할 줄 모르는 영화욕을 충만케 함으로 그를 자극하여 내가 로마교회의 수위권(首位權)에 대해서 부지중 말한 한 작은 낱말로 나를 옭아 매어가지고 돌연히 나와 억지로 변론을 하게 했습니다. 거품을 내며 이를 악문 저 뻔뻔스런 허풍선이는 하나님의 영광과 로마 교황청의 명예를 위하여 모든 위험을 무릅쓰겠다고 선언했습니다. 귀하의 권위를 남용할 것이라는 희망을 가지고 교만해진 그는 나를 이기리라는 큰 확신을 가지고 기다리고 있었습니다. … 변론이 그 궤변자에게 불리하게 종결되었을 때, 상상할 수 없는 광기가 그 자를 압도했습니다. 왜냐하면 그는 내가 로마

145) Philip Schaff, *History of the Christian Church*, 『교회사 전집 7』, 박종숙 역, (고양: 크리스찬다이제스트, 2004), 155-156.

146) Ibid., 156.

의 모든 추문을 공개한데 대한 책임이 모두 그의 과오에 있다는 것을 확신했기 때문입니다. … 로마교회 의식의 많은 부패가 드러났음을 나는 인정합니다. 그러나 잘못된 것은 무엇이나 그의 능력에 지나친 일을 시작한 에크의 과실이었습니다. 자신의 영광을 위하여 발광적으로 분투노력한 그는 로마의 수치를 온 세상에 드러내고 말았습니다. 사랑하는 레오 각하여, 이 사람이 바로 귀하의 원수이며, 더 정확히 말하면 귀 교황청의 원수입니다. 우리는 그의 예를 보아서도 아첨자보다 더 치명적인 원수가 없다는 것을 알 수 있습니다."[147)]

루터는 교황 레오 10세에게 에게 마지막 충고를 하고 있다. "나의 교황 레오 각하여! 그러므로 귀하가 단순한 사람이 아니고 반신반인(半神半人)이기 때문에 원하는 것이면 무엇이나 명령하고 요구할 수 있는 듯이 주장하는 저 나팔 소리들을 듣지 마옵소서. 그렇게 되지 않을 것이며, 귀하는 이러한 유별난 능력을 가지지 못한 것입니다. 귀하는 종들의 종이시며, 다른 모든 사람들보다 더 비참하고 위태로운 자리에 계십니다. 귀하가 세계의 주(主)이신 듯이 주장하며, 또한 만일 어떤 사람이 귀하의 권위를 수락하지 않고 귀하가 하늘과 지옥과 연옥을 다스릴 권세를 가지셨다고 말하지 않는 사람은 누구든지 크리스찬으로 생각지 못하게 하라는 밀고자들에게 속지 마옵소서. 이런 자들은 귀하의 영혼을 멸망시키려고 하는 귀하의 원수들입니다."[148)] 진실로 루터의 직언은 적절한 것이며, 교황에 대한 진정한 충정에서 나온 간언이었다. 그러나 레오 10세는 생명의 길을 제시하는 루터의 충언을 거절하고, 간신배인 요한 에크와 같은 자의 아부하고 부추기는 말을 추종하다가 멸망의 길을 가게 되었다.

147) Martin Luther, *Martin Luther's Three Treatises*, 285-288.
148) Martin Luther, *Martin Luther's Three Treatises*, 290.

『크리스찬의 자유』 논문을 시작하면서 루터는 의미심장한 명제를 제시했다. "크리스찬은 더할 수 없이 자유로운 만물의 주(主)이며, 아무에게도 예속하지 않는다. 크리스찬은 더할 수 없이 충의로운 만물의 종이며, 모든 사람에게 예속한다." 이 두 명제는 서로 모순되는 것 같이 보인다. 그러나 만일 이것이 서로 잘 조화되기만 한다면 우리의 목적에 훌륭한 도움이 될 것이라고 했다. 루터는 고린도전서 9:19절과 로마서 13:8절 말씀을 인용하면서 자신의 논리를 지원한다. "내가 모든 사람에게 자유하였으나 스스로 모든 사람에게 종이 된 것은 더 많은 사람을 얻고자 함이라." "피차 사랑의 빚 외에는 아무에게든지 아무 빚도 지지 말라." 사랑은 그 본질상 언제든지 섬기도록 되어 있으며, 또한 사랑을 받는 사람에게 속하는 것이다. 이와 같이 그리스도도 만물의 주(主)이셨으나 "여자에게 나셨고 율법 아래 나셨다."(갈 4:4) 그러므로 그는 "하나님의 형상"과 "종의 형상"을 입은 자유자이시며 동시에 종이었던 것이다.[149)]

루터는 『크리스찬의 자유』 이 논문에서도 율법적 행위나 공적의 한계와 무능력을 제시하며 하나님의 약속의 말씀을 믿는 믿음의 중요성을 반복해서 강조하고 있다. 요한복음 8:36절 "그러므로 아들이 너희를 자유케 하면 너희가 참으로 자유하리라." 말씀을 인용하면서 말씀 안에서 참 자유를 누릴 수 있음을 강조하고 있다. "그러므로 하나님의 말씀만 있다면 그 밖의 다른 모든 것은 없다고 할지라도 영혼은 행동할 수 있으며, 하나님의 말씀이 없는 곳에서는 영혼을 위한 도움은 전혀 없음을, 정확하고 확고부동한 사실로 우리는 생각한다. 만일 하나님의 말씀을 가진다면, 영혼은 부유하고 부족함이 없을 것이다. 왜냐하면 이것은 생명, 진리, 빛, 평화, 의, 구원, 기쁨, 자유, 지혜, 능력, 은총, 영광 및 이루 헤아릴 수

149) Martin Luther, *Martin Luther's Three Treatises,* 264.

없는 모든 축복의 말씀이기 때문이다."[150]

이 신앙은 공적이나 선행과 관련하여 존재할 수 없다. 만일 당신이 선행이나 공적에 의하여 의롭게 될 수 있다고 주장한다면 그것은 바알을 섬기면서 '두 다른 의견 사이에서 머뭇거리는 것' (왕상 18:21)과 같고, 욥이 말한 것처럼 매우 부정한 그 자신의 손에 입 맞추는 것(욥31:27-28)과 같을 것이기 때문이다. 그러므로 당신이 신앙을 가지기 시작한 순간 당신은 당신 안에 있는 모든 것이 전적으로 수치스럽고 죄가 되며 저주받을 것임을 알게 된다.[151]

루터는 선한 행위로는 구원을 얻을 수 없다는 점을 이 논문에서 반복적으로 지적하며 오직 하나님의 약속의 말씀에 대한 믿음을 강조하고 있다: "사람이 마음으로 믿어 의에 이른다."(롬 10:10)고 하는 것처럼 오직 신앙만이 의롭게 하는 것이므로 내적인 사람은 전혀 어떤 외적인 공적이나 행위로 의롭게 되거나 자유롭게 되거나 혹은 구원을 받을 수 없다. … 그러므로 선행에 대한 모든 신뢰를 버리고 더욱 더 믿음만을 강화하며 또한 신앙을 통하여, 선행에 대한 지식이 아니라 그리스도 예수에 대한 지식 가운데서 자라는 것이 모든 크리스찬의 첫째 관심사가 되어야 한다.[152]

루터는 중세 로마가톨릭의 교사나 신학자들이 행위와 공적을 전제로 한 구원의 교리를 전파함에 역겨운 감정을 갖고 있었다. 그가 믿음으로 말미암은 구원의 진리를 재발견한 후에는 기존 로마 교회의 가르침에 전면적인 반기를 들고 있다. 그의 논문과 작품들을 통해서 로마교회의 거

---

150) Martin Luther, *Martin Luther's Three Treatises*, 297.
151) Martin Luther, *Martin Luther's Three Treatises*, 299.
152) Martin Luther, *Martin Luther's Three Treatises*, 300.

짓된 가르침과 사상을 고발하고 성경에 기초한 참된 가르침과 구원의 진리를 설파(說破)하는데 자신의 인생을 걸었던 것이다. 루터는 이렇게 고백하고 있다. “하나님의 약속들은 거룩하고 참되고 의롭고 자유롭고 또한 선이 가득 찬 평화로운 말씀이다. 그러므로 굳건한 신앙으로 이 말씀에 매어 달리는 영혼은 이 말씀과 밀접하게 결합되고 완전히 이 말씀에 동화되는데, 그 말씀의 능력에 동참할 뿐만 아니라, 그 말씀 가운데 충분히 잠기고 도취될 것이다. … 이리하여 공적 없이 오직 신앙에만 의하여 영혼이 하나님의 말씀으로 의롭게 되고 거룩하게 되며 참되고 평화롭고 자유롭게 되는 데 이른다.”[153)]

루터가 종교개혁을 하면서 기여한 공로 중에 빼 놓을 수 없는 것이 만인제사장주의 확립이었다. 중세가톨릭은 철저하게 교황중심, 사제중심의 특권화된 종교를 지향했다. 그리하여 영적 계급과 일반 평신도 계급을 이분화 하였고, 평신도들을 철저하게 영적 상위 계급인 사제들에게 귀속시켰다. 평신도들은 성만찬을 할 때, 떡만 주고 포도주를 마시지 못하게 했다. 반쪽짜리 성례로 만족케 했다. 그 외에도 로마가톨릭 당국자들은 7성례를 인위적으로 만들어 평신도들을 철저하게 사제 계급의 통제 아래 두었고, 죽을 때까지 사제들이 거행하는 관습화된 의식에 맹종하게 했다. 이에 마틴 루터는 사제들에게 쏠린 특권을 빼앗아 평신도들에게 돌려주었다. 바로 이 점이 루터가 종교개혁을 통해 일반 평신도들에게 안겨 준 크나큰 선물이었다.

그러면 루터의 주장을 한 번 살펴보기로 하자. “우리는 왕 중에서 가장 자유로운 자들일 뿐만 아니라, 또한 영원히 제사장들이기도 하다. 이

---

153) Martin Luther, *Martin Luther's Three Treatises*, 303.

것은 왕이 되는 것보다 훨씬 더 훌륭한 일이다. 그것은 우리가 제사장으로서 하나님 앞에 나아가 다른 사람들을 위하여 기도하고 거룩한 일들을 서로 가르칠 자격이 있기 때문이다. 이것은 제사장들의 직무이며 이 직무는 불신자에게는 주어질 수 없는 것이다. 이와 같이 그리스도는 우리가 그를 믿기만 하면 그의 형제가 되게 하시며, 공동 상속인이 되게 하시고 동료 왕이 되게 할 뿐만 아니라, 그의 동료 제사장이 될 수도 있게 하셨다. 그러므로 우리는 믿는 마음으로 하나님의 존전에 담대히 나아와 '아바 아버지!' 라고 부르고, 서로를 위하여 기도할 수 있으며, 또한 제사장들의 외적이고 가견적인 업무에서 행해지고 예시된 모든 것을 행할 수 있게 된다."[154)]

루터는 로마가톨릭교회가 얼마나 사제 계급을 남용하고 있으며, 성경의 가르침을 곡해시키고 있는가를 고발하고 있다. "만일 교회 안에 있는 모든 사람이 다 제사장이라면 우리가 지금 제사장이라고 부르는 사람들은 일반 교인과 어떻게 다른가? 나는 다음과 같이 답하겠다. 곧 모든 일반 크리스찬들에 의하여 사제, 수도승, 영적인 것 및 성직자란 말들이 그릇된 용법에 따라 현재 '성직자' 들이라 불리고 있는 소수 사람들에게 잘못 적용되고 있다. 성서는 교황, 주교 및 군주라고 당당하게 지금 불리며 또한 하나님의 말씀의 봉사에 따라 다른 사람을 섬기고 그리스도의 믿음과 크리스찬의 자유를 가르쳐야 할 사람들에게 '섬기는 자들', '종들', '청지기들' 이란 명칭을 붙이기는 하나, 이런 칭호들을 특별히 구별하지는 않는다. 비록 우리가 다 같이 제사장들이기는 하나 그렇다고 우리가 다 공적으로 봉사하거나 가르칠 수는 없다. … 그러나 그 청지기의 직책

154) Martin Luther, *Martin Luther's Three Treatises,* 312-313.

은 지금 너무나도 크게 권력을 과시하고 너무나도 무섭고 포악하게 되어 이방 제국이나 다른 지상의 권력은 아무 것도 이것과 견줄 수 없게 되었고, 마치 일반 신자는 크리스찬도 아닌 것과 같이 되어 있다. 이러한 곡해로 인하여 기독교의 은총과 신앙과 자유 및 그리스도 자신에 대한 지식은 완전히 고갈되어 버렸으며, 일반 크리스찬들의 위치는 인간의 공적과 율법의 견딜 수 없는 속박에 의하여 빼앗겨버렸다."[155]

마틴 루터가 『크리스찬의 자유』 논문에서 주고자 하는 핵심적인 교훈은 행위와 공적이 아닌, 오직 믿음으로 의롭다 함을 받고, 믿음으로 구원에 이르게 된다는 것이다. 그런데 독자가 오해하기 쉬운 점이 있다. 그렇다면 크리스찬에게 선행은 전혀 필요 없는 것인가 하는 것이다. 이에 대해서 루터는 선행에 대한 자신의 분명한 입장과 소신을 밝히고 있다. 루터는 믿음으로 의롭다 인정함을 받고, 믿음으로 구원을 확신하고 진리 안에서 자유를 누리는 크리스찬은 적극적으로 선행을 행하고 성령의 인도함을 받으며 절제 있는 삶을 살면서 이웃에 덕을 끼치는 삶을 살아야 함을 강조하고 있다. 루터는 선행과 공적이 구원의 필요한 조건이 결코 될 수 없다는 입장은 추호도 변함이 없다. 다만 믿음으로 구원을 받은 하나님의 자녀들이 세상의 본이 되고 이웃의 덕을 끼치기 위해서 선행을 적극적으로 행해야 한다는 입장이다.

그러면 루터의 주장을 살펴보도록 하자. "그는 금식, 절제, 노동 및 다른 적절한 훈련으로 그의 몸을 잘 단련하고 몸을 성령의 지배 아래 두도록 힘써야 한다. 그렇게 함으로 그의 몸은 내적인 사람과 신앙에 복종하고 순종하며, 신앙에 항거하지 않고 내적인 사람에 방해가 되지 않을 것

155) Martin Luther, *Martin Luther's Three Treatises*, 314-315.

이다. … 신앙에 의하여 하나님의 형상대로 지음을 받은 내적인 사람은 그 안에서 매우 많은 유익이 그에게 주어지는 그리스도 때문에 기쁘기도 하며 행복하기도 하다. 그러므로 강제적이 아닌 사랑으로써, 이득을 생각지 않고 기쁘게 하나님을 섬기는 것이 그의 한 직무인 것이다."[156)]

"신앙으로 영혼이 깨끗하게 되고 하나님을 사랑하게 되기 때문에 영혼은  특히 그 자신의 몸이 정화되어 모든 것이 그와 함께 하나님을 사랑하고 찬미하는 데 동참하기를 바란다. 여기에서 그의 몸에 필요한 것이 그를 강제하고 또한 그의 몸을 굴복시키기 위하여 많은 선을 행하지 않으면 안 되는 까닭에 사람은 게으를 수 없다. 그럼에도 불구하고 공적 자체는 사람을 하나님 앞에서 의롭게 하지 못한다. 그러나 그는 자발적인 사랑으로 하나님에게 복종하는 가운데서 행하며 모든 일에 있어서 가장 세심하게 순종할 하나님의 허락 외에는 아무 것도 생각하지 않는다. … 인간이 신앙 없이 공적으로 의롭게 되고 구원을 받으려고 하는 것은 가장 어리석은 것이며, 크리스찬의 생활과 신앙에 대한 전적인 무지의 발로인 것이다."[157)]

"그러므로 신앙에 의하여 성별된 크리스찬이 선을 행하는 것이지 그 선행이 그를 더 거룩하게 하거나 혹은 더 크리스찬이 되게 하지 못한다. 그것은 오직 신앙만의 일이기 때문이다. 그리고 만일 사람이 먼저 믿는 자와 진실한 크리스찬이 되지 않는다면 그의 모든 행위는 전혀 무가치하게 될 것이며, 참으로 사악하고 저주받을 죄가 될 뿐이다."[158)]

마틴 루터는 진정한 선을 행하기 위해서는 사람 자체가 바뀌어야 한

---

156) Martin Luther, *Martin Luther's Three Treatises*, 319.
157) Martin Luther, *Martin Luther's Three Treatises*, 320-321..
158) Martin Luther, *Martin Luther's Three Treatises*, 322.

다고 했다. 사람 자체가 먼저 믿음으로 의롭다 함을 받고 새 사람이 될 때, 비로소 참된 선을 행할 수 있다고 했다. 루터의 주장을 살펴보기로 하자. "그러므로 다음의 진술이 참되다고 할 수 있다. 선행이 선한 사람을 만들지 못하나, 선한 사람은 선한 일을 행한다. 그리고 악한 행위가 악한 사람을 만들지 못하나, 악한 사람은 악한 일을 행한다. 따라서 언제나 필연적으로, 어떤 선행이 있을 수 있기 전에 먼저 본질(substance) 혹은 사람 자체가 선해야 하며, 또한 선행이 선한 사람을 따르고 그에게서 나와야 한다. 이것은 그리스도께서 "좋은 나무가 나쁜 열매를 맺을 수 없고, 못된 나무가 아름다운 열매를 맺을 수 없느니라."(마 7:18)고 말씀하시는 것과 같다."[159)]

루터가 이 논문에서 반복해서 강조하는 점은 사람을 의롭게 하는 것은 오직 신앙뿐이며, 크리스찬은 믿음을 통하여 모든 율법에서 해방을 받고 모든 것을 순수한 자유에서 자유로이 행할 수 있다고 했다. 그렇기 때문에 구원을 받기 위하여 어떤 행위나 율법을 필요로 하지 않는다고 했다.[160)]

루터는 이웃을 위한 사랑과 봉사로서 선행을 적극적으로 행할 것을 주장하고 있다. "인간은 죽을 수밖에 없는 육신 가운데서 그 자신만을 위하여 사는 것이 아니고 역시 지상에 있는 모든 인류를 위해서도 산다. 오히려 그는 다른 사람들을 더 진실하고 자유롭게 섬길 수 있도록 그의 몸을 예속시킨다." 이러면서 사도 바울의 견해를 인용하고 있다 "우리 중에 누구든지 자기를 위하여 사는 자가 없고, 자기를 위하여 죽는 자도 없도다. 우리가 살아도 주를 위하여 살고 죽어도 주를 위하여 죽나니"(롬

159) Martin Luther, *Martin Luther's Three Treatises,* 322-323.
160) Martin Luther, *Martin Luther's Three Treatises,* 324.

14:7-8)라고 말하는 것과 같다. 그는 언제든지 이 세상에서 게으를 수 없으며, 그의 이웃을 위하여 일하지 않을 수 없다고 했다.[161] 그리고 "우리가 하나님의 자녀들이 되어 서로 다른 사람을 위하여 돌보고 일하며 서로 다른 사람의 짐을 짊으로 그리스도의 법을 성취하게 하려는 것이다. 이것이 참된 크리스챤의 생활이다. 여기에서 신앙은 사랑을 통하여 참으로 활동적인 것으로 된다. 곧 신앙은 활발하고 친절히 행해지며, 어떤 보수를 바라지 않고 기꺼이 섬기는 가장 자유로운 봉사의 행위로 나타난다."고 했다.[162]

마틴 루터는『크리스챤의 자유』이 논문에서 믿음으로 의롭게 된 크리스챤들이 중세가톨릭의 성경에서 빗나간 잘못된 전통과 관습과 미신적 행위에 종노릇하지 말고 성경의 진리에서 참된 자유를 누릴 것을 역설했다. 로마교회의 전통과 관습에 맹종하면 크리스챤의 자유는 완전히 사라져버리게 된다고 경고하고 있다.[163] 진실한 신앙이 있을 때, 사랑은 참되고 진실하게 된다고 했다. 그리고 진정한 크리스챤은 그 자신 안에서가 아니라, 그리스도와 그의 이웃 안에서 살아가야 하며, 크리스챤은 신앙으로 그리스도 안에서 살며, 사랑으로 그의 이웃 안에서 살아야 함을 강조하며 이 논문의 결론을 맺는다. 루터는 모든 크리스챤들이 로마가톨릭교회의 잘못된 전통과 관습에서 뿐만 아니라, 모든 죄와 율법과 계명에서 해방된 참된 자유를 누려 살길 간절히 기대했던 것이다.[164]

---

161) Martin Luther, *Martin Luther's Three Treatises*, 328.
162) Martin Luther, *Martin Luther's Three Treatises*, 329.
163) Martin Luther, *Martin Luther's Three Treatises*, 337.
164) Martin Luther, *Martin Luther's Three Treatises*, 338-339.

# 에라스무스와 루터의 생애와 사상

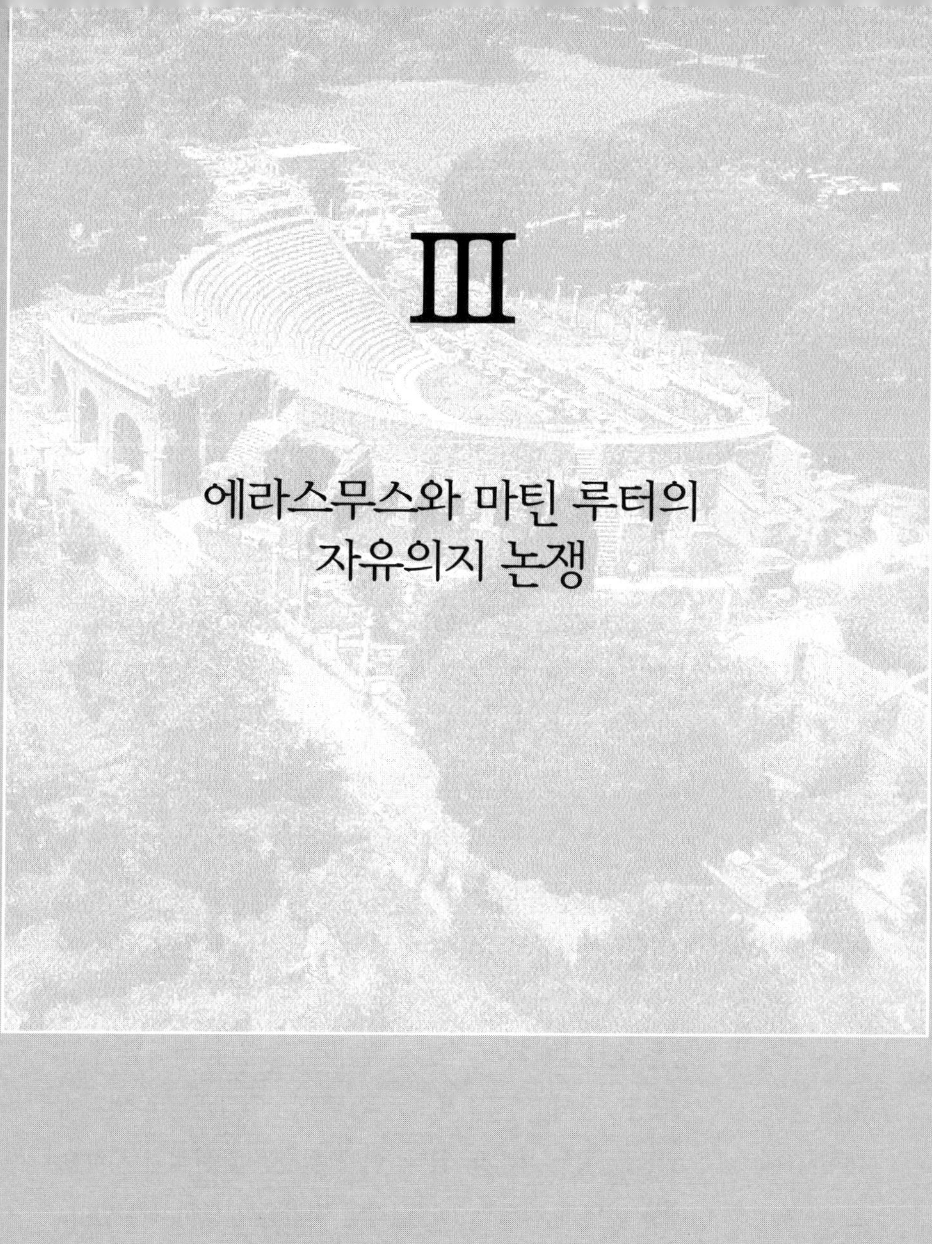

# III

# 에라스무스와 마틴 루터의 자유의지 논쟁

# 에라스무스와 마틴 루터의 자유의지 논쟁[1)]


## 한글 초록

본 논문은 에라스무스와 마틴 루터의 자유의지 논쟁에 관한 연구이다. 이 논쟁은 지난 2천년 동안 가장 많이 회자된 논쟁적인 주제 중 하나였다. 2천년 기독교 역사 가운데 가장 중요한 사건이 16세기 종교개혁이다. 이 종교개혁을 연구함에 있어 에라스무스와 마틴 루터의 공헌을 빼 놓을 수 없다. 두 사람은 종교개혁에 지대한 영향을 미쳤다. 두 사람은 종교개혁 초반에는 서로를 존중했고, 좋게 평가를 했다. 특히 에라스무스는 루터가 어려움에 처했을 때, 그를 적극적으로 변호하며 많은 도움을 주었다. 그러나 자유의지 문제에서 두 사람은 서로 충돌했다. 자유의지 문제에서는 서로의 견해를 달리했고, 상대방의 입장을 날카롭게 비판했다. 이로 인해서 두 사람은 갈라서게 된다. 두 사람이 치열하게 논쟁을 벌였던 이 자유의지 논쟁은 오늘날에도 뜨거운 이슈가 되고 있다. 하나님 주권 편에서 자유의지를 받아들이고, 긍정적으로 수용하는 입장과 자유의지에 대해서 배타적으로 접근하는 부류도 있다. 이에 필자는 객관적인 시각으로 두 사람의 견해를 면밀히 검토하고 건설적인 비판을 시도하고자 한다.


**주제어: 자유의지, 하나님의 주권, 종교개혁, 에라스무스, 마틴 루터, 필연성**

---

1) 이 논문은 필자가 국제 신학 제17권(2015년),“에라스무스와 마틴 루터의 비교연구” 제목으로 게재했던 것이다. 약간 수정 보완하여 다시 실었다.

[Abstract]

# A Free Will Controversy between Erasmus and Martin Luther

The main purpose of this article is to focus on the heated debate about Free Will between Erasmus and Martin Luther. The issue of Free Will is said to have been one of the most talked about and controversial topics throughout church history. Since the birth of Christianity, the Reformation of the sixteenth century is the most significant and momentous occasion, making profound impacts on the church life in general and Christian theology in particular. Erasmus and Martin Luther were known to be the most significant contributor to the Reformation. In the early times of their friendship they deeply respect each other. When Luther was in troubles of any sort, Erasmus made every effort to defend and help him out. However, when it came to the issue of Free Will, they had sharply different opinions and poignantly criticize each other. As a result of this profound discrepancy, their friendly relationship came to an end. Nonetheless, the heated debate on the issue of Free Will between the two giants of the Reformation has continued up to this day. There are two types of addressing the issue of Free Will. One type is in accord with Erasmus in that Humans' Free Will is under God's sovereignty and is put into a positive light. The other sides with Luther who firmly excluded the Free Will. In the face of the two divided views on the matter of Free Will, this article is designed to delve into the two Reformers' theological position on the controversial issue and further provide a insightful critique of them.

**Key-Words: Free Will, God' sovereignty, Reformation, Erasmus, Martin Luther, inevitability**

## I. 들어가는 말

2천년 기독교 역사 가운데 가장 핵심적이고 중요한 사건이 16세기 종교개혁일 것이다. 종교개혁은 옛 시대의 종언과 함께 근대로의 창문을 활짝 열었고 새 역사를 창조하는 교두보 역할을 했다.[2] 이 종교개혁을 연구함에 있어 에라스무스와 마틴 루터를 빼 놓을 수 없다. 두 사람은 16세기 종교개혁에 지대한 영향력을 끼친 인물이다. 두 사람의 생애를 비교해 볼 때, 공통점과 닮은 점도 있다.[3] 하지만 신앙 노선 면에서는 상이한 점이 있음을 부인할 수 없다. 특히 자유의지 문제에서는 서로 극단으로 치닫고 있음을 확인하게 된다. 두 사람의 자유의지에 대한 논쟁은 교회 역사에서 가장 치열한 진검 승부였다. 서로 한 치의 양보도 없이 자신들의 주장과 사상을 혼신의 힘을 다해서 피력하고 상대를 공격하며 자신들의 주장을 성경 말씀에 기초해서 입증해 갔다.

에라스무스의 주장과 같이 성경에 나타나는 적지 않은 어려움 가운데 '자유선택' 의 문제만큼 복잡하게 얽혀 있는 미로는 없을 것이다.[4] 지금

---

2) 서요한, 『종교개혁사』 (서울: 그리심, 2013), 51.
3) 에라스무스와 루터는 어거스틴 수도회 출신 수도사였다. 또 두 사람은 공동생활 형제단의 영향을 많이 받았다.

도 '자유선택'에 대한 문제는 신학자들에게 뜨거운 감자 역할을 하고 있다. 루터도 "자유 선택의 문제는 서로 상반된 목적을 가진 사람들이 제시하는 추론과 비유로 인해 논쟁이 되풀이되기 때문에 영원히 의문 속에 있어야 하는가." 하고 문제제기를 하기도 했다.[5]

김주환은 에라스무스의 주장은 신인협동설(synergism)로 치닫게 될 위험성이 있고 한편 루터의 견해는 숙명론(fatalism)과 도덕폐기론(antinomianism)으로 치닫게 될 위험성을 내포하고 있다고 했다.6) 루터는 에라스무스를 비종교적인 사람으로 비판했지만, 그는 결코 비종교적인 사람이 아니었다. 에라스무스는 예수님을 진정으로 사랑했고, 예수님의 참 제자가 되고자 소원했다.[7] 두 사람은 '하나님과 인간'을 이해하는 방식, 즉 구원을 이해하는 방식이 서로 달랐을 뿐이다. 필자는 에라스무스와 마틴 루터, 두 사람이 피나는 논쟁을 벌였던 자유의지에 대해서 건설적인 비판을 시도해보고자 한다.

## 2. 에라스무스와 루터의 차이점

### 2.1 인간 조건과 기질 면에서 차이

에라스무스는 네덜란드 로테르담에서 태어났고, 루터는 독일 아이슬

4) 에라스무스, 『자유의지에 관하여』, 이성덕 · 김주환 역, 『루터와 에라스무스: 자유의지와 구원』 (서울: 두란노아카데미, 2011), 70.

5) 루터, 『노예의지에 관하여』, 이성덕 · 김주환 역, 『루터와 에라스무스: 자유의지와 구원』(서울: 두란노아카데미, 2011), 303. (이후로는 에라스무스 『자유의지에 관하여』 혹은 루터 『노예의지에 관하여』로 표기하고자 한다.)

6) Ibid., 66.

7) William R. Estep, *Renaissance and Reformation* (Grand Rapids: Eerdmans, 1992), 92.

레벤 출신이었다. 에라스무스는 아버지가 신부였는데, 의사의 딸과 불륜으로 에라스무스와 그 형을 낳았다. 에라스무스는 사생자로 자기 출신에 대한 열등감을 가지고 있었다.[8] 그리고 에라스무스는 경제문제가 안정되지 않았으므로 50세까지도 빵을 구걸하기 위해 허리를 굽히며 고개를 숙여야 했다. 그는 남의 비위를 맞추어야 했고 비굴한 헌사와 아첨의 편지를 수없이 많이 써야 했다.[9] 그러나 루터는 광산업을 하는 아버지와 어머니 슬하에서 장남으로 태어났다. 아버지 한스는 원래 빈농 출신으로서 광부로 전업하였으며 후에는 광산주(鑛山主)까지 되었다. 자녀가 8명이나 되었지만 가족은 경제적으로 별 어려움이 없었으며, 루터의 경우 아버지의 넉넉한 지원을 받으며 경제적 어려움 없이 대학 공부를 할 수 있었다.[10]

에라스무스는 무엇보다 건강이 좋지 않았다. 그는 허약했기에, 온갖 질병으로 고통 받았다.[11] 그렇지만 수많은 독서를 하였고 수많은 글을 쓰면서 유럽을 대표하는 지성인으로 성장했다. 하지만 그는 기질적으로 소심했고, 신중함이 몸에 배어 있었으며 한 인간으로서는 비굴할 정도로 겸손했다.[12] 그리고 결단 앞에서는 우유부단했다. 회의주의자이면서도 이상주의자로서의 기질도 가지고 있었다.[13] 그러나 루터는 광부의 아들

---

8) Stefan Zweig, 『에라스무스 평전』, 정민영 역, (경기 파주: 아롬미디어, 2008), 41-42.

9) Ibid., 50-51.

10) Lewis W. Spitz, *The Reformation*. 서영일 역, 『종교개혁사』 (서울: 기독교문서선교회, 1997), 50-51.

11) Stefan Zweig, 74. 에라스무스는 신체기관의 과민성 때문에 늘 신경 쇠약과 우울증에 시달렸다. 위장이 좋지 않았고, 류마티스 관절염을 앓았다. 또 신장결석으로 고통을 당했다.

12) Stefan Zweig, 68-86.

13) Ibid., 83.

로 태어나 아주 건강했다.[14] 그의 천성은 독일 민족의 야성이 있었다. 불을 토해 내는 그의 말은 마치 강력한 뇌우처럼 거칠고 난폭하게 독일 땅을 휘몰아칠 정도였다. 루터에게는 독재에 항거하고 반란을 일으키는 독일인의 본성이 배어 있었다. 외모도 에라스무스는 항상 두꺼운 모피로 몸을 감싼 채 허약하고 창백한 모습이었고, 루터는 넘쳐나는 건강을 가지고 있었다. 그랬기에 루터는 언제나 자신감이 넘쳤고, 누구 앞에서도 당당하게 자기 목소리를 낼 수 있었다.[15]

### 2.2 개혁의 신념의 차이

에라스무스는 가톨릭 체제를 인정했고 가톨릭 체제 내에서의 개혁을 주장했다. 에라스무스는 당시 가톨릭교회와 교황제의 부정과 불법과 비리를 목격하고 통탄하는 심정이 있었다.[16] 하지만 가톨릭교회의 체계와 교황제 자체를 부정하지는 않았다. 면죄부의 오용에 대해서 강한 불만이 있었지만, 면죄부를 전적으로 비난하지는 않았다. 그래서 그는 "언제 내가 교회법과 교황의 교서들을 비난한 적이 있는가?" 하고 반문을 했던 것이다.[17]

또 보헤미아의 통치자인 조오지 공(Duke George)에게 보내는 편지에서 에라스무스는 이렇게 쓰고 있다.

---

14) Ibid., 144.
15) Ibid., 141-146.
16) Erasmus, *The Praise of Folly*, 강민정역, 『우신예찬』 (경기 파주: 서해문집, 2008), 152-155.
17) Roland Bainton, *Erasmus of Christendom,* 박찬문 역, 『공동체 안에서의 에라스무스』 (제주시: 제주대학교출판부, 2009), 286.

> "루터는 경건한 귀에 거슬리는 많은 것을 썼다. 그러나 또한 선한 것도 많이 썼다. 격렬함이 계속되기 때문에, 선한 것들이 또한 정죄받고 있다. 루터에 반대하는 교서는 잔인하였고, 황세의 칙령은 더 악랄하였다. … 우리는 교황의 권위를 부인하지 않아야 한다. 하지만, 그 무엇보다 우리는 그리스도를 영화롭게 해야 한다."[18]

여기서도 에라스무스는 핍박받고 있는 루터를 두둔하면서 교황의 권위는 부인하지 말아야 한다고 주장했다. 에라스무스의 이런 관점에 대해 루터는 반박했다. "평화를 사랑하는 신학을 가진 당신이여, 당신은 진리에 대해 관심을 가지지 않았다. 등불은 비록 전 세계가 무너진다고 해도 말 아래에 놓아서는 안 된다. 하나님은 또 다른 세계를 만드실 수 있다."[19] 이에 대해 에라스무스는 또 응수했다. "그러나 사람들이 종교전쟁에 휘말려들 때, 진리에 무엇이 일어나겠는가?" 여기서 볼 때도, 루터는 진리를 위해서는 전쟁도 불사하는 패기와 용기가 있음을 확인할 수 있다. 그러나 에라스무스는 종교전쟁이 몰고 오게 될 심각한 위험성을 내다보았던 것이다.

루터는 가톨릭의 체제와 교황제를 부정했다. 기존 가톨릭교회와 교황청과 교황의 비리를 목격한 루터는 기존의 틀을 깨고 새로운 교회를 세우고자 결심했다. 그가 1520년 가을에 쓴 세 편의 소논문[20]에서 그는 교황제와 교황권을 전면적으로 부정해버렸다.[21]

---

18) Roland Bainton, *Erasmus of Christendom*, 289-290 에서 재인용.

19) Ibid.

20) 세편의 논문은 "독일 크리스찬 귀족에게 보내는 공개편지", "교회의 바벨론 감금", "크리스찬의 자유" 등이다.

21) Martin Luther, *Martin Luther's Three Treatises,* 지원용 역, 『마틴 루터의 종교개혁 3대 논문』 (서울: 컨콜디아사, 1993), 29-30.

루터는『크리스찬의 자유』에서 더욱 강력하게 교황청과 교황제를 비난했다.

> "과연 나는 로마 교황청 곧 귀하의 직위를 참으로 경멸했습니다. 귀하나 어느 다른 사람이 아무리 부인하려고 해도 할 수 없는 것은 지금까지 있었던 어느 바벨론이나 소돔보다도 로마 교황청이 더 부패하였고, 또한 내가 보는 대로는 완전히 타락하고 절망적이며 널리 알려진 불경건이라는 특징으로 표시할 수 있는 것입니다. 나는 착한 크리스찬들이 귀하의 이름과 로마 교회의 가면 아래에서 조롱을 받고 있다는 사실에 대하여 매우 격분했습니다. 나는 신앙의 생기가 내 안에 살아 있는 한 부단히 귀하의 직위에 항거할 것입니다." …이 넓은 하늘 아래에 로마 교황청보다 더 부패하고 더 유해(有害)하고 더 불쾌한 곳이 없다는 것이 사실 아닙니까?"[22]

에라스무스는 이성의 법칙에 따라 가톨릭교회를 개혁하고자 했다. 그러나 루터는 혁명가적인 방법으로 교회를 개혁하고자 했다. Stefan Zweig는 루터의 쇠주먹이 단지 펜으로 무장한 연약한 에라스무스의 손을 일격에 부숴버렸다고 했다.[23]

### 2.3 자유의지와 자유선택에 대한 견해 차이

에라스무스와 루터를 기억할 때, 가장 논쟁적이며 치열했던 문제가 바로 '자유의지' 내지는 '자유선택'의 문제였다. 이 문제로 인해서 두 사

22) Ibid., 252-254.
23) Stefan Zweig, 25.

람은 서로에 대한 반감과 적대감을 갖고 헤어질 수밖에 없었다. 오늘날에도 이 문제는 각 교파마다 자신들의 입장을 굽히지 않고 있다. 개혁주의를 따르는 장로교 진영에서는 루터의 견해를 지지하고, 감리교나 오순절 계통에서는 에라스무스의 입장을 지지하고 있다.[24] 필자는 에라스무스와 루터의 작품을 기초로 해서 치우치지 않게 이 문제를 조심스럽게 접근해 보고자 한다.

루터는 어거스틴 수도원에서 수도사 생활을 통해서 극단적인 금욕생활을 경험했다. 그런 삶을 통해서 율법적인 행위와 인간의 공로와 의지적인 노력으로 하나님을 발견하고 의롭게 되어 구원의 확신을 얻고자 했다. 하지만 그런 노력에도 불구하고 하나님을 인격적으로 만날 수 없었고, 구원의 확신도 얻지 못했다. 그런 율법적인 노력이 얼마나 무모하고 무의미하며 무가치한 가를 깊이 체험했다.[25]

그랬던 그가 로마서를 연구하기 시작했고, 로마서의 저자 바울에 대해서 연구하기 시작했다. 그리고 로마서 1:17절을 가지고 씨름을 하였다. 그 후 루터는 로마서 말씀을 통해서 복음으로 말미암는 '의'(義)를 확실히 깨닫게 되었고, 이로 인해서 구원의 감격을 되찾게 되었다.[26]

---

24) 48. Philip S. Watson 교수가 이 책의 서론에서 『루터의 반론』 부분에서 감리교의 창시자 요한 웨슬리가 칼빈주의를 반대하고 아르미니우스적 견해를 지지하고 있음을 언급했다; 보스턴 대학교 교회사 교수였던 David Hempton도 비슷한 주장을 했다. Carter Lindberg The Pietist Theologians, 이은재 역, 『경건주의 신학과 신학자들』 (서울: 기독교 문서 선교회, 2009), 532.

25) William R. Estep, Renaissance and Reformation (Grand Rapids: Eerdmans, 1992), 115. 루터는 수도원 생활 가운데 자신이 경험했던 절망과 좌절에 대해서 이렇게 기록하고 있다. "나는 20년 동안 수도사로 지내면서 기도, 금식, 철야, 죽을 것 같이 살을 에는 듯한 추위를 경험했다. 내가 이런 일을 겪으면서 추구했던 것은 오직 하나님 자체였다. 내가 수도원 생활의 규칙과 그토록 엄격한 삶을 살았던 것을 누가 다 알 수 있겠는가?" Estep, 243에서 재인용함.

26) Estep, 116에서 재인용함.

그리고 루터는 『크리스찬의 자유』에서 이런 말을 했다. "인간이 신앙 없이 공적으로 의롭게 되고 구원을 받으려고 하는 것은 가장 어리석은 것이며, 크리스천의 생활과 신앙에 대한 전적인 무지(無知)의 발로인 것이다."[27] 더 나아가 루터는 인간 내면에 있는 선행의 잔재들이 수치스러운 것이며, 죄가 되고 저주받을 것이라고까지 주장했다.[28]

이런 극단적이고 과격한 주장을 수용하는 사람도 있었지만, 반기를 드는 사람들도 적지 않았다. 그 중에 한 사람이 바로 에라스무스였던 것이다. 이로 인해서 에라스무스와 루터는 피할 수 없는 사상적 논쟁을 벌이게 되었다.

에라스무스는 자신의 논문 『자유의지에 관하여』에서 이렇게 언급하면서 논문을 시작한다. "성경에 나타나는 적지 않은 어려움 가운데 '자유선택' 의 문제만큼 복잡하게 얽혀있는 미로는 거의 없을 것입니다." 그리고 이 문제는 오랫동안 철학자들과 또한 신학자들의 마음을 몹시 괴롭힌 주제라고 했다.[29] 에라스무스의 주장과 같이 이 '자유선택' 혹은 '자유의지' 의 문제는 복잡한 미로와 같고 인간의 힘으로 풀 수 없는 난제와 같다. 에라스무스는 인간에게 자유선택의 능력이 있음을 인정하고 있으며, 자유선택에 대해서 이렇게 정의를 하고 있다. "자유선택이란 사람이 영원한 구원에 이르는 것들에 전념하거나, 이런 것에서 돌아설 수 있는 인간 의지의 능력을 의미합니다."[30] 그러나 루터는 『노예의지에 관하여』에서 자유의지와 자유선택을 강하게 부정하고 있다. 인간에 대한 관점과 구원역사에 대한 인식에서 에라스무스와 루터는 전혀 다른 이해와 다른

27) Martin Luther, *Martin Luther's Three Treatises*, 285.
28) Ibid., 267.
29) 에라스무스, 『자유의지에 관하여』,70.
30) Ibid., 84.

해석을 하고 있다. 에라스무스의 주장을 듣고 있으면 그의 주장이 옳은 것 같다. 또 한편 루터의 강력하고 열정적인 주장을 듣다보면 그의 주장이 옳은 것 같다. 이에 필자는 에라스무스의 『자유의지에 관하여』와 루터의 『노예의지에 관하여』 두 논문을 비교 분석하면서 합리적인 결론에 접근해 보고자 한다.

### 3. 필연성에 대한 문제 제기

에라스무스는 루터가 모든 것이 하나님의 필연성에 의해서 이루어진다는 주장에 대해서 문제제기를 한다. "위클리프가 가르치고 루터가 재차 주장했던, 우리가 행한 것은 자유 선택에 의해서가 아니라 전적으로 필연성에 의해 된 것이라는 교리에 어느 정도 진리가 있다고 가정해 봅시다. 이러한 패러독스를 세상에 공포하는 것보다 더 무익한 일이 있을 수 있습니까?" 에라스무스는 필연성만을 강조하는 것은 무익한 일이라고 비판했다. 필연성만을 강조하게 되면, 신앙이 없는 대중들은 이것을 얼마든지 악용할 수 있다고 했다. 아둔함과 나태함과 악의와 치료할 수 없는 악한 행위를 얼마든지 합리화할 수 있다는 것이다. 하나님의 필연성으로 인해서 자신이 이런 삶을 살 수 밖에 없다며 자신의 악한 삶을 돌이키려고 하지 않고 자신의 책임을 회피할 수 있다는 것이다.[31]

그러자 루터는 불 같이 일어나 반박을 하고 있다. 그는 에라스무스가 "하나님을 매우 분노하게 만들면서 신성 모독을 향해 돌진한다."고 했다. 그리고 하나님은 성령을 받지 않는 당신의 교정자들에게 아무 관

31) Ibid., 77.
32) 루터, 『노예의지에 관하여』, 192-193.

심도 보이지 않으신다고 했다. 그러나 선택받은 자들과 경건한 사람들은 성령에 의해서 교정을 받지만, 그 나머지 사람들은 교정을 받지 못한 채로 사멸한다고 했다.[32] 에라스무스는 그의 논문『자유 의지에 관하여』에서 "필연성만을 강조하게 될 때, 죄 가운데 있는 자들 중에 누가 진심으로 하나님을 사랑하겠습니까?" 하고 질문을 던졌다.[33] 이에 루터가 이 질문을 지목하면서 자신의 주장을 이렇게 펼쳤다. "당신은 하나님의 사랑을 받는다고 믿을 사람이 과연 누가 있을까 하고 묻는다. 나의 대답은 이렇다. 어느 누구도 이를 믿으려 하거나 믿을 수는 없다. 그러나 선택받은 사람들은 믿으려 하는 반면 그 나머지 사람들은 당신이 여기서 하고 있는 것처럼 불신앙과 분노와 신성 모독 속에서 멸망할 것이다." 라고 했다.[34]

에라스무스는 어거스틴의 주장을 기초로 해서 하나님께서 인간의 선한 행위에 대해서 보상하시고 악한 행위를 벌하신다는 입장을 지지하며, 하나님께서 인간이 자유의지를 가지고 선을 선택하며 선한 행위를 하게 될 때 거기에 대한 정당한 보상이 따른다고 보았다.[35] 그러나 루터는 하나님의 절대예정을 강조하면서 인간의 자유의지와 자유선택이 개입할 여지를 철저하게 차단시켜버린다. 선택을 받은 사람들은 회개하고 교정을 받게 되고, 하나님의 사랑을 확신하고 하나님을 믿게 된다는 것이다. 그러나 선택받지 못한 사람들은 하나님을 믿으려고도 하지 않게 되고, 자신들의 불신앙과 신성모독의 죄악 가운데서 멸망당하게 된다는 것이다. 에라스무스와 루터, 두 신앙의 거장들의 신학적 관점이 극단적 대조를

---

33) 에라스무스,『자유의지에 관하여』, 77.
34) 루터,『노예의지에 관하여』,193.
35) 에라스무스,『자유의지에 관하여』, 77.

이루고 있음을 확인하게 된다.

### 3.1 자유선택을 옹호하는 성경 구절들

에라스무스는 성경에서 자유선택을 옹호하는 것처럼 보이는 많은 구절들이 있다는 사실을 부인할 수 없다고 했다. 반면에 자유선택을 부인하는 것처럼 보이는 구절도 있는 것이 사실이라고 했다. 그리고 성경은 전체 과정이 같은 성령으로부터 이루어지기 때문에 자체가 모순일 수 없는 것이 분명하다고 했다.[36]

에라스무스는 인간의 의지는 새로운 은총의 도움 없이는 주 예수께서 제자들에게 약속했던 영원한 생명의 행복을 얻을 수 없다고 했다. 그는 하와와 아담의 예를 들면서 의지가 탄생하는 장소인 그들의 이성도 타락했다고 했다. 그러나 에라스무스는 이성이 죄에 의해서 희미해졌지만 모두 완전히 사라졌다고는 생각하지 않는다고 했다.[37]

에라스무스는 하나님의 은총을 부인하지 않았다. 그는 은총의 도움이 필요함을 인식하고 있었다. 그는 "하나님의 은총이 없다면 인간의 의지가 효과적으로 선을 행할 수 없습니다."라고 했고, "선을 알았을 때 이를 끌어안고 악에서 돌이키는 영혼의 그 능력은… 창조주의 선물입니다."고 했다.[38]

에라스무스는 자유선택에 대해서 열린 마음을 가지고 있다.

"이 세상에 있는 모든 사람에게 충분한 기회를 주십니다. 이런 것들

36) Ibid., 83-84.
37) Ibid., 85.
38) Ibid., 88.

은 우리 자신의 선택 능력 안에 있는 것으로 여겨집니다. 우리는 우리의 의지를 마치 우리가 우리에게 비추는 빛을 향해 눈을 뜨거나 다시 감는 것처럼 은총으로 향하게 하거나, 그로부터 돌아서게 합니다.… '기뻐하는 은총' 이라고 불리는 이 은총에 의해 각자가 전심으로 찾으면, 어떤 죄인도 자기 자신에 대해 확신해서는 안 되지만, 절망해서도 안 됩니다. 더욱이 자기 자신의 잘못으로 말미암지 않고는 결코 멸망하지 않습니다. 그러므로 '자연적인 은총' 이 있고, '촉진하는 은총' 이 있고, 우리가 '협동하는 은총' 이라고 부르는 의지를 효과 있게 만들어 우리가 해야 할 일을 수행하도록 '허용하는 은총' 이 있습니다."[39]

그리고 에라스무스는 마틴 루터가 주장하는 극단적인 필연성의 무모함을 지적한다.

"아주 극단적으로 모든 것을 은총에 귀속시키고 자유선택을 완전히 제거하지는 않지만 실제적으로 자유선택의 여지를 주지 않는 사람들은 특별한 은총이 없이 사람이 선한 일을 할 수 있다는 사실을 부인합니다. 그리고 하나님의 은총의 근본적이고 끊임없는 도움이 없이는 그가 시작할 수도, 발전시킬 수도, 그의 목적을 완성시킬 수도 없다고 주장합니다. …그가 그 자신의 능력에 귀속시킬 그 어떤 것도 남기지 않습니다. 그러나 이보다 더 심하게 자유선택은 죄 짓는 것 이외에 아무 소용이 없으며, 자유로운 선택이 아니라 오직 은총만이 우리 안에 선한 일을 완성시킬 수 있다고 주장합니다.[40]

그리고 에라스무스는 자유선택을 내포하고 있는 구약 성경의 구절들

39) Ibid., 91.
40) Ibid., 91.

을 예로 들면서 하나님께서 인간에게 자유의지를 허락하셨고, 그 자유의지와 자유선택을 존중하신다는 사실을 강조하고 있다. 가장 먼저, 하나님께서 에덴동산에서 아담에게 주셨던 첫 계명, 선악과에 대한 계명도 자유의지를 존중하시며 주었음을 언급하고 있다. "여호와 하나님이 그 사람에게 명하여 이르시되 동산 각종 나무의 열매는 네가 임의로 먹되 선악을 알게 하는 나무의 열매는 먹지 말라. 네가 먹는 날에는 반드시 죽으리라."(창 2:16-17) 그리고 창세기 4:6-7절 말씀을 예로 들고 있다. "네가 분하여 함은 어찌 됨이며 안색이 변함은 어찌 됨이냐. 네가 선을 행하면 어찌 낯을 들지 못하겠느냐? 선을 행하지 아니하면 죄가 문에 엎드려 있느니라. 죄가 너를 원하나 너는 죄를 다스릴지니라." 여기서 에라스무스는 인간이 선한 것을 택하면 하나님께서 상을 주시며, 악을 따르면 형벌을 주신다고 했다. 그리고 하나님께서는 인간이 악을 향하는 의지의 흐름을 극복할 수 있으며, 의지가 죄를 필연적으로 가져오지 않음을 보여주셨다고 했다. 그리고 신명기 말씀을 통해서 하나님께서 인간의 자유의지와 자유선택을 존중하셨음을 확증하고 있다. "보라 내가 오늘 생명과 복과 사망과 화를 네 앞에 두었나니, …너와 네 자손이 살기 위하여 생명을 택하고 네 하나님 여호와를 사랑하고 그의 말씀을 청종하며 또 그를 의지하라."(신 30:15-20) 에라스무스는 이 말씀을 언급하면서 "이보다 더 명확한 것이 어디에 있습니까?"라고 했으며, 하나님은 선한 것과 악한 것을 보여주셨고, 생명과 죽음의 서로 다른 보상을 보여주셨으며, 사람들에게 선택의 자유를 주셨다며 분명하게 자신의 주장을 펼쳤다. 그리고 자유의지를 반박하는 자들을 향하여 일격을 날리고 있다. "만일 이런 길, 저런 길로 돌아설 수 있는 능력이 없다면 마치 십자로에 서 있는 사람에게 '너는 이 두 길을 본다. 네가 좋아하는 길을 취하라.' 고 하듯이 '선택하라' 고 말하는 것은 우스운 일일 것입니다." 라고 했다. 하나님께서 신명기 30:15-19절에서 '네 앞에' 라는 단어와, '선택하라' 라는 단어와, '돌이키라' 는 단어를 사용하셨는데, 이것은 인간의 의지가 선에 대해 자유롭지 않고 단지 악만 향한다고 한다면, 아주 부적절한 것이라고 했다. 그리고 인간의 자유의지를 부정하는 것은 너무나 불합리하고 부적절함을 한 비유를 통해서 설명했다. "마치 몸이 묶여서 단지 왼쪽 손만 들 수 있는 사람에게 '보라, 네 오른쪽에 최상의 포도주가 있고, 네 왼쪽에 독약이 있다. 그러니 네가 원하는 것을 선택하라' 고 말하는 것과 마찬가지일 것입니다."[41]

그리고 에라스무스는 "너희는 모여 오라. 함께 가까이 나아오라." (사 45:20) "나에게 돌아와 구원을 받으라."(사 45:22) "네 목의 줄을 스스로 풀지어다."(사 52:1-2) "네가 만일 돌아오면 내가 너를 다시 이끌어 내 앞에 세울 것이며, 네가 만일 헛된 것을 버리고 귀한 것을 말한다면, 너는 나의 입이 될 것이라."(렘 15:19) "그러나 악인이 만일 그가 행한 모든 죄에서 돌이켜 떠나 내 모든 율례를 지키고 정의와 공의를 행하면 반드시 살고 죽지 아니할 것이라."(겔 18:21) "나는 악인이 죽는 것을 기뻐하지 아니하고, 악인이 그의 길에서 돌이켜 떠나 사는 것을 기뻐하노라."(겔 33:11) 말씀을 인용하면서 하나님께서 인간들에게 자유의지를 주셨고, 그 자유의지를 선용할 것을 말씀하고 계시다고 주장하고 있다. 하나님께서 인간의 자유의지를 인정하지 않으신다면 이런 수많은 성경 구절들이 무슨 유익이 있겠느냐고 반문을 하고 있다.[42]

에라스무스는 신약 말씀에서도 자유의지를 존중하는 다양한 말씀들을

41) Ibid., 92-93.
42) Ibid., 93-94.

인용하고 있다. “예루살렘아, 예루살렘아 선지자들을 죽이고 네게 파송된 자들을 돌로 치는 자여, 암탉이 그 새끼를 날개 아래에 모음 같이 내가 네 자녀를 모으려 한 일이 몇 번이더냐? 그러나 너희가 원하지 아니하였도다.”(마 23:37) 에라스무스는 필연성만을 강조하고 모든 것이 필연성에 의해 결정된다면, 멸망을 내다보며 눈물을 흘리시는 예수님을 이해할 수 없게 된다고 했다.[43)]

그 외에도 “네가 생명의 길에 들어서려면, 계명을 지키라.” “네가 온전하고자 할진대, 가서 네 소유를 팔아 가난한 자들에게 주라.”(마 19:21). “아무든지 나를 따라오려거든 자기를 부인하고 날마다 제 십자가를 지고 나를 따를 것이니라.”(눅 9:23) 이런 말씀들이 인간의 자유의지를 부정하게 되면 얼마나 공허하게 되겠느냐고 반문을 했다.[44)]

그는 예수님의 말씀뿐만이 아니라, 사도 바울도 자유선택의 옹호자라고 했다. “하나님이 각 사람에게 그 행한 대로 보응하시되”(롬 2:6) “운동장에서 달음질하는 자들이 다 달릴지라도 오직 상을 받는 사람은 한 사람인 줄을 너희가 알지 못하느냐? 너희도 상을 받도록 이와 같이 달음질하라. 이기기를 다투는 자마다 모든 일에 절제하나니 그들은 썩을 승리자의 관을 얻고자 하되 우리는 썩지 아니할 것을 얻고자 하노라.”(고전 9:24-25) “믿음의 선한 싸움을 싸우라. 영생을 취하라.”(딤전 6:12) 이런 말씀들도 다 인간의 자유의지가 있음을 전제로 주어진 말씀이라는 것이다. 필연성만을 강조하게 된다면 이런 말씀은 무의미해지게 된다는 것이다.[45)]

---

43) Ibid., 98.
44) Ibid., 98.
45) Ibid., 100-102.

### 3.2 자유 선택을 반대하는 것처럼 보이는 성경 구절들

#### 3.2.1 에라스무스의 입장에서

에라스무스는 출9:12절과 롬9:17절 말씀을 통해서 하나님께서 바로의 마음을 완악하게 했다는 사실과 가룟 유다의 경우와 야곱과 에서의 예, 토기장이와 질그릇(롬 9:21-23)의 예를 들면서 인간의 자유의지보다 하나님의 절대 주권을 강조하는 듯 한 성경 구절이 있음을 언급하고 있다. 그렇지만 바로도 자신이 자유의지를 지녔기 때문에 그가 자유의지를 선용했다면 하나님의 엄중한 심판을 피해갈 수도 있었을 것이라고 했다. 그러나 바로는 자신이 자유의지를 악용했고, 하나님의 계명에 복종하기보다는 자신의 악을 따랐기 때문에 하나님의 심판을 피할 수 없었던 것이다.46) 에라스무스는 가룟 유다도 자신의 자유의지를 갖고 배신적인 계획을 수행하기를 거부할 능력이 자신에게 있었지만, 그렇게 하지 않고 자신의 자유의지의 악용으로 불행을 자초했다고 보고 있다.[47]

에라스무스는 인간의 자유의지를 인정하지만, 자유의지의 한계성도 인정하며 하나님의 은총을 더 강조하고 있다. "하나님께서 악한 자들의 노력을 경건한 자들의 이익을 위해 돌려놓으시는 것처럼, 선한 사람들의 노력은 하나님의 자유로운 호의의 도움을 받지 않는다면, 그들이 추구하는 목적을 달성할 수가 없습니다."[48] 에라스무스는 하나님의 절대 필연성을 인정하면서도 모든 필연성이 자유의지를 배제하지 않는다고 했다.[49] 그리고 그는 영원한 필연성만 있는 곳에서는 선한 공적도 악행도

46) Ibid., 104-106.
47) Ibid., 109.
48) Ibid., 106.

없다고 했다.[50] 에라스무스는 자유의지를 지지하는 그룹도, 하나님의 절대 예정과 필연성을 강조하는 그룹도, 양측 사람들 모두가 성경의 침범할 수 없는 권위를 인정한다고 했다. 다시 말해서 두 진영의 주장들은 다 성경의 지지를 받고 있다는 것이다.[51]

에라스무스는 하나님의 은총과 인간의 자유의지는 함께 행동한다고 보았다. 하지만 하나님의 은총이 주도적인 원인이 되고, 인간의 의지는 이차적인 원인이 된다고 보았다. 그 모든 일의 총체적인 것이 실행되도록 하는 것은 하나님이시라고 했다. 그리고 인간 자신의 선행으로 어떤 것도 성취할 수가 없으며, 심지어 인간이 동의하고 하나님의 은총과 협력할 수 있다는 사실도 그 자체로서 하나님의 행위라고 했다.[52] 에라스무스는 인간의 자유 의지를 변호하지만, 하나님의 은총과 하나님의 공로를 결코 훼손하지 않고 있다.

에라스무스는 결론 부위에서 자유선택의 문제가 왜 생기는가를 이렇게 정리하고 있다. "이제까지 우리는 자유선택을 옹호하지만…우리는 어쩔 수 없이 우리 의견을 어느 정도 조정하지 않을 수 없습니다. 더욱이 같은 성경에서 서로 다른 사람들이 서로 다른 의견들을 가지기 때문에, 각자는 자기 자신의 관점에서 그리고 자기가 추구하는 목적의 빛에서 그것을 보았음이 틀림없습니다."[53] 자유의지, 자유선택을 지지하는 자나 반대하는 자나 두 진영 다 성경을 모체로 하여 자신들의 주장을 피력하고 있는 것이 사실이다. 에라스무스는 자유선택을 전적으로 부정하고, 하

49) Ibid., 109.
50) Ibid., 110.
51) Ibid., 115.
52) Ibid., 124.
53) Ibid., 130.

나님의 절대예정과 절대적인 필연성만을 강조하는 사람은 자기 목을 자르는 행위라고 경고를 하고 있다.[54)]

에라스무스는 모든 것을 절대적인 필연성으로 돌리는 루터의 견해에 대해서 자신의 솔직한 감정을 이렇게 말하고 있다.

> "인간의 공적은 전적으로 가치가 없어서 모든 일은, 심지어 선한 행위도 죄라는 말을 들었을 때, 우리의 의지는 단지 토기장이의 손에 있는 진흙에 불과하다는 말을 들었을 때, 우리가 하는 일이나 뜻하는 것은 절대적인 필연성을 말할 뿐이라는 말을 들었을 때, 나의 마음은 수많은 걸림돌을 만나게 됩니다.…공적과 같은 것이 없다면, 어떻게 우리는 상급에 관해서 그렇게 많이 듣습니까? 하나님의 명령에 순종한 사람들의 순종에 대해 찬양하고, 불순종한 사람들의 불순종에 대해 저주하는 것이 얼마나 뻔뻔한 일입니까? 공적에 대한 고려가 없다면, 성경에는 왜 그렇게 자주 심판에 대해서 언급합니까? 우리 의지를 통해 일어나는 일이 아무 것도 없고, 우리 안에서 일어나는 모든 것이 오로지 필연성에 의한 것이라면, 왜 우리가 최후 심판대에 앉아야 합니까? 그리고 더 나아가 우리 자신의 힘으로 아무 것도 할 수 없고, 하나님께서 불변하는 의지로 우리 안에서 모든 것을 하신다면, 성경에 있는 수많은 권면이나 교훈이나 위협이 무슨 의미가 있습니까? 하나님은 우리가 끊임없이 기도하고, 깨어 있고, 싸우고, 영원한 생명의 상을 얻기 위해 경주하기를 원하십니다. 이미 줄 것인지 주지 않을 것인지 결정되었고, 이것이 불변의 것이라면 이것을 위해 왜 하나님은 끊임없이 기도하라고 하십니까? 왜 하나님은 이미 주시기로 결정한 것을 그토록 열심히 찾으라고

54) Ibid., 131.

하십니까?"[55]

에라스무스는 아주 의미심장한 지적을 하고 있다. "우물에 접근하도록 허락함으로써 포도주의 사용을 파괴함 없이 술 취함을 추방할 수 있었음에도 불구하고, 술 취하는 것에 대한 증오심으로 그는 포도나무를 잘라 버리도록 명령했기 때문에 그리스인들에게 비난받았던 사람은 리쿠르고스라고 믿습니다." 술 취하는 것에 대한 증오심 때문에 인간에게 유익한 포도나무 자체를 잘라버리라고 명령한 것은 어리석은 행위임을 누구나 인지하듯이, 루터가 자유의지 남용의 위험성 때문에 자유의지 자체를 부정하는 것이 어리석은 행위임을 간접적으로 비판하고 있다. 에라스무스는 루터가 소중하게 생각하는 그러한 특전들을 상실하지 않은 채, 그가 피하고자 했던 다른 위험을 피하면서 자신의 주장을 확립할 수 있었으리라고 생각한다고 했다.[56] 에라스무스는 기본적으로 루터를 존중하고 배려하는 마음이 있음을 보게 된다. 루터의 주장에서 옳은 면, 긍정적인 면을 수용하고 있다. 그리고 자유선택에 대한 자신의 견해를 이렇게 밝히고 있다.

> "전적으로 하나님의 은총에 속하지만, 실행 과정에서 그 자체가 하나님의 은총으로부터 분리되지 않은 인간의 선택의 여지를 허용하는 견해가 나에게는 설득력이 있는 것 같습니다. 왜냐하면 모든 일에는 세 단계, 즉 시작, 진보, 종말이 있고, 첫 번째와 마지막 단계는 은총으로 돌리고, 단지 진보 속에서 자유로운 은총이 무언가를 이룰 수 있기 때문입니다. 각 개인적인 행동에 두 원인, 즉 하나님

---

55) Ibid., 131-132.

56) Ibid., 135.

의 은총과 인간의 의지가 함께 오는 방식으로, 그러나 하나님의 은총은 그 자체로 충분한 것이기 때문에 은총이 주도적인 원인이고 인간의 의지는 이차적이 되는 방식으로, 말하자면 첫 번째 원인을 떠나서는 아무 것도 할 수 없는 그런 방식으로 이룰 수 있습니다."[57]

그리고 결론적으로 자유의지에 대한 자신의 견해를 정리한다. "이러한 보다 조정된 견해에는 인간은 모든 구원을 하나님의 은총에 둔다는 것을 내포합니다. 왜냐하면 이러한 점에서 자유선택의 능력은 지극히 보잘 것 없으며, 그것이 할 수 있는 바로 그것도 먼저 자유선택을 창조하시고, 그것을 자유롭게 하시고, 치유하신 하나님의 은총의 작품이기 때문입니다."[58] 에라스무스는 루터가 자유선택의 목을 자르고 있다고 고발했다. 그리고 자유의지를 부정함으로 인해서 루터와 그의 추종자들뿐만 아니라, 모든 성인들의 선한 행위를 팔아 버리는 과격함으로 나아간다고 했다.[59] 그리고 펠라기우스는 자유선택에 너무 많은 비중을 두었다고 고발하였다. 그러나 루터는 자유선택의 오른팔을 잘라 버림으로써, 자유선택을 불구로 만들었고, 더 나아가 철저하게 자유선택의 목을 잘라 재빨리 해치웠다고 주장했다. 그리고 자신은 자유선택에 많은 것을 귀속시키지만, 하나님의 은총에 최상의 것을 귀속시키는 사람들의 의견을 더 좋아한다고 했다.[60]

그리고 에라스무스는 자신은 알면서 진리에 저항하지 않는다고 했다. 그리고 자신은 온 마음으로 참된 복음적인 자유를 좋아하며, 복음에 반

57) Ibid., 136.
58) Ibid., 136.
59) Ibid., 141.
60) Ibid., 142-143.

대되는 어떤 것도 혐오한다고 했다.[61)]

### 3.2.2 루터의 입장에서

에라스무스가 자유의지를 지지하고 두둔하며 루터의 견해를 비판했을 때, 루터는 『노예 의지에 관하여』라는 논문을 써서 불같은 열정으로 에라스무스의 주장을 무차별적으로 배척하고 나섰다. 더 나아가 에라스무스에게 인격 모독적인 발언도 서슴지 않으면서 거칠게 공격을 감행했다.

첫 마디는 예의를 갖추면서 시작했다. "존경하는 로테르담의 에라스무스 선생에게 나 마틴 루터는 그리스도의 은총과 평화가 있기를 빕니다."[62)] 그리고 에라스무스의 능력과 위대성을 인정하며 자기 주장을 펼치기 시작했다. "내 자신 스스로 이전에 그 어느 누구에게도 양보해본 적이 없었던 승리의 영예를 당신에게 기꺼이 드리고자 한다. 왜냐하면 당신은 웅변술과 타고난 재능에서 나보다 훨씬 우월할 뿐만 아니라, 나의 정신과 열정을 완전히 꺾어 놓아 당신에게 반격을 하기도 전에 나를 완전히 녹초로 만들어 버렸다는 점을 나는 솔직히 고백하지 않을 수 없기 때문이다."[63)]

그러나 곧 바로 루터는 자신의 본색을 드러내며 아주 무자비한 말로 에라스무스에게 집중 포화를 가해 온다. 루터는 에라스무스가 주장하는 자유선택이 순전히 허구라면서 공격의 포문을 열고 있다.

> "당신은 지금 자유선택에 관해 잘못 생각하고 잘못된 글을 쓰고 있지만, 나는 당신에게 적지 않은 감사를 느낀다. 왜냐하면 당신은 매

---

61) Ibid., 144.
62) 루터, 『노예의지에 관하여』, 146.
63) Ibid., 147.

우 탁월하고 강인한 사고의 능력을 통해 논의를 전개했지만, 이전 보다 문제를 더욱 악화시키는 결과 밖에는 아무런 영향을 미치지 못하는 당신의 자유 선택론을 내가 면밀히 검토하게 함으로써 내 자신의 입장을 보다 확고하게 세울 수 있도록 만들었기 때문이다. 이것이야말로 자유선택이란 순전히 허구라는 점을 보여 주는 명백한 증거이다."[64]

자유의지에 관한 문제에서 루터와 에라스무스의 간격을 좁히기 힘든 점은 자유의지에 대한 두 사람의 관점이 너무나 다르다는 것이다. 에라스무스는 하나님께서 인간에게 자유의지를 주셨고, 그 자유의지를 존중하며 선용한다는 입장이다.[65] 반면에 루터는 그 자유의지를 영원한 구원의 문제와 결부시키며 자유의지가 인간의 영원한 구원에 결정적인 기여를 하는가 하지 않는가 하는 관점으로 이해하고 있다는 것이다.[66]

그리고 루터는 에라스무스의 주장처럼 자유의지의 목을 자르는 정도가 아니라, 자유의지를 박살을 내는 주장하고 있다.

"여기서 그리스도인에게 근본적으로 필수적이고 유익한 한 가지를 짚고 넘어갈 필요가 있다. 그것은 하나님께서 우연하게 미리 아시는 것은 하나도 없고, 자신의 영원하고 변치 않으며 한 치의 오류도 없는 의지에 따라 모든 것들을 예지하시고 목적하며 실행하신다는 점을 아는 것이다. 이 점은 바로 자유선택을 완전히 전복시키고 산산조각 내버리는 청천벽력이다."[67]

64) Ibid., 150.
65) 에라스무스, 『자유의지에 관하여』, 136.
66) 루터, 『노예의지에 관하여』, 166.
67) Ibid., 169.

루터는 "하나님이 어떤 것을 뜻하신다면 그것은 필연적으로 발생해 존재할 수 밖에 없다."고 했다.[68] 그리고 "하나님의 행위는 불변적이고 필연적이라는 점을 확신해야 할 뿐만 아니라 이런 사실 속에서 그 분께 영광을 돌려야 한다."고 했다.[69]

우리는 루터와 에라스무스가 한 배를 타고 한 방향을 바라보기 힘든 이유를 루터의 다음 주장에서 엿볼 수 있다.

> "이 논쟁에서 내가 직면하는 것은 내게는 심각하고 필연적이며 실로 영원히 중차대한 종류이기에 비록 전 세계가 분쟁과 혼란 손에 빠질 뿐만 아니라 실제로 완전히 혼돈과 무의 상태로 전락할지라도 나는 이것을 죽기까지 변호하고 주장하겠다."[70]

루터는 자신의 확신과 신념을 위해서는 전쟁도 불사하겠다는 각오이다. 하나님의 말씀을 지키기 위해서는 일시적인 분란과 매를 맞는 아픔을 기꺼이 감수하겠다는 자세였다.[71] 그리고 하나님 말씀의 진리를 세우기 위해서 치르게 되는 분란, 소동, 동요, 소란, 당파, 부조화, 전쟁은 일시적이기 때문에 이런 아픔을 참고 견디겠다고 했다.[72] 그러나 에라스무스는 자신의 신념을 위해서 전쟁을 각오할 만큼의 용기가 없었다. 그는 평화주의자였다. 그는 가톨릭의 기존 체제를 파괴하고 싶지 않았다.[73] 가톨릭 기존 체제를 인정하면서, 그 체제 안에서의 개혁을 꿈꾸었다.

68) Ibid., 171.
69) Ibid., 174.
70) 루터, 『노예의지에 관하여』, 182.
71) Ibid., 182.
72) Ibid., 184.
73) Ibid., 180, 188.

루터와 에라스무스의 자유의지에 대한 주장은 팽팽한 평행선을 유지하고 있다. 루터는 자유의지의 무력함을 입증하기 위해 다음과 같이 말하고 있다. "우리는 저 능력이 과연 무엇이며, 무엇을 행하며 무엇을 야기하며 그 능력에 의해 무엇이 일어나는지에 관해 분명한 정의를 내려야 한다."[74] 여기서 더 나아가 루터는 자유 선택의 교리는 포기되어야 한다고 주장했다.

> "결론적으로 자유선택의 교리가 모호하거나 애매하다면 그것은 그리스도인들이나 성경에 속한 것이 아니다. 그리고 그것은 포기되어야 하며 바울이 그리스도인들에게 논쟁을 벌이지 말라고 비판한 어리석은 이야기들로 간주되어야 한다."[75]

그리고 루터는 "나는 이처럼 사소한 논쟁을 다음과 같이 결론을 내리고자 한다. 당신 자신의 증언에서 드러난 것처럼 성경이 모호하게 간주되는 한, 자유선택에 관해 지금까지 분명하게 정의된 것은 아무 것도 없었고 또 앞으로도 그럴 가능성이 없다고 본다."[76]고 했다. 루터는 "성경 전체는 자유선택을 반대하는 입장에 서 있다는 것을 알 수 있다."고 했다.[77]

여기서 우리는 루터의 주장이 자기중심적으로 치우쳐 있음을 보게 된다. 성경은 분명하게 인간의 자유의지가 존재하며, 그리고 자유의지가 있음을 전제하면서 하나님께서 말씀하시는 내용이 수없이 존재하기 때문이다.[78]

74) Ibid., 210.
75) Ibid., 227.
76) Ibid., 235.
77) Ibid., 276.

루터는 하나님이 어떤 일을 예지하신다면 그 일은 필연적으로 일어난다고 했다. 다시 말하면 자유선택과 같은 것은 존재하지 않는다고 했다. 이렇게 단호하게 자신의 주장을 펼치면서 가룟 유다의 예를 들고 있다. “예를 들면 유다가 배반자가 되리라고 하나님이 예지하셨기 때문에 그런 일이 반드시 일어난다고 할 때 이것이 결과의 필연성이다.” 이렇게 확정적인 결론을 내고 있다.[79] 하지만 에라스무스는 모든 필연성이 자유의지를 배제하지 않는다고 보았다. 에라스무스는 루터와 다르게 이런 자신의 견해를 밝혔다. “하나님은 유다가 주님을 배반하리라는 것을 미리 아셨습니다. 그러므로 만일 당신이 하나님의 무오류의 전지와 그의 불변의 의지를 본다면, 유다는 주님의 배신자가 되는 것이 필요했을 것입니다. 하지만 유다는 그의 의도를 바꿀 수 있었고, 확실히 그의 배신적인 계획을 수행하기를 거부할 능력이 자신에게 있었습니다.”[80]

루터는 자유선택은 오로지 죄짓는 일에만 쓸모 있다고 했다. 그리고 하나님은 모든 일을 필연적이고 한 치의 오차도 없는 경로를 따라 행하고 움직이며 이끌어가고 계신다고 했다.[81] 루터는 하나님의 주권과 절대적인 필연성을 강조하며 인간의 자유의지는 아무런 가치도 없다는 입장을 견지하고 있다.[82] 여기서 더 나아가 “자유선택이란 미치광이의 발작이고 또 그런 발작 밖에 할 수 없다는 사실을 알게 되었다.”고 했다.[83] 에라스무스는 루터가 자유선택에 대해 조금만이라도 동의하고 자신의 제안을 받아들이면 성경의 모순들과 앞에 언급한 어려움들은 보다 쉽게 해

78) 창 2:16-17, 신 30:15-20, 마 23:37, 막 8:34,
79) 루터, 『노예의지에 관하여』, 340.
80) 에라스무스, 『자유의지에 관하여』, 109.
81) 루터, 『노예의지에 관하여』, 391.
82) Ibid., 392.
83) Ibid., 396.

결될 수 있다고 말했다.[84] 그러나 루터는 에라스무스의 이런 간곡한 제안도 용인하지 않고, 그의 주장을 뒤엎어버린다. 왜냐하면 그런 중도의 길을 따라가다 보면 문제가 해결될 수도 없을 뿐만 아니라 우리는 더 나아가지도 못하기 때문이라고 했다. 그리고 "우리는 모든 것을 하나님에게 돌리면서 총력을 다해 앞으로 나가야 하며 자유선택을 완벽하게 부인해야 한다."고 했다. 루터는 "자유선택이 불경하고 사악하며 하나님의 진노를 당연히 받을 만하다는 주장을 확고하게 보여준다."고 했다.[85] 또 루터는 "나는 자유선택의 옹호자들이 이 점에서 경고를 받고, 자유선택을 주장할 때 그들이 그리스도를 부인하고 있다는 사실을 깨닫기를 바란다."[86]고 했다. 그리고 루터는 "이것은 펠라기우스주의자들보다 더 불경하다는 점을 보여 주었다. 그 결과 불경한 궤변론자들과 '강론'은[87] 공히 펠라기우스주의자들이나 어떤 이교도들이 그리스도를 부인하는 것보다 더 심하게 우리를 자신의 보혈의 공로로 사신 그리스도를 부인한다."고 했다. 또 그는 "성경에서 자유 선택론의 교리를 정죄하지 않는 곳은 일점일획도 남아 있지 않을 것이다."라고 했다.[88] 루터의 주장은 너무 자기중심적이며, 객관성이 부족하며, 너무 감정에 치우친 느낌이다.

## 4. 결론

에라스무스는 한 번도 그리스도를 부인한 적이 없다. 일생 동안 그리

84) 에라스무스, 『자유의지에 관하여』, 135-136.
85) 루터, 『노예의지에 관하여』, 401.
86) Ibid., 435.
87) 여기서 '강론'은 에라스무스가 쓴 『자유의지에 관하여』를 가리킨다.
88) Ibid., 444.

스도의 제자가 되기를 소망했고, 믿음의 바른 길을 걷고자 전 인생을 바친 사람이었다. 또 에라스무스는 자유의지와 자유선택으로 하나님의 의(義)에 이를 수 있다고 말하지 않았다. 다만 자유선택이 존재하고, 하나님의 말씀에 자유선택을 내포하는 말씀이 있고, 그 자유선택을 부인할 수 없다고 주장했다. 하나님께서 인간에게 자유선택을 허용하고 계시다는 사실은 분명하며, 이 사실은 부정할 수 없다. 그런데 루터는 인간의 자유의지나 자유선택이 존재하는 자체를 혐오하며 부정하고 있다. 그야말로 루터는 에라스무스의 지적과 같이 자유의지의 팔다리를 자르고, 목을 쳐서 죽여 버리고자 발버둥치는 느낌이다. 사울이 바울되기 전에 하나님을 위한다는 열심으로 교회를 잔인하게 핍박했듯이, 루터는 하나님의 주권을 세운다는 열심이 지나쳐 하나님 말씀의 진의를 거역하며, 해괴한 자기 논리와 억지 주장으로 하나님의 뜻을 거역하고 있는 듯하다.

루터가 이토록 자유선택에 과민반응을 보이는 것은 그 시대 상황과 맞물려 있는 듯하다. 당시 중세 가톨릭의 신학사상과 구원론은 인간의 선행과 노력에 기초한 행위 구원과 공로 구원이 보편화되어 있었다.[89] 이 거대한 악과 거짓의 세력과 싸우기 위해 루터는 자신이 확신하는 구원의 진리를 추호도 타협하거나 양보하고자 하지 않았던 것이다. 에라스무스의 주장이 객관성이 있고, 상식적이며 합리적이 면이 있었지만, 그의 주장을 수용하게 될 때 가톨릭의 기존 구원론과 타협할 수밖에 없다는 위기감이 있었던 것 같다. 이에 루터는 자유의지에 대해서는 일점일획의 타협도 불허하고 전쟁을 선포하며 자신의 주장을 굽히지 않았던 것이다. 루터가 처했던 그 시대 상황과 정서를 고려할 때 루터의 극단적이며 과

89) Williston Walker, *A History of The Christian Church* (New York, Charles Scribner's Sons, 1918), 272-277.

격한 주장을 이해할 수는 있다. 그러나 오늘날의 시각에서 볼 때, 그의 주장은 너무 독단적이고, 독선적이며 치우친 면이 적지 않음을 부인할 수 없다.

루터가 모든 것을 필연성으로 돌리며 하나님께만 영광을 돌리고 하나님의 이름만을 높여 드리고자 하는 그 뜨거운 열정은 참으로 귀하다. 그러나 인간의 자유의지를 인정하고 수긍한다고 하나님의 주권이 침해되거나 무너지는 것이 아니다. 그런데 루터는 마치 자유의지를 인정하면 기독교 진리가 무너지고, 하나님의 교회가 망할 것 같은 강박관념을 가지고 있었던 것 같다. 자유의지에 대해서 너무 병적인 과민반응을 보이고 있는 것이 안타깝다. 우리의 삶에서 필연적인 부분도 있지만, 하나님께서 인간에게 허용하신 자유도 있고, 자유선택의 기회와 능력도 존재한다는 사실 자체를 부인하거나 부정할 수는 없다. 하나님 앞에서 그 자유를 선용하며 악을 멀리하고 선한 것을 선택하며 자신의 선택에 책임지는 삶을 하나님은 태초에 아담을 창조하시면서부터 기대하셨다. 이 자유의지와 자유선택 자체를 무모하게 부정하고자 하는 발상은 온당치 않게 보인다.

교파지상주의를 내세우며 신학적 양극단으로 서로 반목질시하는 한국 교회의 현재 상황에서 하나님의 선한 주권을 존중할 뿐만 아니라, 하나님이 주신 자유의지를 인정하고 인간의 역할을 긍정하며 양극단을 피하고 중용과 중도의 길을 지향했던 에라스무스의 관용적 견해에 대해서 진지하게 생각해 보는 것도 의미 있는 일로 사료(思料)되는 바이다.

# 참고 문헌

Bainton, Ronald. *Erasmus of Christendom*. New York: Charles Scribner's Sons, 1969.

Bainton, Ronald. *Here I Stand: A Life of Martin Luther*. Nashville: The Parthenon Press, 1950.

Chadwick, Owen. *The Reformation*. London: Penguin Books, 1988.

Dickens. A. G. and Jones, Whitney R. D. *Erasmus the Reformer*. London: Mandarin, 1995

Estep, William R. *Renaissance and Reformation*. Grand Rapids: Eerdmans, 1992.

Gamble, Richard C. *Calvin's Opponents*. New York: Garland, 1992.

Gonzalez, Justo L. *The Story of Christianity*. Vol. II, New York: Harper Collins, 1985.

Huizingar, Johan. *Erasmus and the Age of Reformation*. New York: Harper & Row, 1957.

Hyma, Albert. *The Christian Renaissance*. Hamden: Archon Books, 1965.

Hyma, Albert. *New Light on Martin Luther*. Grand Rapids: Edermans, 1958.

Landeen, William M. "Martin Luther and The Devotio Moderna in Herford", Ann Arbor: Ann Arbor Pulishers, 1962.

Lindberg, Carter. *The European Reformations*. Malden: Blackwell Publishing, 2006.

Lindsay, Thomas M. *The Reformation*. Edinburgh: Versa Press, 2006.

Luther, *Reformation Writings of Martin Luther*. ed. Bertram Lee Woolf. 2 vols. London: Lutterworth Press, 1956.

Mcgrath, Alister E. *The Intellectual Origins of the European Reformation*. Oxford: Blackwell Publishing, 2004.

Olin, John. *Humanism and the Reformation*. New York: Harper & Row, 1965.

Ozment, Steven E. *The Age of Reform 1250-1550*. New Haven and London: Yale University Press, 1980.

Schaeffer, Francis A. *HOW SHOULD WE THEN LIVE?* Wheaton: Crossway Books, 2005.

Schaff, Philip. *History of the Christian Church*. vol. 7. Massachusetts: Hendrickson, 2011.

Schwiebert, E. G. *Luther and His Times: The Reformation from a New Perspective*. St. Louis: Concordia, 1950.

Walker, Williston. *A History of The Christian Church*. New York: Charles Scribner's Sons, 1918.

Bainton, Roland. *Erasmus of Christendom*. 박찬문 역. 『공동체 안에서의 에라스무스』. 제주시: 제주대학교출판부, 2009.

Cairns, Earle E. *Christianity Through the Centuries*. 김기달 역. 『서양 기독교사』. 서울: 보이스사, 1990.

Chadwick, Owen. *The Reformation*. 서요한 역. 『종교개혁사』. 서울: 크리스챤 다이제스트, 1999.

Erasmus. *The Praise of Folly*, 강민정역. 『우신예찬』. 경기 파주: 서해문집, 2008.

Estep, William R. *Renaissance and Reformation*. 라은성 역. 『르네상스와 종교개혁』 서울: 그리심, 2002.

Gonzalez, Justo L. *The Story of Christianity*. 서영일 역. 『종교개혁사』. 서울: 도서출판 은성, 1994.

Lane, Tony. 『기독교사상사』. 서울: 나침판, 1991.

Lindberg, Carter. *The Pietist Theologians*. 이은재 역. 『경건주의 신학과 신학자들』. 서울: 기독교 문서 선교회, 2009.

Luther, Martin. *Martin Luther's Three Treatises*, 지원용 역. 『마틴 루터의 종

교개혁 3대 논문』. 서울: 컨콜디아사, 1993.

Ozmment, Steven. *The Age of Reform(1250-1550)*. 손두환 · 강정진 역. 『개혁의 시대』. 서울: 도서출판 칼빈서적, 1998.

Spitz, Lewis W. *The Reformation*. 서영일 역. 『종교개혁사』. 서울: 기독교문서선교회, 1997.

Walker, Williston. *A History of the Christian Church*. 송인설 역.『기독교회사』. 고양시: 크리스챤다이제스트, 2002.

Watson, Philip S. 이성덕 · 김주환 역. 『루터와 에라스무스: 자유의지와 구원』. 서울: 두란노아카데미, 2011.

Zweig, Stefan. 『에라스무스 평전』. 정민영 역. 경기 파주: 아롬미디어, 2008.

김재성, 『나의 심장을 드리나이다』. 용인시: 킹덤북스, 2012.

김해연. 『기독교 종교개혁사』. 서울: 도서출판 은성, 1994.

서요한. 『종교개혁사』. 서울: 그리심, 2013.

이상규. 『교회개혁사』. 서울: 성광문화사, 1997.

오덕교. 『종교개혁사』. 수원: 합동신학대학원출판사, 2007.

김명수. 『기독교 르네상스와 루터의 종교개혁』. 서울: 그리심, 2015.

김명수. "북구 기독교 르네상스와 이태리 르네상스의 차이점". 『국제신학』. 제 15권, 2013.

김명수. "Devotio Moderna 운동과 종교개혁". 신학박사 학위 논문. 국제신학대학원대학교, 2010.

*Encyclopedia Britannica Dictionary*, Vol. 23.

이 책은 기독교 르네상스라는 큰 역사의 족적을 보여준다. 하나님께서 진실되게 회개하고 새 삶을 살고자 결단한 '제럴드 그루터'란 한 인물을 주목하셨고, 그 삶 가운데 어떻게 개입하셨고, 그 한 사람의 믿음의 결단과 헌신을 얼마나 귀하게 쓰셨는가를 생생하게 보여준다. 그리고 기존의 중세 교회 역사에서 치우친 역사관을 새롭게 조망할 수 있는 안목을 넓혀준다. 남부 이탈리아에서 시작된 세속적이고, 인본적인 르네상스를 넘어서서, 북부 네덜란드에서 시작된 기독교 르네상스가 마틴 루터의 종교개혁에 결정적인 영향을 미치게 되었다는 놀라운 사실을 발견하게 된다.

Calvin and Augustine : Theologia ecclesiae
칼빈과 어거스틴
교회를 위한 신학
안 인 섭 著
그리심

안인섭 저 / 양장 / 574면

# 추천의 글

● 이번에 국내 최초로 출간되는 [칼빈과 어거스틴]은 그의 학문적인 깊이와 소양을 담은 명작으로 사료됩니다… 그래서 본서는 신학생과 목회자, 그리고 칼빈신학에 관심 있는 평신도와 대학생에게도 크게 유익을 줄 역작입니다. 칼빈 탄생 500주년을 기념하여 출판되는 본서가 한국 개혁신학의 발전은 물론이고 한국교회의 발전과 부흥에 크게 기여할 것을 기대하는 바입니다.

- 심창섭 교수 (총신대학교 일반대학원 원장) -

● 특히 저자는 어거스틴과 칼빈을 그들의 역사적, 사상적 배경 속에서 철저히 분석하고 동시에 그들의 성경 주석학적 이해들의 발전 과정을 추적함으로써 각자의 사상적 특성과 강조를 정확하고도 심도 있게 짚어내고 있다.

- 이환봉 교수 (고신대학교 개혁주의학술원원장) -

● 한국교회와 신학계에서는 어거스틴의 몇 작품이 번역되어 경건서적으로 읽혀지기는 하나 어거스틴의 원문을 토대로 전문적으로 연구된 연구서나 여기에 정확하고도 탁월하게 접근할 수 있는 연구가가 흔하지 않는 상황인데, 안인섭 교수님은 돈독한 기독교 신앙 인격과 함께 예리한 지성적인 탁월함과 성실한 자료 분석 등을 통하여 참으로 훌륭한 어거스틴 연구 결과를 보여주고 계십니다… 안인섭 교수님은 칼빈의 인간론의 관점에서 그의 국가론을 분석하는 독창적인 면을 보여주고 있습니다.…A.D. 4~5세기의 어거스틴과 16세기의 칼빈을 상호 비교하는 작업은 우리의 상상을 초월할 만큼 힘든 작업일 것입니다. 그러나 안인섭 박사님은 이 문제를 성공적으로 이룩했다고 사료됩니다.

- 최윤배 교수 (장로회신학대학교, 한국칼빈학회 회장)

-

● 바람직한 학자 안인섭 교수의 저서 「칼빈과 어거스틴」은 너무도 고귀한 저서이며, 한국교회의 신학을 견고히 세우는 데 공헌할 것으로 기대한다… 21세기 세계 유일한 냉전국가 분단한국의 현실에서 안인섭 교수는 어거스틴과 칼빈의 국가관의 이해를 통해 갈 바를 잃어버리고 표류하는 한국교회와 정치가들에게 의미 있는 길을 제시하리라 믿기 때문이다.

- 주도홍 교수 (백석대학교, 기독교통일학회 회장) -